风险社会与协商治理

吴翠丽 著

南京大学出版社

目　录

导　论 ………………………………………………………… 1
  第一节　研究的缘起 ………………………………………… 1
  第二节　国内外研究现状分析 ……………………………… 5
  第三节　研究视角与研究方法 ……………………………… 18
  第四节　本书基本框架 ……………………………………… 19

第一章　风险与风险社会的原像 ……………………………… 26
  第一节　风险概念的厘清与界定 …………………………… 26
  第二节　风险特性的多重审视 ……………………………… 40
  第三节　风险社会的理论探索 ……………………………… 46
  第四节　风险社会的现实景观 ……………………………… 52

第二章　困境与突破：风险的生成症结与应对策略转换 …… 60
  第一节　风险社会的冲突——信任危机 …………………… 60
  第二节　风险后果的逃避——责任隐没 …………………… 77
  第三节　风险管理的变革——新型治理 …………………… 86

第三章　溯源与概览：协商治理的含义与特征 ……………… 102
  第一节　协商治理的致思理路 ……………………………… 102
  第二节　协商治理的鲜明特征 ……………………………… 118
  第三节　协商治理的价值诉求 ……………………………… 131

第四章 协商治理运作:内在主体与外在制度的双重变奏 … 144
  第一节 协商态度——尊重 宽容 … 144
  第二节 协商地位——自由 平等 … 152
  第三节 协商方式——公开 公正 … 164
  第四节 协商结果——共识 责任 … 171

第五章 协商治理:应对和化解社会风险的有效路径 … 179
  第一节 转型期的中国社会风险治理 … 179
  第二节 协商治理与化解社会风险的内在逻辑 … 200
  第三节 协商治理对中国风险治理的现实意义 … 231

结 语 协商治理在当代中国风险应对中的实践探索 … 236
  第一节 基层民主协商是我国协商民主建设的重中之重 … 237
  第二节 基层民主协商的主要形式 … 238
  第三节 基层民主协商的实现路径和面临的困难 … 250
  第四节 保障和完善基层民主协商制度的创新与实践 … 251

参考文献 … 255

后 记 … 266

导　论

第一节　研究的缘起

风险社会是工业社会发展的高级形态。在这种社会中,财富与风险交织在一起。它的这种对应关系,与传统的工业社会不同。传统的工业社会是一种民族国家的工业社会,工业化生产只是在少数的西方国家中普及,所以工业运作所带来的风险大多只局限于本国。资本主义全球化以来,工业生产和消费遍布全球,由此产生的风险增高,并且波及全球。进入全球化时代,全球的社群已成为一个世界性的风险社群。全球化这一强大的助推力量,则为风险社会添加了更为宏阔和深远的词语——"世界性"。在全球化背景下,风险社会是世界风险社会。全球化时代,各种危机、冲突、矛盾等问题都不可能再被理解为是一个国家内部的问题,而只能被理解为国家与国家之间的问题。恐怖主义、核危机、全球变暖问题、生态危机、贫困问题、和平利用太空问题等挑战已经超越了民族国家的边界,整个世界逐渐演变成为风险蔓延的世界。

英国著名学者戴维·赫尔德在《全球大变革——全球化时代政治、经济与文化》一书导论中,把当代西方理论界关于全球化问题整合归纳为三种认识维度:一是激进的全球化主张。主要的代表人物是日本著名观察家、评论家大前研一和英国社会学家阿尔·布劳。他们认为,全球化是一种前所未有的现象,"全球经济的崛起、全球治理机构的出现以及文化在全球的扩散和交融都被视为出现一个全新的世界秩序的证明"。二是温和的全球化主张。戴维·赫尔德称之为变革论者，认为其主要代表人物是英国社会学家安东尼·吉登斯、德国社会学家乌尔里希·贝克。他们认为，全球化的当代模式是前所未有的，全球的国家和社会正在经历一场深刻的变革，并努力适应这个相互联系更加紧密、但是非常不确定的世界。三是怀疑论者的批评。以赫斯特、汤普森为代表人物。他们认为，全球化在本质上是一个神话，掩盖了国际经济不断分裂为三个主要地区集团、而国家政府依然强大的现实。安东尼·吉登斯认为："全球化并不是我们今天生活的附属物，它是我们生活环境的转变，它是我们现在的生活方式。"[①]不管人们是欢呼还是咒骂全球化，一个不容否认的事实呈现在人们面前：全球化就在人们的生活世界中，逐渐成为不争的事实。对于知识分子而言，全球化已经成为我们所处时代的知识语境，是当代知识分子认识、关照、介入现实的新工具。

英国著名社会学家安东尼·吉登斯认为：全球化的本质就是流动的现代性，在这里，流动指的是物质产品、人口、标志、符号以及信息的跨空间跨时间的运动；全球化就是时空压缩，全球化使得人类社会成为一个即时互动的社会。德国教育部副部长格尔茨对全球化的过程和本质体认尤深，他认为，全球化使这个社会成为突然加速的社会。

关于全球化的本质特征，西方许多学者尤其是西方左翼学者认为全球化是资本主义的全球化，是美国等西方发达国家推动和策划的。我们认为，这样评判全球化的本质属性，虽然有犀利的批判性，但是太简单化。对于全球化的本质特征，德国著名社会学家、风险社会理论的倡导者乌尔里希·贝克在1998年出版的《什么是全球化》一书中指出："全球化既是一种新知识的象征，同时它

---

① 钱进、王友春：《公共安全危机策论》，江苏人民出版社2010年版，第5页。

本身也是经验文化。这种历史经验的传播通过现代信息和资本的全球流动,带来了一系列的新情况、新的行为展望和远景预期。"根据贝克的理解,我们正处于从古典工业社会向风险社会的转型过程中,或者说,我们正处在从传统(工业)现代性向反思现代性的转型过程中。这种转型正在以全球规模悄悄地发生。因此,反思现代化意味着全球化,风险社会指的是世界风险社会。[1]

全球化是一把"双刃剑"。一方面,它使全世界各个国家和地区的经济、政治、文化等密切联系在一起;另一方面,它也使得危机和风险冲破地域、种族、民族的限制,短时间内在全世界迅速地扩散开来。全球化的历史转型就是现代性的转型。由于共识的超越性、价值的整合性、利益的同一性以及对制度的依赖性,不可避免地造成了对民族、国家和意识的强烈的冲击,从而引发众多的社会问题。

全球化加速了全球风险性社会的形成。乌尔里希·贝克在《世界风险社会》一书中曾指出,"从总体上考虑,风险社会指的是世界风险社会。就其轴心原则而言,它的挑战是无论在时间上还是在空间上都无法从社会的角度进行界定的现代文明制造的危险"。"风险社会制度是一种新秩序的功能:它不是一国的,而是全球性的"。[2] 全球化过程不可避免地存在多元文化和少数族群的问题。如何消除族群间的分歧,容纳少数族群,从而避免族群冲突的风险,这是人类所面临的重大问题。因此,在全球化日益深化的背景下,最关键的就是通过相互尊重、相互谅解、求同存异而使国家、民族利益,以至地区间的矛盾冲突和关系得到改善,从而减少分歧、避免危机和冲突。

在党的第十九次代表大会上,党对我国在国际社会所处的地位进行了重新阐释:虽然自改革开放以来我国国际地位实现了前所

---

[1] [德]乌尔里希·贝克:《世界风险社会》,吴英姿、孙淑敏译,南京大学出版社2004年版,第24页。

[2] [德]乌尔里希·贝克:《世界风险社会》,吴英姿、孙淑敏译,南京大学出版社2004年版,第4页。

未有的提升,但我国是世界最大发展中国家的国际地位仍然没有变。我国将高举和平、发展、合作、共赢的旗帜,恪守维护世界和平、促进共同发展的外交政策宗旨,坚定不移在和平共处五项原则基础上发展同各国的友好合作,推动建设相互尊重、公平正义、合作共赢的新型国际关系。明确了中国特色大国外交要推动构建新型国际关系,推动构建人类命运共同体,促进全球治理体系的变革。

与此同时,中国秉持共商共建共享的全球治理观,倡导国际关系民主化,坚持国家不分大小、强弱、贫富一律平等,支持联合国发挥积极作用,支持扩大发展中国家在国际事务中的代表性和发言权。中国将继续发挥负责任大国作用,积极参与全球治理体系改革和建设,不断贡献中国智慧和力量,力促社会风险的降低与风险事件治理的改进。

在国内外历史背景和当今形势的双重影响下,选择风险社会这一研究对象,是现实使然。在风险蔓延全球的趋势中,风险事件的发生频率也呈现上升趋势,其影响层面也扩及政治、经济、社会等诸多领域,对政府的公共管理能力提出了严峻挑战。研究风险社会,寻找可以适合于治理风险事件的方式方法,是本研究的主要目的。

从理论层面而言,其意义主要表现在以下两个方面:

第一,结合风险理论审视当前频发的风险事件,并结合中国实际,深化了中国语境中对风险社会的理论研究。近年来,风险事件频频发生,通过厘清界定风险概念,对风险概念进行历史考察和与相关概念的区分,把握风险问题的演进历程,对风险特性进行多重审视和理论探索,在风险理论视角下描摹风险的概念、作用,构建风险社会的现实景观,还原一个真实的风险社会原像,有利于深入了解风险社会的本质,对具体化中国语境中的风险社会研究,有一定理论意义。

第二,厘清协商治理化解社会风险的必然性。本文通过风险理论分析当前社会风险产生的根源,并通过应对和化解社会风险中所蕴含的协商诉求,分析、寻找协商治理与化解社会风险之间的勾连,结合党的十八大以来协商治理体系构建方略,转换应对策略,从而了解协商治理化解社会风险的必然性。

从实践层面而言,其意义表现在:

一方面,有利于帮助各级政府深入认识当前所面临的社会风险。从风险理论的视角出发,重新审视当前的风险社会,并就其风险特性对新时代政府治理产生的挑战做出分析,能够帮助各级政府正确认识当前社会风险产生的原因及可能导致的后果,合理规划解决路径。

另一方面,有利于为各级政府以协商治理化解社会风险,构建稳定和谐的社会提供对策参考。理论的阐释与建构最终必然落脚于现实的实施与践行。当今中国,国家治理迈入新时代,社会主要矛盾已经转化为人民日益增长的美好生活需要和不平衡不充分的发展之间的矛盾。国家治理必须回应人民不断变化的需求,使人民有真正的获得感、幸福感、安全感。良善秩序的社会是中国自古以来的追求目标。转型期的中国,社会风险事件每日都在上演着,从风险理论的角度分析风险社会的特性和产生原因,并分析风险事件治理的协商诉求,为各级政府提供相应的矫正机制;从政府单一全权管控转变为多方平等参与协商决策制定,为维护社会稳定奠定坚实的基础。

第二节 国内外研究现状分析

一、风险及风险社会

关于风险一词,《现代汉语词典》中将其定义为:"可能发生的危险。而危险就是不安全,遭到损失或失败的可能。"[①]风险现象

[①] 中国社会科学院语言研究所词典编辑室:《现代汉语词典》,商务印书馆1983年版,第330页。

是社会历史现象。无论是前农业文明时代、农业文明时代还是工业文明时代,都存在风险问题。随着生产力的发展,风险问题更为复杂和不可控。而当今全球化的时代,是一个充满不确定性因素和风险危机的时代,风险已经渗入当代社会的各个方面,风险社会已成为全球化时代的重要特性,这就意味着当今人类必须直面目前社会的风险,以理性去判断风险,并采取合适的方法去应对和治理风险。当代西方一些著名社会理论学家如卢曼、贝克、吉登斯、拉什等对此进行了开创性的研究,共同构建了当代风险社会理论,以至后来学术界对风险问题的关注度也大幅上升,研究主要集中在风险问题的特质、形成原因、可能产生的后果以及对风险的治理与规避等议题,成果颇丰。然而不可否认的是,国内外关于风险社会理论的研究依然存在不足之处,因此,需要在概括国内外学术界对风险社会理论研究总体情况的基础上,对其进行简要评述。

国外对风险社会理论的研究始于20世纪50年代和60年代,不同学科背景的学者均参与到对风险问题的讨论之中,因而对风险问题的研究所涉及的学科领域非常广泛,包括哲学、法学、经济学、社会学、教育学、社会学、政治学、公共管理学等。

诸多有不同理论背景的西方学者开始从各自的学科角度对风险社会进行了积极的思考和探索。最初的"风险"更多是与"技术"、"经济"等词汇连用。经济学家奈特(Frank Knight)在他1921年出版的《风险、不定性和利润》一书中,提出了著名的"风险和不定性的二分法"的观点,他认为:"风险就是不能确定的知道,但能够预测到的事件状态;而不确定性是不能确定地知道,也不能预测到的事件的状态。"[1]然而,在这之后,有关风险的争论就从未停止过。在持续争论的过程中,风险语义不再局限于技术和经济领域,风险概念逐步转化为社会理论领域的一个关键范畴。这种语义的转化与社会背景的变化息息相关。随着科技的进一步发

---

[1] 陈禹:《信息经济学教程》,清华大学出版社1998年版,第16页。

展,工业社会的弊端逐步显现,人们在享受工业社会带来便利的同时,也遭受着工业社会所独有的风险。社会学家们开始尝试以社会学特有的视角对工业社会的风险做出更为全面的解读。这种解读既有从宏观视角做出的,也有从微观视角进行的。宏观视角中,詹姆斯·肖特(James Short)将视野转换到宏观视角,侧重于"风险分析的社会转型"维度;[1]不同于詹姆斯对宏观维度的关注,玛丽·道格拉斯(Mary Douglas)则从微观视角率先解释了公众不断增强的风险意识和关注科技风险的新现象。[2]

除此之外,社会学家尼古拉·卢曼(Niklas Luhmann)还提出了"生态交往"的概念,由此构建了风险社会学。他在《风险社会学》一书中还特别对风险和危险做出了区分。除了风险社会学外,目前在学界最为广泛应用的是贝克和吉登斯的风险社会理论。他们从社会变迁的宏观角度考察风险问题,拓宽了有关风险的理论研究视域,开创了风险社会理论。

总体而言,国外的一些学者把有关风险研究的过程归纳为四个阶段:"第一阶段主要集中于核能安全和风险评估的争论;第二阶段转向风险的比较及社会承受力问题;第三阶段集中于对科技风险的分析以及从心理学层面对风险的感知机制的分析上;第四阶段侧重于对风险的跨学科解析及对风险的社会转型分析上。"[3]

中国学界关于风险社会的研究起步较晚。学者们主要是借助西方的理论,并结合中国的实际开展本土化研究。研究议题可以大致分为如下几类:现代风险在中国的表现和呈现出的新特性;中

---

[1] Short J F, "The Social Fabric at Risk: Toward the Social Transformation of Risk Analysis," *American Sociological Review*, vol. 49, no. 6, 1984.

[2] Douglas M, Wildavsky A, *Risk and Culture*, Berkeley, CA: University of California Press, 1982, p. 12.

[3] Piet Strydom, *Risk, Environment, and Society: Ongoing Debates, Current Issues, and Future Prospects*, Buckingham: Open University press, 2002, p. 11 - 13.

国风险的形成原因;有关规避当前风险的话题等。

第一,现代风险在中国的变化和呈现出的新特性。大多数学者认为,现代风险在中国表现出十分复杂的特性,中国风险社会被许多学者称为是一个"高风险社会"[1]。这是因为,中国的风险社会是高度复杂的,是历时态风险与共时态风险并存的,自然风险、社会矛盾风险、金融风险、生产风险、公共权力失控政治风险等共生,前现代、现代与后现代风险俱存。有学者指出:"现阶段中国的社会风险表现为量大、面广、度深的'风险并发症'形式,社会风险呈现出多重复合、交叉并存、积聚增生、复杂多变等特点,突出表现在新旧矛盾聚焦、国际和国内问题交织、社会转型和体制转轨风险并存这三个方面。"[2]

第二,中国风险形成的成因。关于中国风险形成的原因,学者们大多将结论定位于中国正处于转型期的特殊实际,他们认为,现代风险在中国具有独特的成因。其中,"具有双重性的社会转型是重要原因,即发展方式的转型与社会结构的转型所型塑的转型风险社会。此外,还包括工业社会与风险社会的合拍、经济发展模式、功利主义意识形态、政府能力和利益追求等因素"。[3]

第三,有关规避风险的研究。中国学者分析了当前中国政府与民众的风险规避能力现状,他们指出,目前存在的问题主要表现在如下几个方面:宏观层面:社会信任危机凸显,为规避风险设下了障碍。微观层面:公众规避风险的意识淡薄,规避风险不足;政府部门在规避风险中责任缺失,职能定位不准确;专家对规避风险的咨询作用未能充分发挥;大众传媒最为重要的风险沟通中介作用却往往走向反面,让风险的化解与沟通出现困难。这一切都不利于规避风险。

---

[1] 李路路:《社会变迁:风险与社会控制》,《中国人民大学学报》2004年第2期。
[2] 左亚文:《当今中国社会风险的哲学透视(下)》,《理论探讨》2012年第3期。
[3] 肖瑛:《风险社会与中国》,《探索与争鸣》2012年第4期。

二、协商与协商治理

(一)协商民主的内涵框架

作为一种新的民主形态,协商民主兴起于20世纪90年代早期。它是在批判自由主义取向的民主理论的基础上逐步形成和发展起来的。自美国克莱蒙特大学政治学教授约瑟夫·毕塞特1980年在《协商民主:共和政府的多数原则》中最早使用协商民主(deliberative democracy)一词后,就迅速引起了理论界的关注。他主张鼓励公民参与政治协商,反对精英主导宪政。伯纳德·曼宁和乔舒亚·科恩从公民参与、合法性与决策等角度进一步丰富和发展了协商民主的概念和内涵,从而真正赋予了协商民主发展的动力。与此同时,诸多理论大师如伯纳德·曼宁、乔舒亚·科恩、哈贝马斯等都开始参与到协商民主的研究之中,分别从伦理学、哲学等不同的学术视角论证协商民主存在和发展的可能,从而极大地丰富了它的理论内涵,并推动了协商民主理论的纵深发展。

罗尔斯与哈贝马斯作为20世纪后期重要的自由理论家和批判理论家,都将自己看成是协商民主论者,并分别出版了论述协商民主的著作。集中反映哈贝马斯"协商民主"的观点和思想的著作是他的《在事实与规范之间》以及《民主的三种范式》。在书中,哈贝马斯认为,民主协商的过程实际上也是一个不同主体之间同化共识、交叠共识、达成共识的过程,协商推动了民主的实现。他在综合分析了当代西方社会的各种民主形式及其优劣点之后指出,在社会交往中由于话语权、交往关系和协商形式的影响,并不能充分体现社会大众的真实意志。因此,他提出了公共意志必须在科学的法治化和制度化下才能够真正得以实现,而协商民主制度的确立,有助于规范社会话语权的分配和交往关系的确立,是公众意志平等交流的重要保障。罗尔斯在其著作《政治自由主义》中分析了西方在社会经济发展进入后现代之后的社会价值的多元化发展潮流,并认为这种多元化的潮流虽然为社会发展增添了多种活力,但同时也带来了许多非理性因素。就此他指出：协商民主这一形式的出现，能够很好地在保持社会多元性的同时体现理性对于社会发展的正面影响，"理性多元化"也成了当代自由主义民主的理论基础之一。罗尔斯更加看重协商民主理论中的公共理性精神，认为理性是推理和协商的前提条件和本质特征，非理性的公民参与不属于协商民主的范畴，公共理性才是支撑协商民主的理论根基，这些观点在他所撰写的《正义论》一书之中均有所提及。

  哈贝马斯和罗尔斯的协商民主思想为西方研究协商民主理论的学者提供了有益的借鉴和启示，在他们的影响下，西方学术界又相继涌现出一批像詹姆斯·博曼、乔舒亚·科恩、乔恩·埃尔斯特、约翰·德雷泽克等专注于协商民主研究的理论家和思想家，他们分别从协商民主的内涵、原则、价值等角度对协商民主理论做了更为细致和深入的分析。哥伦比亚大学教授乔恩·埃尔斯特笔下的协商民主更加倾向于一种决策性观念，这种观念是通过公民之间自由平等的讨论进而达成一致性的结果形成的。他认为，协商民主包括协商和民主两部分，它是指通过自由而平等的公民之间的讨论进行决策。由他主编的《协商民主》便探讨了作为决策机制的协商民主，是一本在学界享有盛誉的文集。乔舒亚·科恩则从社会成员之间通过公共协商来处理社会事务的角度定性协商民主，认为协商民主是一种政治共同体形式。埃米·古特曼和丹尼斯·汤普森在《协商民主意味着什么》这篇文章中指出，"从最根本的意义上讲，协商民主强调的是公民及其代表需要对其决策的正当性进行证明。他们都希望赋予其施于对方的各种法律以正当性"，[1]这意味着协商民主要体现在政治决策的合法性上。哈贝马斯将作为正义问题的协商规则和辩论形式作为民主政治的核心，他基于交往行动理论和公共领域观念，提出了程序性协商民主模式。1996年，詹姆斯·博曼教授出版了《公共协商多元主义、复杂

---

[1] 陈家刚主编：《协商与协商民主》，中央文献出版社2015年版，第10页。

性与民主》一书,他认为,在多元文化、社会复杂现实和普遍不平等条件下,协商民主依然可以保证公民自治和主权的民主理想。随后博曼与雷吉教授合编《协商民主论理性与政治》,书中广泛地收录了哈贝马斯、罗尔斯、科恩、扬等学者论述理性、人民主权和协商民主的文章,这本文集为研究协商民主的学者提供了初步思考框架。弗兰克·米歇尔曼和博曼从民主理想的角度来界定协商民主,他们认为"协商民主是一种程序理想,这种理想是关于法治民主社会的实际政治自我理解的理性重建的一部分","作为对民主的规范性描述,协商民主唤起了理性立法、参与政治和公民自治,呈现的是一种基于公民实践推理的政治自治的理想"[①]。简而言之,协商民主是在多元主义和复杂性的背景下依然能够保证公民自治和主权在民的民主理想。澳大利亚国立大学约翰·德雷泽克教授认为,民主协商的趋势说明民主的真实性日益受到重视,表明主权在民是实质性的,公民有能力参与到民主中。他分别于2000年和2006年出版《协商民主及其超越自由与批判的视角》、《全球协商政治》,从国际层面乃至环境领域谈及协商民主的前世今生,提出"民主的本质就是协商"的论断,集中探讨了超越自由主义和批判理论的协商民主理论,以及全球化背景下协商政治的发展。"协商民主观念及其实践像民主本身一样古老。"米勒认为,"协商民主是一种决策形式,当一种民主体制的决策是通过公开讨论——每个参与者能够自由表达,同样愿意倾听并考虑相反的观点——作出的,那么,这种民主体制就是协商的"[②]。库克认为,"如果用最简单的术语来表达的话,协商民主指的是为政治生活中的理性讨论提供基本空间的民主政府"[③]。

可见,从毕塞特将协商民主界定为既受人民主权控制、又能免

---

① 陈家刚:《协商民主与国家治理:中国深化改革的新路向新解读》,中央编译出版社2014年版,第49页。
② 陈家刚选编:《协商民主》,上海三联书店2004年版,第3页。
③ 陈家刚选编:《协商民主》,上海三联书店2004年版,第43页。

受大众情绪影响的政府形式起,学者们就分别从决策机制、政府体制、治理形式等方面赋予了协商民主丰富的内涵,由此构筑了协商民主的内涵框架。

1. 作为政府体制的协商民主

作为政府体制的协商民主关注政府制度的设计。毕塞特认为,代议制民主具有精英主义倾向,而忽视了美国立宪主义者宣称的大众政府的理想,"立宪者试图建立的不仅仅是一个协商的政府,而且是一种协商民主"。进而,毕塞特指出,作为政府体制的协商民主需要建立在两个基本原则之上:一是政府制度必须有能力进行友好的协商,就公共政策作出有见识和明智的判断;二是协商必须深深地扎根于美国公民的利益与期望之中。这种政府体制是协商和民主的融合,要求政府在承担公共责任的同时,使社会事务受社会成员的公共协商所支配。

2. 作为决策机制的协商民主

大卫·米勒认为:"当决策是通过公开讨论的程序而达致的,其中每个参与者都能自由表意见并且愿意平等倾听和考虑不同观点,这个民主体制就是协商性质的。"[1]亨德里克斯认为:"在协商民主模式中,民主决策是平等公民之间理性公共讨论的结果。正是通过追求实现理解的交流来寻求合理的替代,并做出合法决策。"[2]

在传统的代议制民主模式中,虽然赋予普通公民投票权,但却很难对政府的运作和政策过程产生实质性的影响。但是协商民主却谋求普通公民实质性地参与和影响决策。尽管人们的反复协商会降低政策制定的效率、减缓问题处理的进展,但是协商民主在议程设定、协商和决策阶段达成的一致性,创造了决策的合法性,从

---

[1] [南非]毛里西奥·帕瑟林·登特里维斯:《作为公共协商的民主:新的视角》,中央编译出版社2006年版,第139页。

[2] 陈家刚:《协商民主》,上海三联书店2004年版,第3页。

而减少了政策执行的阻力,并缓解了因政策执行迟滞造成的不满情绪。所以,约翰·帕金森指出:"政策决定产生之前的协商过程有助于我们全面理解公共政策之所以形成的原因及其产生的后果",而"当决策是通过公开讨论过程而达成,其中所有参与者都能自由发表意见并愿意平等听取和考虑不同意见时,这种民主体制就是协商性质的"。① 当然,协商民主在政策过程中运作的关键取决于能否提供一个处理冲突和分歧的机制。这一机制要能够容纳每个受决策影响的公民,让他们提供经得起批判性检验的理由和论据,从而更好地形成偏好,并对偏好做出一致性排列。

3. 作为治理形式的协商民主

持这种观点的代表人物是乔治·瓦尔德斯,他认为:"协商民主是一种具有巨大潜能的民主治理形式,它能够有效回应文化间对话和多元文化社会认知的某些核心问题。它尤其强调对于公共利益的责任、促进政治话语的相互理解、辨别所有政治意愿、以及支持那些重视所有人需求与利益的具有集体约束力的政策。"② 美国学者詹姆斯·博曼也认为:"协商民主是一种概念,即合法的立法来自公民的协商,它代表基于公民实践推理的政治自治理想。"③

"治理是各种公共的或私人的个人和机构管理其共同事务的诸多方式的总和。它是使相互冲突的或不同的利益得以调和并且采取联合行动的持续的过程",④它与统治相对应,更强调多元主体的共同参与和协同运作,所以"治理网络就是一种潜在的协商制

---

① [南非]毛里西奥·帕瑟林·登特里维斯:《作为公共协商的民主:新的视角》,中央编译出版社2006年版,第139页。
② 陈家刚:《协商民主引论》,《马克思主义与现实》2004年第3期。
③ 范会勋:《关于协商民主的争论——国外协商民主理论研究综述》,《理论月刊》2013年第12期。
④ 转引俞可平:《治理和善治:一种新的政治分析框架》,《南京社会科学》2001年第9期。

度"。协商民主指明了治理过程中各相关主体的行为方式——公共协商,它在公共治理中至少有以下积极意义:(1)协商民主代表了一种公正无私的观点,平等地对待所有人的利益,有助于赢得治理的合法性;(2)协商民主充分调动起公民、社会组织的积极性和责任感,有助于处理日益复杂的公共事务;(3)协商民主可以重塑政府和公民间的信任关系,使政府更加理解和尊重公众的意见,形成具有凝聚力的共同体。

(二)协商民主的发展脉络

"民主理论并非在真空中发展;民主理论不仅是整个哲学发展的一部分,而且是一般政治理论和历史的一部分。"[1]民主理论在不同的社会历史发展阶段有着不同的主题和形态,从早期的古典民主到竞争式民主,再到参与式民主,民主理论适应时代的变迁而发展,呈现出丰富的多样性。

从理论渊源上说,协商民主接续了参与式民主对竞争式民主的批判,它与参与式民主有一个共同的目标,即依靠提高公众在公共生活中的参与度来提升合法性。协商民主对竞争式民主的批判源于竞争式民主运作中的"病症"。美国政治学会会长阿伦特·李帕特在1996年就职演说中认为,竞争式民主的最大困境就是政治参与数量的分配不均,呈现出偏向社会地位和经济地位较高的公民,因而导致不公的政治影响力。而协商民主却赋予了公民参与公共事务的积极性,认为公民的政治参与不应该局限于定期的投票和不定期的游行示威等活动方式,公民应该在信息公开透明的条件下,依据一定的程序,自由而平等地参与到公共政策的制定和政府的日常运作中,从而提升民主治理的品质。

正是因为协商民主具有培养公民精神、提升政府合法性的规范意义,民主理论出现了明显的协商转向。20世纪80年代,不少学者开始关注协商民主的理论研究,讨论的核心问题集中在论证

---

[1] 张明贵:《民主理论》,五南图书出版公司2012年版,第41页。

协商民主较之传统民主理论的优越性。

进入1990年代,研究者开始反思协商民主,在关注理论与实践的张力、支持与批判的争论中,协商民主的理论架构初步形成,产生了英-美主义和欧洲大陆主义两种研究路线。在这两种研究路线中,前者以罗尔斯的思想为基础,后者以哈贝马斯的思想为基础,两者的主要区别在于对个体自治进而对政治关系之理解的不同。英-美主义的观点认为,自治是所有人都具有的一种天然的品质,这种内在的自我导向的能力在政治上是根据其符合逻辑的、理性的和自我反思的能力而得出的。但在欧洲大陆主义的观点看来,英-美主义理论家们所假设的能力是具体需要达到的目标,而非人们所普遍具有的。因此,自治不再被看作是天然存在的东西,而被看成是社会建构出来的。第三代协商民主研究侧重于可操作性的实践研究,美国斯坦福大学詹姆斯·S·费什金教授提出了一种基于信息对等和充分协商的民意测验方法;美国杰斐逊中心的Ned Crosby为公众在公共政策的讨论中提供了一个好方法——公民陪审团;德雷泽克对公民议会的设计与可操作化进行了研究;肖恩·W·罗森伯格对公民协商在城市和学校管理以及在地方公共政策制定中的作用进行了实证分析。第三代协商民主研究增强了协商民主理论对现实的解释力,有力地回应了"协商民主是一种理想或民主想象"的质疑。

(三)协商民主的实现进路

协商民主的理念虽好,但是如果无法建构出符合协商民主理念的制度,不能解决协商民主的可行性和应用性的问题,那么它充其量仅仅是一种理想而已。伴随着第三代协商民主研究的推进,对协商民主的制度设计与方法产生了一些重要的研究成果,这些成果的应用拓展了协商民主的实践领域,彰显了协商民主的应用价值。

1. 协商民意测验

协商民意测验是斯坦福大学协商民主研究中心主任詹姆斯·

S·费什金教授提出的一种关于协商民主的制度设计。费什金认为,美国在朝向政治平等的进程中逐渐减少了协商因素,而一个完整的民主必须要能同时充分满足"平等"和"协商"两个方面,为了修补政治平等与协商之间的裂痕,费什金受古雅典公民抽签选择法官或立法者的启发,提出了协商民意测验的方法。

协商民意测验采取随机抽样的方式,选取一部分公民作为样本,并让这些公民聚集在一起,面对面相互讨论,在与不同类型对话者的讨论中权衡对立的观点,然后收获更令人尊重的见解。协商民意测验是一个实践协商民主的过程,这一过程提供了一个讨论的空间,让公民审慎思考、充分辩解,并将呈现的民意高度综合。具体做法是:首先,根据特定的议题,随机抽样产生参与者;其次,对参与者进行第一次民意调查,并送发说明材料,使其充分了解协商议题及有关背景信息;再次,把参与者集中起来,安排政府官员、专家和参与者共同参加小组讨论和大会讨论;最后,针对协商议题对参与者再进行一次民意调查,通过比较两次调查的结果,了解协商对参与者偏好的影响。

2. 公民陪审团

公民陪审团起源于美国历史上的陪审制度,现在逐步发展成为公民参与的重要形式。将公民陪审团作为民主参政的创始者是美国杰弗逊研究中心(Jefferson center)的内德·克罗斯比(Ned Crosby)和德国武佩特(Wappertal)大学的彼德·迪耐教授(Peter Dianel)。他们认为,公民陪审团由一个官方委员会创设而成,由该委员会选择专家、证人并以随机抽样的方式选出陪审团成员。公民陪审团的会议和所讨论的议题将对外公布,当陪审团成员商议开始时,证人或专业人士会被邀请到场为陪审团成员提供必要的信息。在陪审团进行协商后,他们会产生一份决议或提出建议,并且将该决议或建议以报告的形式提交至委员会。具体运作程序是:第一,准备工作。政府选定公共协商的议题,建立咨询委员会,该委员会负责议程安排、材料准备和专家邀请。第二,进行讨论。

抽样选出的公民、证人、专家针对协商主题进行2至4天的讨论。第三,形成共识与结论。陪审团成员在深入讨论议题后,达成共识,并针对问题提出相关的建议,最后形成书面报告,由委员会交给主办单位,主办单位对陪审团的报告予以响应。

3. 专题小组

专题小组,又称焦点组,是由与该议题有关联的和知晓该议题的人员组成,这一群体里面可能包含利益集团、支持者的组织或者监督者。他们在这一议题上各有各的利益取向,各自坚持己方观点。专题小组讨论作为制订计划的一种协商方法,它也能同其他协商方法结合运用。如专题小组讨论能够作为计划制订的前置程序,以便于确定议程,然后可采用前述的公民陪审团或者协商民意测验的方法。专题小组法主要适用于局部的、专业的,涉及社区中的某一特殊利益的利益分配问题。它对参与者的数量要求比较严格,最多不超过25人,而且参与者不是随机抽样产生的,而是由当地公共部门和非政府机构指定,各种利益集团的成员因此都有可能参与到专题小组的协商活动之中。可见,专题小组讨论较之于公民陪审团和协商民意测验,公民参与的自主性和积极性是最高的。当然,由于缺乏专家的参与,公民掌握的知识比较有限,协商之后难以形成高质量的决策建议。

4. 大规模的协商大会

协商大会最早源于非营利性组织"美国之声"(America Speaks)策划、组织的新型城镇会议。该方法采用小组协商讨论同计算机联网技术相结合的方法。各小组将各自讨论的结果输入电脑,然后将这些信息用电子数据的形式传输给主题中心,由该中心综合各小组的讨论结果并将该总结后的结果展现在大屏幕上。每个参与者都要提交他们个人的偏好意见,其中重要的问题将被优先考虑。其方法运用当代电子技术进行大规模的民意咨询和协商讨论,从技术上保证了参与者的人数,但该方法成本高、费用大、技术难度大。因此,该方法主要适用于城市层面对城市重大发展计划或重大问题的协商方面。随着协商民主理论的拓展和协商民主方法的广泛应用,协商民主开始向不同领域全方位渗透。除了民主国家的宏观制度设计以外,在基层治理、区域性政治等领域都可以发现协商民主所发挥的作用。尤其在中国,源于社会治理的现实需要和民主建设的追求,协商民主已经引起了高度关注。"它既发生在正式的建制化的机构如议会之中,也发生在非正式的社会公共领域以及'官—民'互动的界面层之中",例如听证会、网络论坛等。这些制度形式都在一定程度上反映了协商民主的特征,对推进政府治道变革、促进民主发展、构建和谐社会具有积极的意义。当然,不容忽视的是,协商民主在中国的发展还面临着文化、经济上的障碍。如何克服长期的封建集权统治冗余的影响、经济发展水平不高、公民文化素质低下等消极因素,借鉴协商民主的理论成果解决中国在发展过程中面临的现实问题,是政府面临的重大课题。

第三节 研究视角与研究方法

选择风险理论的视角,透视当前风险社会,分析其所具有的风险特性,以及由此引发的诸多问题及其对传统治理方式的挑战,在寻找产生治理困境根源的基础上,根据风险与协商治理之间的关系,分析协商治理对消解困境的适切性,并探索协商治理实现的路径,构建协商治理的行为模式。

在研究方法上,本研究主要运用了案例分析法、文献分析法。(1) 关于案例分析法。本文选取了当前国内外典型的风险事件作为案例样本,在事件中人们的行为模式和事件发展过程中把握现象,以一种"发生了什么,如何发生的"叙述方式,展现了事件发生的全过程。这种过程的描述不仅仅局限于事件发生的时间顺序,还内含一定的逻辑结构。具体来说,本文的案例分析不是仅仅将事件作为一种结果性的事件进行分析,而是剖开事件本身,展现事件全过程,将其化作阶段性发展的动态过程,包括初始、酝酿、发展和爆发等,并在各阶段中展现不同因素之间的关联性及各阶段的特征。在叙事过程中,突出情境性和在该情境下人们的风险行为选择。事实上,这种研究方式,提供了更为丰富的视角,整合了背景因素、个体因素、心理因素、结构因素等,并呈现了各因素间复杂的互动关系,为后期的理论反思提供更为全面的素材。(2)关于文献分析法。本文通过搜集当前国内外著名风险事件的新闻报道以及有关风险理论、协商治理理论的著作和论文,期冀在对相关文献内容的分析和解析中,可以启发新的观点,得出新的结论。同时,采用一些官方的数据及权威的文献资料,也是为了更好地佐证相关论点,提高本研究的相关信度。

第四节 本书基本框架

本书以风险和风险社会这一特殊生存境遇和存在状态为背景,深入阐述风险产生、演变和发展的全过程,在理论再现风险社会真实全景的同时,着重剖析风险衍生的各种冲突和困境,并探索出转换风险管理形式和创新治理形式的必要性和重要性。协商民主作为兼具直接民主和代议制民主特点的新型民主治理,开辟了规避和化解风险的新视角、新路径。为将其转变为现实,既需要外在制度的规划设计,更需要协商主体具备必要的能力和素质,二者的共同作用和双重保障使协商治理成为化解风险的制胜之策。随着全球化的深入发展和渗透,处于社会转型期的中国也同样面临着风险带来的机遇和挑战,协商治理规避和化解风险的致思理路也为中国在风险背景下把握机遇、应对挑战,提供了诸多启示和裨益。

第一章"风险与风险社会的原像"。"风险"已经成为理解和解释当今世界的一个关键观念,本章从风险概念的历史考察及其与相关概念的区分出发,在厘清风险概念的同时,结合不同时期的历史特征,阐明风险问题的演进历程,并着重从不同向度把握现代风险的概念,审视现代风险的涵义。而作为社会问题的当代话语形式,"风险社会"理论为把握当代社会问题的形成机制和特征提供了全新的观察视角。本章从理论确立、理论发展和理论成熟三个阶段系统回顾了该理论的生长过程;同时,结合当代现实案例,全面描绘风险社会的现实景观。

第二章"困境与突破:风险的生成症结与应对策略转换"。当今全球化的时代,是一个充满不确定性因素和失去安全感的时代,风险已渗入当代社会的方方面面,成为社会生活随处可见的一部分,风险社会变成全球化时代的重要表征。针对这些冲突和挑战,风险社会呈现出信任危机问题,包括对知识、政治和他人的不信任。而由此引出的最直接问题就是责任隐没,主要表现在责任主体的迷失、伦理评价的困境、责任监督机制失效和风险评判的标准被不断修正,责任被掩盖。为了克服这些困境,人们不得不反思当前,变革风险管理的方式,努力探寻应对风险的有效途径和策略。

第三章"溯源与概览:协商治理的含义与特征"。面对无处不在的风险,直接民主令人憧憬和向往,却没有可行性和可操作性,代议制民主的可行性虽高,却又屡遭公众的质疑和批判。在风险社会和多元诉求的背景下,为了有效应对和化解当今世界的社会风险,增进相互间的信任,共同减小和消除风险的恐惧,结合直接民主和代议制民主的优点并完善了其不足的协商民主逐渐被大众所呼唤和需要。对于风险社会的治理而言,这亦提供了协商合作的新型社会民主治理的土壤,协商治理作为一种新型治理模式应运而生。本章回顾了"协商治理"理论发展的历程,概括协商治理的鲜明特征,总结协商治理的价值诉求。

第四章"协商治理运作:内在主体与外在制度的双重变奏"。协商治理是否能够有效规避和化解风险,需要具备两个要素:一是规划和设计良好的运作机制;二是具备必要素质的协商主体。运作机制是外在制度规制,协商主体是内在能动因素。外在制度的顺畅启动和运作,需要协商主体发挥必要的能力和素质才能达到理想效果;协商主体却需要在制度的框架内才能发挥能动作用。所以,应对风险,还需要对协商治理的参与主体和外在制度所需要的基本条件给予关注。本章从协商态度、协商地位、协商方式、协商结果和协商模式五个维度,分析了协商治理的运作过程,描绘协商主体和外在制度的良性互动方式。

第五章"协商治理:应对和化解社会风险的有效路径"。本章首先将视野投放现实,全面审视了社会转型期和改革开放深水区的中国社会风险治理,描绘了其表现、特征,并分析了风险形成的原因。在此基础上,厘清协商治理与化解社会风险的内在逻辑,即阐明了应对和化解风险的协商诉求以及协商治理对破解政治信任危机的关键作用。以此关照中国现实,并结合中国当前特征,关注协商治理对新时代中国风险治理的现实意义和重要作用。

协商治理正在成长为一种具有全球意义的治理范式,为公共治理增添了一种重要的治理路径选择,而且也将成为一种具有重要影响的公共治理类型。协商治理之所以可以在全球范围内得到广泛的传播,并非出于协商治理的概念或理念的吸引力,而是由协商治理本身所具备的特质以及当代治理的实践需要所决定的。

首先,作为一种治理方式和技术,协商治理具有优良的可扩散性与适用性,使其不仅适用于西方民主国家,而且也适用于非西方民主国家,从而可以在全球范围内传播。这是因为,当公共协商进入治理的语境时,作为一种技术和手段,其又可以脱离民主的制度规定而成为一种相对中立的和具有普遍性的治理设计,从而可以为不同的国家所借鉴、模仿甚至移植。何包钢与马克·华伦(Mark Warren)在晚近一些时候指出,协商与民主国家、非民主国家并没有必然的对应关系,在非民主国家同样也会发生协商,他们把后者称为"威权协商"。

参与式预算在不同制度类型国家与地区中的应用实际上说明了这一问题。"审视参与式预算全球的传播情况,马上就可以知道,参与式预算在极其不同的政体中建立了起来。"

其次,从治理的技术层面出发,行政理性、代议理性以及市场理性都存在着缺陷,它们都需要公民参与的协商理性予以弥补与纠正。众所周知,公共机构与市场均存在理性能力不足的问题,因而也就会出现所谓的政府失灵与市场失灵,因此需要公民参与的协商理性的有效补足和平衡,公民协商理性与其他理性一起共同构成了当代治理的知识学基础。因而,协商治理的技术价值在于,它较好实现了或探索实现了间接民主与直接民主的结合以及代议制理性、行政理性与公民参与理性的相互衔接,从而使自上而下的治理与自下而上的治理的结合成为现实的可能。

再次,从实践的需要来看,协商治理的出现与发展因应了西方国家公民对治理中的民主参与的欲求。如前文所述,在公共行政百余年历史中的多数时期,公民参与式民主被排斥在外,这种状况一方面引起了公共事务管理中民主性不足,另一方面也引起公众的广泛不满。"普通公民直接参与政治活动的机会是非常稀缺的。相反,公民认为政府不是他们生活中的一部分。他们不仅不时发起强烈的反政府行为,而且广泛传播'政府不是我们的'观念……尽管政府无处不在,却是抽象的和疏离的。"[1]全钟燮把这种状况归咎于公共行政中的管理主义取向和技术—工具理性,认为这些主流思想已经无法适应不断发展的民主潮流,因此在新的世纪需要"提升与社会交互作用的管理工具和技术,发展集体的和民主的治理方式,以造就更加人性、更加美好的社会"。因此,协商治理的出现并不是偶然,而与当今公共治理中对民主的需求紧密相关。

最后,协商治理同样也有助于实现非西方民主国家治理创新的需要。上述协商治理的实践表明,非西方民主国家在公共事务的管理上同样可以采用协商治理的方式进行,这与公共协商的技

---

[1] [美]谢里尔·西姆拉尔·金、[美]卡米拉·斯蒂福斯:《民有政府:反政府时代的公共管理》,中央编译出版社2010年版,第35页。

术中立性是分不开的,同时也表明,公共事务尤其是地方公共事务的治理民主与不同类型的政治体制具有较好的并行性与兼容性。当然,这些国家的协商治理创新可能是出于多种需要,并非一定是民主的要求使然。比如协商治理可以在一定程度上遏制腐败、解决或避免社会矛盾与冲突、推卸政府责任、规避决策风险,甚至是标新立异创造政治"品牌"等。因此,在有些情况下,这些国家的协商治理主要是一种权宜之计。

总体而论,协商治理体现了当今治理中的民主转向,代表了公共治理发展中的一个前进方向,不论在理论上还是实践上都是一个重大的具有全球意义的治理变革。正如全钟燮所言:"无论是东方国家还是西方国家,都处于伟大的变革之中,这个进程既是治理的民主化。在西方国家,尤其在美国,人们正通过推进和强化协商民主的进程的方式,努力创新民主的理想和实践。而对于那些亚洲国家,伟大的民主实验还是一个相对新生的事物,其间,由于需要政府的介入和干预复杂的社会、文化问题的解决,所以这些国家不可避免地要通过政府推进政治民主的发展。"①协商治理顺应了当今历史发展的潮流,因而将会成为一个重要的公共治理范式,为公共治理增加一个民主的发展路径。

协商治理体现了公共治理中的民主要求,是一种治权意义上的民主。协商治理的出现,不仅丰富与拓展了民主的理论与实践,强调了民主中的治理因素,是一种民主中的治理;而且也丰富与拓展了治理的理论与实践,强调了治理中的民主因素,是一种治理中的民主。因此,不论对于民主还是对于治理,协商治理都是一种理论与实践的范式革新,需要我们去关注。我们既需要关注协商治理的内容、性质、发展与问题,也需要关注协商治理在我国的应用与发展,认识其对于我国治理创新乃至民主政治发展的重要意义,

---

① [美]金钟燮:《公共行政的社会建构:解释与批判》,孙柏瑛等译,北京大学出版社 2008 年版,第 9 页。

从而为我国的公共治理与民主政治发展寻找一个可行的路径选择。

党的十八大以来,中国不断优化现有国家政治制度体系中的协商治理资源,增强以协商民主推进在国家治理现代化中的协商治理能力。党的十八大报告明确指出"要健全社会主义协商民主制度。完善协商民主制度和工作机制,推进协商民主广泛、多层、制度化发展"。虽然在语境上,十八大所提出协商民主和西方语境下的协商民主具有一定的差异,但探索与比较中西语境下协商民主的异同,寻找其共通性,借以完善我国的协商民主,对于我国的民主政治发展具有重要的理论与实践意义。作为协商民主理念在公共管理领域运用的产物之协商治理,当然也值得我们去关注和探索。

党的十八大以来,党中央高度重视协商民主在我国民主政治中的重要地位和作用,于2015年先后颁发了《关于加强社会主义协商民主建设的意见》、《关于加强人民政协协商民主建设的实施意见》和《关于加强政党协商的实施意见》,中共中央领导集体立足于新的历史发展起点,围绕"完善和发展中国特色社会主义制度,推进国家治理体系和治理能力现代化"的全面深化社会主义改革总目标,积极开发协商治理各种资源,为在新的历史条件下推动"党领导人民有效治理国家"政治体制改革和全面提升国家治理体系和治理能力现代化奠定了深厚的基础和凝聚了强大的力量。

党的十九大报告指出:"民主法治建设迈出重大步伐。积极发展社会主义民主政治,推进全面依法治国,党的领导、人民当家作主、依法治国有机统一的制度建设全面加强,党的领导体制机制不断完善,社会主义民主不断发展,党内民主更加广泛,社会主义协商民主全面展开,爱国统一战线巩固发展,民族宗教工作创新推进。""发展社会主义协商民主,健全民主制度,丰富民主形式,拓宽民主渠道,保证人民当家作主落实到国家政治生活和社会生活之中。""发挥社会主义协商民主重要作用。有事好商量,众人的事情由众人商量,是人民民主的真谛。协商民主是实现党的领导的重要方式,是我国社会主义民主政治的特有形式和独特优势。要推动协商民主广泛、多层、制度化发展,统筹推进政党协商、人大协商、政府协商、政协协商、人民团体协商、基层协商以及社会组织协商。加强协商民主制度建设,形成完整的制度程序和参与实践,保证人民在日常政治生活中有广泛持续深入参与的权利。"

与此同时,习近平同志在十九大报告中着重强调,要提高保障和改善民生水平,加强和创新社会治理。不断完善协商治理制度机制,构建起程序合理、环节完整的协商民主制度体系。

总之,当代中国协商治理是新时期中国共产党以协商民主形式扩大人民群众有序政治参与和推进国家治理现代化的战略选择,反映了中国民主政治演变与发展的必然逻辑。只有在全面深化改革视阈下,才能构建起具有现实根基的协商话语体系。协商治理的切实推进离不开改革的全面深化。全面深化改革的总目标是"完善和发展中国特色社会主义制度,推进国家治理体系和治理能力现代化"。实践为话语提供了丰富的素材,立足于实践的话语体系构建才具有说服力。协调统一的话语反过来能有力地推进协商治理的深入发展。简言之,协商治理的有效推进需要全体中国人民上下一心、团结合作。破解利益诉求复杂化、经济结构多样化、社会阶层多元化等现代治理难题,需要在中国共产党领导下,依靠多元主体的广泛参与、协商共进,通过多方合作,实现合力共赢。

第一章
风险与风险社会的原像

第一节 风险概念的厘清与界定

不知从什么时候起,"风险"这个词已经成为人们口中常用的词语。如投资风险、健康风险、环境风险、食品安全风险、实验风险,甚至如恋爱风险和家庭风险。但是常用并非就真正了解了其中的含义,况且风险早就超越了其原来使用的领域,风险已经成为我们人类日常生产和生活的组成部分,无时无处不在。那么,风险从何而来?风险到底是什么?它是否能够被准确预测和预防?风险到底有怎样的危害?

一、风险概念的历史考察

目前为止,从词源上讲,"风险"这个词的语源仍不明晰,各家自有其论断,也因此充满了争议。有的学者认为它起源于14世纪的西班牙,有的学者认为它来自意大利文献;有的学者认为这个词来自阿拉伯语,有的认为来自希腊语和拉丁语。风险的通用英文表达是"risk",其词根为意大利语"risco",其含意是rips,含有暗礁或礁石的意思。[1] 据艾瓦尔德的考证,风险一词源于意大利语的risque,可追溯到早期的航海贸易和保险业。在最初的用法中,风

---

[1] 薛晓源、刘国良:《全球风险世界:现在与未来——德国著名社会学家、风险社会理论创始人乌尔里希·贝克教授访谈录》,《马克思主义与现实》2005年第1期。

险被理解为客观的外在危险,体现为纯粹的自然现象或者航海中遇到礁石、风暴等事件。而现代意义上的"风险"概念主要出自西方语境,起初是由保险行业和该词的法律定义所界定的。据卢曼考证,这个词在德语中的现代用法于 16 世纪首次出现,17 世纪通过法语和意大利语进入英语。而按照吉登斯的研究,这个词大约在 18 世纪之后才在欧洲的思想中出现。直到 19 世纪,英语中"风险"这个词常常以法文的方式拼写。这个词原来主要用于与保险有关的事情上,当代欧洲的许多语源学词典中已经普遍地收录了"风险"这个词条。而现代的意思也早已不只是最初的"遇到危险",而是扩展到"遇到破坏或损失的机会或危险"。再经过两个多世纪的发展,至今"风险"这个概念已经充斥在人类生活的方方面面,并且与人类的各项决策和行动的后果紧密联系在一起,同时"风险"被人们视为对待可能影响个人和群体的事件的特定方式。伴随现代化进程日益深入,现代化附加的副作用也逐渐显现,由此也引起了一股研究"风险"的热潮。而从当前的研究中,学界对"风险"的来源也形成了比较一致的看法,即"风险"一词概念的产生背景可以追溯到近代欧洲地中海一带的频繁的商船贸易往来,"风险"这一词汇被创造出来主要是为了形容商船在航海运输过程中可能遭遇的触礁或风暴等因素招致损失的危险。我们认为,"风险"的概念体现了人们从认识到主动规避不确定性的风险,体现了当时人们积极探索、勇于冒险的一种精神,它表明人类已经具备一种主动认识世界和改造世界的主体意识,并且它的概念的发展演进是随着社会和经济技术的发展而改变的。而这也恰恰包含了韦伯所说的一种资本主义精神,以及当代社会理论家所分析的现代性的精神要素。从这个意义上来说,"风险"这一概念从诞生时起就不单纯是一个一般性的描述性概念,而是作为一个社会的、历史的范畴。

二、风险与相关概念的区分

"风险"这一词汇出现并被广泛应用之后,经常会被用作"危险"、"威胁"、"保险"等的替换词,很多人几乎不加区别地就随机引用。为了准确阐明本书的"风险"所指,有必要先将风险与相关概念进行一番区分。

"风险"与"危险"是易混淆词汇。在日常生活口头语中,危险的使用率比风险更普遍更生活化。比如提醒的话"注意,有危险"、"危险,别过去"等,从这简单的日常用语就可以看出危险一般多用在比较明确的、可以预见或是看得见的消极的后果。而风险则不同,如最初经常使用的"投资风险"就包含着一种不确定性、隐含性、可能性在其中,而且很多人都会把风险与收益相挂钩,认为风险越大,回报也会越大。因此"风险"一词中蕴含的不只是有消极的因素,也有可能转化为积极的后果。"灾难、威胁"两者与危险的意义相类似,多指已经发生或存在,至少是可以比较明确地确定其消极后果的客观现象,体现的是风险实现后的结果。因此,可以说,所有的"危险、灾难、威胁"都是"风险",但并非所有的风险都会以这些形式呈现。

在含义上,"风险"与"不安全"、"不确定性"非常贴近,但也有区别。"不安全"比"风险"和"不确定性"更为粗略,是一个用于描述和修饰的形容词,是一个界定不严密、可以用于各种场合的概念。有学者概括了人们生活中常见的四种不安全:(1) 物质不安全,指对人、财产和环境的威胁;(2) 对国家经济和政治自主性的威胁;(3) 不稳定,特别是市场的不稳定;(4) 脆弱性,容易受伤害的程度,往往与贫困和不平等联系在一起。"不确定性"(或不定性)是与"风险"联系最紧密的概念,甚至有学者认为它是一个比"风险"更普遍、更基础、更根本的概念,风险都是来自不确定性。"不确定性是我们成为世界的参与者付出的代价。我们都是这个世界的参与者,我们付出的入场费就是与某种不确定性生活在一起。"①汉森认为,"风险"确实与"不确定性"联系紧密,但不是同义词。"不确定性"属于主观范畴关系,而"风险"带有很强的客观成分。经济学家奈特在1921年出版的《风险、不确定性和利润》中对"风险"与"不确定性"做了经济学意义上的划分。他认为,如果一个经济代理人面对的随机状态可以用某种具体的概率值表示,那么,这种随机状态就称为风险;如果一个经济代理人面对的随机状态不能够以某种实际的概率值表述出可能产生的结果,这种随机状态则称为不确定性。换句话说,风险就是不能确定知道,但能够预测到的事件状态;而不确定性是不能确定知道,也不能预测到的事件状态。这种区分赋予风险以现代意义,使其从未知的状态转化成为可计算的存在,为从制度上和技术上控制风险提供了理念基础。玛丽·道格拉斯就说,现在人们喜欢用风险这个词来替代危险,是由于计算的理性和科学的程序已经在我们的文化中固定下来,在他们看来这样的表述更有科学依据,而且这样更容易获得政府或其他权威性制度的回应。风险话语虽然也在平时生活中使用,但是它还更具有一种严肃的、引人深思的、让人尊重的科学理性地位。②

三、风险问题的演进历程

"风险"一词自出现并被运用的时候起,就争议不断,但近年来兴起的有关风险的理论研究和风险管理的探讨似乎使得学术知识领域对"风险"有了比较明确的认知。那么,"风险"又是怎样伴随社会经济的发展而变得普遍起来的,它跟社会经济、政治形态又有什么样的联系?本书着重讨论的是现代化的风险,因此也有必要

---

① 汉森:《知识社会的不确定性》,《国际社会科学杂志》(中文版)2003年第1期。
② [英]斯科特·拉什:《风险社会与风险文化》,王武龙编译,《马克思主义与现实》2002年第4期。

理出风险问题的演进历程,以求准确明辨。

(一)自然力量占主导地位时期的风险问题

在人类社会早期,人们主要依靠渔猎和采集为生,当时的生产力水平极其低下,自然环境神秘莫测,人的生命在自然灾害面前显得非常脆弱,人类的生存随时可能因受到威胁而陷入困境。这种原始人类还没有认识到的力量主要是外在的自然的力量,这种力量对于他们来说就是一种生存的风险,吉登斯把它称为"外部风险"。为了生存,原始人需随时准备冒险,而野兽、林火、山洪还有疾病都是风险来源。与强大的自然力量相比,人类显得十分弱小,人类的命运主要由自然力量来支配,这是自然力量在人类社会进程中占据主导地位的时期。马克思和恩格斯指出:"……自然界起初是作为一种完全异己的、有无限威力的和不可制服的力量与人们对立的,人们同自然界的关系完全像动物和自然界的关系一样,人们就像牲畜一样慑服于自然界,因而,这是对自然界的一种纯粹动物式的意识(自然宗教)。"[①]这一时期,来自自然界的风险充满着神秘色彩,人们认为风险是自然界神灵的安排。因为恐惧,所以只能顺从自然、听命自然,因而不可避免地开始崇拜自然界中有着象征意味的动物、植物和神奇现象。人们通过这种自然崇拜来祈求福祉、规避风险。其中部落图腾的出现就展现了当时人们敬畏自然的生存状态,同时也反映了当时人们为了规避风险所采取的方式方法。这既表现了人类生存的自主性意识,也展现了人类开始主动地规避其生存环境中可能存在的风险。

由于人口增长,自然界不再满足人类生存所必需的生活资料,同时随时可能发生的自然风险更加威胁了人类的生存需要和安全需要,所以在生存不断受到威胁的情况下,人类就必须积极主动地开发自然资源从而改变其生存环境。为了生存,人们不得不学会

---

① 马克思、恩格斯:《德意志意识形态》,《马克思恩格斯选集》(第1卷),人民出版社1995年版,第81页。

怎样去思考,自给自足的失衡激发了人类某种巨大的潜能,在求生存的斗争中发明了工具。同时合作的观念也逐渐形成了,利益的相互依存激励着共同的追求,例如狩猎的队伍的形成就体现了人类开始追求合作。合作观念的形成和工具的制造十分有效地克服了物品稀缺的状况,使得人们征服自然的步伐加快了,这表明人类开始了人类选择自身生存方式的历史实践进程,即"人化自然"的历史。人类一旦开始了选择其生存方式的历史,就表明已开始进入"人类历史"的阶段,标志着人类开始摆脱自然力量占据主导地位的历史时期。而人类历史的发展在此意义上其实也就是人类不断地适应和改造自然,规避外部风险,走向人类自身发展的历史。

(二)自然与社会力量相伴相生时期的风险问题

人类发明了工具并开始合作,促使人类进入农业社会。而这一时期,社会生产力得到了较大的发展。人类也开始使用青铜和铁等器具,开始积极主动地利用自然,开垦土地,进行大面积的种植,极大地丰富了人类生存所必需的生活资料,从而能够维持更多人口的生存需要。随着人口不断增多,人类开始了群居的生活方式,群居充分发挥了在处理人与自然的关系中的合作效力,增强了人类的生存能力,提高了人类改造自然的能力。人类所到之处,毁林造屋,开垦荒地进行农业种植,并开始建设水利设施以灌溉耕地,这也表明人类迈向改造自然、征服自然的征程,并阶段性地取得了胜利。但这一过程也暗示了在进入农业社会后人类由于不合理的征服自然的方式可能导致的生态风险。这也表明人为风险在人类进入农业社会后开始显现,但由于这一时期人类活动的主要目的是谋取生存必需品,对环境的破坏处于自然界可恢复范围内,所以并未出现今天意义上的全球性生态风险问题。虽然人类已经进入农业社会,但是人类面临的主要风险仍然是自然风险。而伴随着私有制和阶级的出现,人类社会开始出现奴役、战争等暴力方式,这些暴力方式的产生使得人类开始面临人为风险。

自人类群居以来,从最早的氏族、部落到后来的庄园、村落,人类依靠群体的优势来向大自然索取物质生活资料。进入农业社会后，人们与土地有着不可分割的人身依附关系，人们也因此一直过着一种比较简单的生活，"日出而作，日落而息"，整个社会的生产生活的节奏非常缓慢，人们最注重的依然是对基本的生存需要的满足。农业生产和生活都是祖祖辈辈世代相传，这也意味着人们重视经验的作用，用过去的经验指导现在的实践。因此，人们对风险的规避也主要依据传统的经验来进行指导。

（三）社会力量占主导时期的风险问题

文艺复兴和启蒙运动带来了人类理性的启蒙和科学技术的发展，工业活动逐渐取代农业活动成为人类活动的主导方式。工业革命后，机器大生产成为主要的生产方式，人类的生存状况发生了深刻的变化。人类在创造物质财富的同时，也制造了前所未有的风险。机器大生产提高了人类改造自然、利用自然的能力，社会力量取代自然力量成为这一时期的主导力量，人类开始大规模地破坏自然界，人为风险也大大提高。这一时期，人类对自然的加速掠夺和对生态环境的加剧破坏造成了日益严峻的生态恶化和环境污染等全球性问题。科技革命一方面增强了人的生存能力，另一方面也带来了空前的科技风险，例如核风险、基因风险、生化风险等。一旦科技带来的风险变成现实，将给人类造成不可逆转的损害。两次世界大战的发生证明，一旦促使战争与工业化、高科技结合在一起，更会带来现代战争的高度工业化、高度科技化、高度组织化的可怕后果。其中类似恐怖主义行动的局部范围内的暴力滥用也成为一种直接的人为风险。

与之前各个时期相比，社会力量占主导地位的风险问题更具有复杂性、人为性和矛盾性。在工业化浪潮和科技革命的双重推动下，全球化进程加快，人类社会也开始了更加深刻的全球化进程。在全球化的时代，人类生产过程所带来的负面效应大规模地扩散，人类开始致力于应对这些负面效应，全球性风险已经成为严重威胁当代人类生存和发展的具有普遍性的"全球性问题"。正如贝克从风险的视角对工业社会以来的社会变迁趋势所作出的诊断:"自从20世纪中期以来,工业社会的社会机制已经面临着历史上前所未有的一种可能性,即一项决策可能会毁灭我们人类赖以生存的这颗行星上的所有生命,仅仅这一点就足以说明,当今时代已经与我们人类历史上所经历的各个时代都有着根本的区别。"①基于此,风险社会成为全球化时代人类风险境遇的重要表征,对当代社会风险的预警与回应已成为人类需要解决的重要问题。

四、现代风险的概念

综合上述可知,风险已经渗透到人类生活的各个方面。各门学科也都非常重视对风险的研究,对于风险的具体概念的认知也是各不相同,几乎每门学科都是在从自身的学科特点出发来定义风险的。比较有代表性的有关风险的具体概念有如下几种:

(一)统计学等学科把风险定义为某个时间内造成破坏或伤害的可能性或概率

它从经济学的角度采用的是成本-收益的逻辑对风险进行了定义,通用公式是风险=伤害程度×发生的可能性,这个公式显示,此种意义上的风险仅仅从伤害的可能性角度来了解"风险",因此忽略了风险所带来的潜在收益。

(二)人类学、文化学等学科将风险定义为一个群体对危险的认知

此种观点以玛丽·道格拉斯和阿隆·维尔达沃斯基为代表。他们认为这是社会结构本身具有的功能,作用是辨别群体所处环境的危险性。道格拉斯认为"风险应该被视为关于未来的知识与对于最期望的未来所持共识的共同产物"②,知识是不断变化的社

---

① [德]乌尔里希·贝克:《从工业社会到风险社会(上篇)——关于人类生存、社会结构和生态启蒙等问题的思考》,王武龙编译,《马克思主义与现实》2003年第3期。
② [英]斯科特·拉什:《风险社会与风险文化》,《马克思主义与现实》2002年第4期。

会活动的产物,并总处于建构过程中。因此,尽管风险在本质上有其客观依据,但必然是通过社会过程形成的。而由于环境的不同,每一种社会生活形态都有自身特有的风险形态。

(三)卢曼对于风险有着更为深刻的理解

卢曼对风险的定义与道格拉斯等人的类似,也认为风险是一种认知或理解的形式,但他还强调风险并非一直伴随着各种文化发生的,而是在具有崭新特征的20世纪晚期,因为全新问题的出现而产生的。更重要的是,风险是具有时间规定性的概念,它是一种非常不同的时间限制形式。这种偶然性是由人的认知觉得的,有的人认为是危险,有的则认为是风险。因此,风险的重要性不在于风险本身,而在于风险的附着对象。概括而言,风险就是表示理解力而不是直觉或感觉的范畴。

(四)贝克对风险的定义在学界被认为更具有洞察力和学理性

贝克的定义深刻揭示了风险的现代性本质。他的思想在包括《风险社会》、《风险时代的生态政治》、《世界风险社会》等在内的一系列著作和文章中得以全面体现。他从生态环境与技术的关系切入,把风险首先定义为技术对环境产生的威胁,然后不断夸大该概念的适用范围,使之与反思的现代性理论联系在一起,从而抽象为一个具有普遍意义的概念,以揭示现代性对人类产生的影响。他认为,风险是"一种应对现代化本身诱发并带来灾难与不安全的系统方法。与以前不同的是,风险是具有威胁性的现代化理论以及现代化造成的怀疑全球化所引发的结果。风险及其结果在政治上具有反思性"。[①] 在后来的著作中,他进一步明确指出,风险是"预测和控制人类行为未来后果的现代方式",而这些后果是"彻底的现代化产生的意料之外的后果"。风险已经成为政治动员的主要

---

① [德]乌尔里希·贝克:《从工业社会到风险社会(上篇)——关于人类生存、社会结构和生态启蒙等问题的思考》,王武龙编译,《马克思主义与现实》2003年第3期。

力量,成为一种造成传统政治范畴过时的话语体系。贝克与道格拉斯、卢曼等人一样,把风险视为一种认知,但承认它也是客观存在的,是一种辩证的统一。他说:总之,风险就是一种"虚拟的现实,现实的虚拟"[①]。

从以上代表性观点大致可以得出这样的结论:风险的定义主要是从两个角度给出的,一是从单纯物质的角度加以定义,认为风险就是一种客观存在的,具有物质特性,代表性观点就是第一种经济学的定义;二是在肯定风险物质特性的基础上,将研究重心放在风险是一种社会建构上,后几种观点都表达了这种意义。风险的物质特性使得在个人理性的作用下,风险具有可计算性和可补偿性。但这种认识路径带有明显的经济主义色彩和理性至上的倾向。随着社会发展的日益复杂化,这种认识路径无法给人们认识风险提供一个更宏观、更综合的框架。比较而言,强调风险的社会建构性深化了我们对风险的认识。一方面,并非所有风险都是可计算的,是可以通过技术手段来解决的;另一方面,不同文化和社会背景下,对同样的风险有不同的理解,因而也会采取不同的行动,因此要应对跨地域跨文化的风险,必须实现不同文化之间的沟通和理解。

除了用归纳法定义"风险"外,有的学者还用列举法来定义"风险"。比如汉森归纳了风险的三种用法:(1)通常表示某种不好的事情可能发生也可能不发生,而我们又不能确切预知的情况;(2)表示某种糟糕的事情的可能性;(3)这种用法是专业风险分析中通用的,指一种有害事情发生几率增长时产生的负面影响程度。[②] 雷恩则认为,风险定义包括三个因素:不利的结果、发生的

[①] Ulrich Beck, World Risk Society, Cambridge: Policy Press, 1999, p.136.

[②] [瑞典]斯万·欧维·汉森、刘北成:《知识社会中的不确定性》,《国际社会科学杂志(中文版)》2003年第1期。

可能性以及现实的状态。① 归纳法定义有助于我们对风险有一个更直观、更生动的认识。

梳理上述定义,我们发现,对风险的概念的界定不同学科各自具有本学科性质。如果只是根据本学科的研究对象、思路与方法来定义,未免有些狭窄,最后也有可能陷入各自学科的研究理路中,难以形成对风险含义的比较整体、客观和全面的把握。例如,经济学家奈特将风险定义为"具有某种确定性的不定性"。类似经济学家的这种关于风险的定义更多的是从风险的特征方面进行描述的,缺乏深层的剖析,所以,已有的研究仍然存在概念不清的混乱局面。正像德国社会学家卢曼所言,至今为止,风险的概念依然含糊不清。当然,贝克和吉登斯等人从社会理论的层面作出了巨大努力,在一定意义上深化了对风险内涵的理解。国内学者的努力也清晰可见,比较有代表性的是:冯必扬将社会风险界定为"社会损失的不确定性"②,这虽然抓住了风险含义的关键,但忽视了风险所包含的关系特性;杨雪冬综合了国外学者的各种定义将风险界定为"个人和群体在未来遇到伤害的可能性以及对这种可能性的判断与认知"③;赵万里将风险界定为"选择的某种行动之结果的不确定性,以及由于这种不确定性使行动者的期望目标语实际状况之间发生差异,而给行动者造成损失的可能性"④。后两种界定虽然比较全面,但将风险意识也纳入其中,容易引起混淆。所以,我们认为,对风险概念的界定不能按照传统思路即"风险是什么,是怎样……"来阐释,而是应该从各种风险现象所凸显出来的"不确定性"的综合矛盾状态来把握。

事实上,风险是一个现代范畴。风险虽古已有之,但风险概念

---

① 王京京:《国外社会风险理论研究的进展及启示》,《国外理论动态》2014年第9期。
② 冯必扬:《社会风险:视角、内涵与成因》,《天津社会科学》2004年第2期。
③ 杨雪冬:《风险社会理论述评》,《国家行政学院学报》2005年第1期。
④ 赵万里:《科学技术与社会风险》,《科学技术与辩证法》1998年第3期。

只是在近代才出现的。它大概出现在 15—16 世纪,地中海一带的葡萄牙、西班牙等国家从事海上贸易的商人最早发明了这个概念,用以指代商船在海上触礁或遇到台风等危险的可能性。这样的风险概念的提出和发展与资本主义的发展同步。风险意味着人们将未来纳入现在的控制范围,这样人们的行动就不再局限于过去的经验之中,所以,风险概念的发明呈现了人们具有了一种不同于传统观念的新风险观。在传统文化中虽然有一些与风险相关的概念,如命、运、劫等,但没有这个明确的概念。由此可见,风险概念实际上意味着人们一种新的世界观,这不同于宿命论、神定论、拜物教的世界观,表明人们更加重视人的主体性,这也是启蒙运动以来所强调的主体精神。这种主体精神在现代性中被更多地表达为理性精神和科学精神。工业革命以来,人们的风险意识大都体现了这种主体自信精神,即坚信只要科学技术发展了,社会生产力提高了,就能解决一切问题,正所谓"知识就是力量"、"理性控制一切"。保险制度从海上贸易到商业领域再到社会领域的迅速发展,突出表现了人们试图将普遍存在的、不确定的风险纳入确定性的制度框架中来加以控制的宏伟蓝图。

具体可以从以下几个方面把握风险的内涵:

(1) 风险表示一种面向未来的可能性。风险不是一定要发生的,从这个意义上而言,风险不是事实性范畴,它不是现实存在关系运动变化的一种必然结果。当风险转化为现实时,就变成了一种可感知到的灾难或危机。基于风险的可能性,所以风险本身就暗含着一种机遇。也就是说,当人们意识到风险之后,可以主动地采取一些措施来加以规避,使其在未来不发生,甚至向着对人的生存有利的方向发展。所以风险概念本身就意味着人们主动迎受风险、敢于冒险、积极探险的一种主体意识,它表现了人类企图控制未来、寻求确定性的一种主观期待和实践努力。

(2) 风险始终存在于人与特定对象所形成的关系之中。风险是指在人与某种对象所形成的关系中存在的一种不确定性的可能性状态,它特指一切自然存在和社会存在相对于人的生存和发展而言可能形成的一种损害性关系状态,而非实体性存在本身。根据对象的差别,可以把风险分为自然风险和社会风险。自然风险是指人类实践活动没有或不能影响到的天然存在,它主要包括地壳、火山、洪水、飓风等,相对应的自然风险是地震爆发、火山喷发、洪水泛滥、飓风肆虐。社会风险是指社会存在对人的生命存在可能形成的损害性关系状态。社会存在就是指在社会系统中承担一定的实践功能的存在,当自然存在成为社会存在的载体,和人的实践发生了一定的关系,就具有了社会性,就称为社会存在。社会存在既包括实体性的物质存在也包括非实体性的抽象存在。风险总是存在于人与特定的对象所形成的关系之中,而非实体性存在本身。我们认为洪水泛滥是一种风险,但不能说水本身就是风险。世界是普遍联系的整体,所以人与世界的联系无时不在、无处不在,只要有关系发生就有可能有风险。从这个意义上看,风险也是普遍存在的。可以说,世界上的任何一种存在与人之间都可能形成一种风险。

(3) 风险的表现形式并不是一成不变的,作为一个历史范畴,在不同的人类社会历史阶段,风险的表现形式也不同。在人类还没有诞生的许多亿年之前的地质年代,地球上曾经有过猛烈的火山爆发,有过极其强烈的地震,但是,那时的火山爆发和地震只是一种自在的自然现象,对人类来说没有意义。用黑格尔的话说,就是存在着"无"。但人类诞生之后,火山爆发和地震对人类的生存而言才构成了一种风险,并且人们认识和应对这些风险的方式随着人类生产力的发展和科学技术的进步而出现了历史性的变迁。当代风险类型呈现多样化和复杂化的特点,人们对风险的认识也日趋理性化。不同历史阶段的风险表现形态,在一定意义上体现了当时的社会生产力状况和社会发展水平。人们的风险意识观念也在一定意义上反映了特定历史条件下人的生存发展状态和自我意识水平。工业革命以来,由于人类对大自然的大举进军,天然的自在自然已经少有存在,自然的人化程度日益提高。早在19世纪后期恩格斯就指出了这一点。一百多年后的今天,我们可以断言,即使有限的自然存在也或多或少和人的实践有关联,完全没有关联也就失去了价值意义,这样,自然风险从人化特性和社会化影响上也可以纳入社会风险的范畴中加以讨论。基于此,风险主要指涉与人的实践活动相联系的社会风险,它强调风险来源的社会性因素、风险扩散的社会化效应和风险后果的社会性损失。工业革命以来,风险的社会性特性日益凸显。在当代引发风险的因素主要来自人类本身:一是人类社会的科学技术、制度安排以及作出的各种决定、采取的各种行动都可能带来风险;二是人类不合理的实践活动也加剧了自然风险爆发的可能性及其对人类的威胁。

(4) 风险是有价值取向的。在一定条件之下,关系性存在状态的风险才是风险。具体而言,只有对人的生存和发展构成一种损害性关系状态时才称之为风险。这种价值取向有不同的层次,最基本的就是对人的生命活动构成损害。这里的人可以是个体、群体、社区、国家,乃至人类整体,相应的价值立场也就是站在个体、群体、社区、国家,乃至人类的立场上。人们站在不同的价值立场,对损害的理解会有所差异,这样就会影响对风险的评定。例如,在市场交换中,就有所谓的"风险爱好者"、"风险厌恶者"和"风险中性者"。从这个意义上看,风险可以围绕着人们不同的利益偏好和价值取向而加以建构,这样的风险就成了一个包含主观性的相对范畴。这里,为了概念的厘清和讨论的方便,同时也为了避免不必要的混乱,笔者将风险的主观建构纳入风险意识的范畴,而主要从对人类的生存和发展构成损害这一具有普适性的价值立场出发来界定风险所包含的价值取向。

第二节 风险特性的多重审视

风险具有怎样的特性？要解决这个问题，我们先从危险说起。危险一词更为我们日常生活所常用，那么，风险与危险是否可以同语？社会学家卢曼曾经指出："风险的相对概念不是稳妥，而是危险，二者的差异在于，风险取决于认知决断，它引致的损失由人的决断决定，危险则是限于人的行为决断而给定的，引致的损害由外在的因素决定。"[①]二者既有区别又有联系。危险与风险一样，从感情色彩角度上来说，二者产生的后果都是消极的。区别在于，危险体现的是一种确定性的状态，是对消极后果确定的预测或是已然状态的描述。而风险突出的则是不确定性。哥伦比亚大学学者阿伦·威力特（Allan H. Willet）认为："风险就是关于不愿发生的事件发生的不确定性之客观体现，它包含两层意义，一是风险是客观存在的现象；二是风险的本质与核心具有不确定性。"[②]这里，阿伦·威力特的研究主要指涉经济学和统计学领域。逐渐地，风险成为一个社会议题。关于风险的研究，也有了丰富的多学科的视角，而不再停留于技术层面。如果说，技术层面对于风险的研究主要集中于量化事件发生的概率以及事件后果损害性的大小，那么，文化层面对于风险的研究则更多着眼于个体认知与态度。因此，风险的特性主要包括如下特征：

一、全球性

风险是全球化的。随着全球一体化的发展，世界各国在经济、

---

① Niklas Lumann, *Risk: A Sociological Theory*, Berlin: de Gruyter, 1993, p. 9.
② ［美］阿伦·威力特：《风险与保险经济原理》，1901年哥伦比亚大学博士论文。转引自卓志主编《风险管理理论研究》，中国金融出版社2006年版，第5页。另可参见黄津孚《论机遇与风险的关系》，《福建论坛》2004年第6期；李中斌《风险管理解读》，石油工业出版社2000年版。

政治、文化、科技等方面的交往和联系日益加强。全球化给我们生活所带来的既是一种难得的新机遇,同时也是一种后果非常严重的风险。全球化的来临,机遇固然令人欣喜,但风险也无从逃避。正如吉登斯所说,生活在全球化的时代里,意味着我们要面对更多的、各种各样的风险。我们所面对的正是这样一个机遇与挑战并存、充满风险的"失控的世界"。从历史发展进程来看,尽管每个社会都会经历危险,但风险社会中的风险往往不是一国或一个地区的,而是全球性的。在全球化浪潮中,占据主导地位的是各种全球性风险与危机,风险在全球范围内展开,并对整个人类共同利益形成威胁。全球化缩短了时间和空间,它将世界变为一个整体,而不仅仅局限于一个国家和民族范围内,现代风险的危害已远远逾越了现代工业社会所包含的民族国家的发展及其疆域边界的逻辑。全球化的开放性,使得风险搭上了全球化的快车,跨越了时空的界限,迅速地在全球所有区域蔓延和扩散,因此可能造成全球性的灾难。吉登斯认为,全球化意味着没有人能逃避由现代性所导致的社会转型:如核战争和生态灾难所造成的全球性风险。在全球化背景下,风险的冲突点与始发点往往并没有明显的联系,即使生活在远离风险源头的地方,同样也不能幸免风险的冲击,不得不承受风险的考验。

贝克强调,新类型的风险既是本土的又是全球的,或者说是全球本土的。这种本土和全球风险选择上的"时空压缩"进一步证实了其对世界风险社会的诊断。现代社会风险的无边界性、迅速扩散性和高风险性,使人类建立的治理制度赖以存在的合法性基础遭到质疑。对于这一点,我们可以从当今社会已经发生的一系列风险景象找到有力的佐证,例如,切尔诺贝利核泄露事件、亚洲金融风波、中国SARS事件、英国疯牛病事件等都是首先在一国或区域范围内爆发,然后迅速地向其他国家扩散,把许多国家都卷了进去,造成了非常严重的后果。现代化的风险同样会冲击那些产生和得益于它们的人,使风险的分配趋以平均化,全球风险造成的后果破坏了现存制度与秩序的合法性基础,导致了现有社会结构、制度以及关系向更加复杂、偶然和分裂状态转变,使社会变得日益复杂和难以把握,并使经济社会发展面临越来越多的风险冲击。

二、客观性与主观性的统一

"即使让我们了解了风险,也无法消除或解决是否必须接受风险这个问题。如风险评估专家清楚表明的那样,没有像风险就存在于自身这样的东西。风险存在的现实是创造了风险,带来了关于风险的争论。这并不是说没有客观风险,问题不在于存在着抽象意义上的风险,而是人们接受风险的事实……客观风险越大,其存在越依赖价值体系。"[1]因此,只有那些在特定语境中被公众所感知的风险才是真实的风险。道格拉斯、卢曼和贝克等人也都把风险与人的认知相联系。一方面承认风险是客观存在,另一方面也强调风险的社会建构性。风险是一种"虚拟的现实、现实的虚拟"。[2] "风险既不等于毁灭也不等于安全和信任,而是'真实的虚拟',风险是指充满危险的未来,与事实相对,成为影响当前行为的一个参数,风险既是对事实也是对评价的陈述,它是二者在数字化道德中的结合,风险可以看作是人为不确定因素中的控制与失控,风险使在认知中领会道德知识或不知,风险具有全球性,因为它得以在全球与本土同时重组,风险是指知识、潜在冲突和症状之间的差异;一个人为的混合世界,失去自然与文化之间的两重性。"[3]具体来说,公众们所感知的风险是基于客观风险,但是又不同于客观风险,是嵌入了自身的文化背景、社会结构以及心理因素之后综合的结果。"恐惧性、熟悉程度、毁灭潜在性、公平感和人们风险感知

---

[1] B. Massumi, *Two infinities of risk*, The Politics of Everyday Fear, Minneapolis: University of Minnesota Press, 1993, p. 225.

[2] Ulrich Beck, *World Risk Society*, Cambridge: Polity Press, 1999, p. 136.

[3] [德]乌尔里希·贝克:《风险社会再思考》,郗卫东编译,《马克思主义与现实》2002年第4期。

与收益以及风险接受之间存在明显的相关关系。"[1]不同的个体所感知到的风险大小是不尽相同的。对风险的定义必须要连带个人所处的特定风险文化去理解。因此,一定意义上,风险是一种价值性的范畴,公众站在不同价值立场之上,对于风险造成损害的理解会有相应的差异,对于风险的评价也会有所不同。而其中有一种可能即是"被放大"。卡斯帕森等学者经过20年的努力,构建了"风险的社会放大"框架,该框架解释了风险为何是客观性与主观性的统一。危机事件之后,所有接触到危机信息的主体都会重新根据自己的喜好、目的以及熟悉程度对信息进行解构,之后又添加上一些主观的理解重新汇总传播,从而都充当着信息放大站的角色,在客观的风险中又平添了社会共同建构的主观性信息,极易引起不必要的恐慌,从而误导公众对风险的理解,造成对风险治理过程的复杂化。

三、不确定性

风险不是已经显现出来的客观现象与事实,人们也无法确定风险若是出现所带来的会是积极的结果还是消极的结果,甚至有些事情都不能确定它是否会带来风险。但是日常生产生活中的事件总会引发一些意料之外的并且对动植物和人类构成伤害或是威胁的后果,所以在人们的认知与决策中,不得不把风险也纳入其中加以考虑。风险的不确定性就表现在不确定是否有风险、风险什么时候在什么情况下会爆发、风险带来的伤害会有多大……关于风险的所有因素几乎都在不确定性中飘忽不定。

风险从来就不是始终如一的,而是具有社会历史性的,不同时期的风险特征也各不相同。原始社会中,生产力水平极为低下,人类主要靠渔猎及采集为生,对自然的依赖程度极高,此时,人类所

---

[1] Starr, C, "Hypothetical Fears and Quantitative Risk Analysis", *Risk Analysis*, Vol. 21, no. 5, 2002.

面临的风险是自然风险,而消除、规避风险的方式主要是通过对自然的崇拜,期待神灵的庇佑;到了农业文明时期,社会生产力有了相应程度的提升,人类开始使用工具去利用自然,但是对于自然的依赖性依然较高,因而,这个时期的风险主要来源依然是外部的自然风险,同时伴随着私有制和阶级的出现,小规模的战争成为人类所面临的人为风险;工业社会的来临,理性的启蒙和科学技术的提高,使工业成为人类的主要实践活动。人类在摆脱自然束缚的同时,也在人为地制造风险,但是,工业社会的风险由于其具有一定的地域性和可感知性,所以风险具有一定的可控性。也正因为如此,工业社会产生了许多控制技术,如通过提升科技水平,控制科技领域的不确定性;通过科层制等,控制社会领域的不确定性。但是,这些控制技术所能应对的也只有低度的复杂性和不确定性。"从20世纪80年代开始,随着复杂性和不确定性的增长,人类社会迅速进入了高度复杂性和高度不确定性的状态。"[1]"自从20世纪中期以来,工业社会的社会机制已经面临着历史上前所未有的一种可能性,即一项决策可能会毁灭我们人类赖以生存的这颗行星上的所有生命。仅仅这一点就足以说明,当今时代已经与我们人类历史上所经历的各个时代都有着根本的区别。"[2]在这样的时代背景之下,风险也变得高度复杂和不可控制。现代风险在某种意义上已经超过了人类社会所能控制的程度,正如吉登斯所言,风险社会已经成为一个失控的世界。工业社会中所建立起来的控制技术,在风险社会中已经失去了效力,面临着"功能性障碍",谁也无法真正预测并准确计算出风险可能产生的结果和损害大小,谁也无法真正控制风险的发展趋势和发展速度。在风险面前,没有了权威。工业社会下的风险由于其具有一定的地域性和可感知

---

[1] 张康之:《合作的社会及其治理》,上海人民出版社2014年版,第27页。
[2] [德]乌尔里希·贝克:《从工业社会到风险社会(上篇)——关于人类生存、社会结构和生态启蒙等问题的思考》,王武龙编译,《马克思主义与现实》2003年第3期。

性,所以风险具有一定的可控性。但是风险社会下的风险却具有不可控制性。"自从20世纪中期以来,工业社会的社会机制已经面临着历史上前所未有的一种可能性,即一项决策可能会毁灭我们人类赖以生存的这颗行星上的所有生命。仅仅这一点就足以说明,当今时代已经与我们人类历史上所经历的各个时代都有着根本的区别。""仔细琢磨这一似是而非的趋势,我们不难想象,今后的风险社会已经成为一个无法保险的社会。"现代风险在某种意义上已经超过了人类社会所能控制的程度,正如吉登斯所言,风险社会已经成为一个失控的世界。[①]

四、自反性

风险尤其是现代工业社会中的"人为风险"具有相生相克般的自反性。现代风险开始是社会进步的推动力,在工业化的最初阶段,社会贯彻的是财富分配原则,物质财富和"我需要"成为人类社会最终的追求目标,而此时的风险就隐藏在追逐财富的面纱下面,直到出现了灾难性的事故,造成了巨大的生命财产损失时才慢慢觉醒。发展到现代工业化阶段,人类的几乎每一项实践行动都存在着风险,也就是人类进入了风险社会。风险是人类最初为求发展而衍生出来的,现在风险又成了制约或是影响社会发展的重大因素。要发展就难免会产生风险,要规避风险又要求社会更加进步、科技更加先进,这就是现代风险的自反性逻辑。

贝克指出,风险社会以自反性为其典型特征。由于风险的应对是一种复杂的博弈,在其中,诸现实因素既相互融通,又相互砥砺,从而使自反性成为风险社会的标签。贝克说:"风险社会也是一个具有自我批评倾向的社会。"简单现代化阶段,单子式的主体化的自我实现的个人经历着社会性的自反,个性的实践的社会性

[①] 张文生、冯志宏:《全球化视域中的风险治理》,《甘肃社会科学》2009年第4期。

维度重新受到重视,"个人重返社会"、"个性化"被看作"社会形态的个性化","标准生活经历"被看作"自反性生活经历";政治经历着"亚政治"的自反——各种各样的团体和各种层次上的决策和参与调动立宪国家的各种手段并使之相互对抗;自然经历着"非自然化"的自反——自然、人与社会历史是有机互动的,自然不仅仅是"一个社会计划,一个有待重建、有待塑形和转变的乌托邦"——自然的社会化与社会的自然化是同样重要的,两者相反相成,使自然在祛除其抽象社会附加的自反运动之中"非自然化","这意味着社会和自然通过自然的社会化或社会的自然化融为'社会的自然'。"风险社会的自反性,就其根本意义来讲,意味着实践理性的自我建构和自我解构,因此,贝克认为:"自反性现代化从根本上意味着一种理性改革。"工业现代化阶段,崇尚工具理性,重视确定性、控制和秩序,制造了传统与现代、普通人与专家的对立,并因社会对科学理性的完全信仰而遮蔽了科学生产机制的内在悖论。[①]

第三节 风险社会的理论探索

"风险社会"理论是 20 世纪 80 年代提出并逐渐被重视的一种社会理论。1986 年,德国著名的社会学家乌尔里希·贝克出版了德文版的《风险社会》一书,该书首次使用了"风险社会"的概念,并用它来描述充满风险的后工业社会。"风险社会"理论的提出,在欧美学界产生了广泛的影响。有学者认为,在某种程度上,"风险"已经成为理解和解释当今世界的一个关键观念。作为社会问题的当代话语形式的风险理论,特别是"风险社会"理论,不仅为把握当代社会问题的形成机制和特征提供了全新的观察视角,而且也必将重塑社会学中的社会问题传统。因此,"它不仅产生了跨学科的

[①] 徐岿然:《复杂实践情景中理性的多维渗透与自反—论贝克和吉登斯社会学自反性观念的哲学意义》,《哲学动态》2009 年第 6 期。

影响,而且远远超出学术的围墙,在公共媒体上也引发了热烈的论争"。[1]

一、理论确立

风险社会的语义生成与当今社会发展的背景息息相关。风险问题已经成为当代社会理论的重要议题,甚至是核心议题。随着后工业社会的发展,人为灾难不断发生,人们在生活的各个领域都能感受到潜在风险,如核泄漏、疯牛病、非典、禽流感、战争和恐怖事件等。公众变得越来越敏感和恐惧,人们的焦虑感与日俱增,对风险问题的关注也就变得越来越重要。风险议题也逐步从专家的纸上争论成为公众日常所关注的话题。20世纪中后期以来,西方社会中关于风险的公共争论一浪高过一浪,这种趋势将来还会不断地得到加强。当代人的这种风险境遇也迫切需要从整体的视角加以关照,这是一个重大的时代课题,风险问题由此成为当代社会理论的主题。当科技发展与工业生产所引发的潜在风险成为普遍性的社会问题时,就需要从社会学的综合视角对当代风险问题作出理论层面的深层解释。基于这种时代需要,社会学家走进了关于风险问题研究的争论中,并表达了社会学的独特的问题意识。

玛丽·道格拉斯是第一位研究风险问题的社会学家。她从文化理论的视角,率先解释了公众不断增强的风险意识和关注科技风险的新现象。[2] 然而,相对于当前社会风险问题的复杂性来说,从单一视角或学科出发显然难以给出全面科学的解释,风险问题分析需要多元的视角和跨学科的综合的社会科学知识。[3] 针对这种复杂的情况,詹姆斯·肖特强烈呼吁社会学要将注意力转移到

---

[1] 连水兴:《"风险社会"与危机传播研究》,《东南传播》2007年第7期。
[2] Douglas M, Wildavsky A, Risk and culture: An Essay on the Selection of Technological and Environmental Dangers, University of California Press, 1983.
[3] Douglas M, Risk and blame, CA: Routledge, 2013.

从宏观出发并侧重于"风险分析的社会转型"维度。[1] 尽管对风险问题研究存在着分析视角上的差异和解释观点上的冲突,但社会学家开始提升以前所提出的解释理论的层次,并系统地建构风险社会学理论和风险社会理论,真正改变了风险研究的方向。[2] 在这方面比较有代表性的社会学家是尼古拉·卢曼,他提出了"生态交往"分析方法和风险社会学。卢曼的《生态交往》一书关注生态问题的"原因与责任",他认为,观察生态问题的方式,在于找寻生态问题的社会原因。生态问题的原因若在社会,就意味着社会有责任。社会性的原因,必与人的决定有关。卢曼指出,原因与责任的关系是异常复杂的,但是"如果一个系统是其自身损害的部分原因,这意味着人的决定的悲剧"。在《风险社会学》一书中,卢曼区分了风险与危险,他认为,二者的区别在于其与人的决定的关系,如果可能的损害是由某个决定导致的,这个决定是有风险的;如果可能的损害与人的决定无关,即完全是外在的,这就是危险而非风险。[3]贝克借助于反身性现代化理论改变了风险问题研究的方向,突破了技术-经济学和自然科学-技术学的"概念垄断"。"风险"概念由此成为社会理论的一个关键范畴。在1986年首次出版的《风险社会》一书中,他提出了风险社会的概念,明确将未来社会界定为一个风险社会,指出现代社会正处于从工业社会向风险社会的转变之中。两年后又发表了《风险时代的生态政治学》(1988),这部著作是对卢曼的《生态交往》一书作出的批判性回应,他提出了"有组织的不负责任"概念。在后来的《世界风险社会》(1999)、《风险社会理论修正》(2000)、《第二次现代性的社会与政治:世界主义

---

[1] Short J F, "The Social Fabric at Risk: Toward the Social Transformation of Risk Analysis," American Sociological Review, vol. 49, no. 6, 1984.

[2] Strydom P, Risk, Environment, and Society: Ongoing Debates, Current Issues, and Future Prospects, 2002, p.192.

[3] Luhmann N, Communication and Social Order: Risk: A Sociological Theory, Transaction Publishers, 1993.

的欧洲》(2004)等一系列论著中,他对风险社会理论进行了深入而系统的阐述。《世界风险社会》一书集中展示了贝克对风险社会研究的理论成果。值得指出的是,在贝克、吉登斯、拉什合著的《反身现代化》(1994)一书中,这些著名社会理论家对风险问题进行了独到而深刻的阐述,使得研究风险问题的社会理论范式得以确立。

二、理论发展

沿着贝克等人的开创性工作,众多的学者不断地展开研究,推进理论的发展。著名社会理论家吉登斯几乎与贝克同步做着类似的工作。早在贝克《风险社会》(1986)出版之前,吉登斯在《社会的构成》(1984)中就开始研究"行动的意外后果"和社会结构断裂的机制,以此为基础,在后来的著作《民族-国家与暴力》(1985)中延续了结构化理论这一分析路径,展开对现代性的后果的研究。在贝克的《风险社会》出版以后,吉登斯在《现代性的后果》(1990)、《现代性与自我认同》(1991)和《失控的世界》(1990)等著作中则明确采用了风险这一概念并展开了其风险社会理论。吉登斯将现代社会视为"失控的世界",指出传统社会风险是一种局部性、个体性、自然性的外部风险,当代社会风险则是一种全球性、社会性、人为性的结构风险。吉登斯的研究充实了风险社会理论的内涵。在贝克的英文版出版(1992)之后,在 1994 年,贝克、吉登斯和拉什更是联手推出了《反身性现代化》这一重要著作。从社会风险问题在贝克和吉登斯的著作中都占据着重要地位这一点来看,二人可以并称为风险社会理论的代表。这一称谓不仅为他们本人所强调,也已经得到世界社会理论界的公认。他们在《反身性现代化》一书中的合作,更是扩大了风险社会理论在国际上的影响。

从理论意义看,风险社会理论既意味着风险问题研究范式的一种转变,又意味着对传统社会学视角的一种突破。以往关于风险问题的讨论大多围绕自然科学和工程技术领域展开,风险社会理论使风险问题成为社会理论的重要议题。正如贝克所言:"有关空气、水和深林的污染和毒化问题的争论,同时也包括对一般性的自然和环境破坏问题的讨论,仍旧完全或主要为自然科学的术语和方程式所引导。我们还没有认识到,在科学的'摆脱贫困的方程式'中,固有着一种社会的、文化的和政治的意义。"[1]吉登斯指出,社会学的经典的缔造者们"都看到了现代工厂工作对人的不良后果,它迫使许多人受制于寡味的纪律和重复的劳动。但是他们都没有预见到,'生产力'拓展所具有的大规模毁灭物质环境的潜力。在理论传统中,生态关系完全没有融入社会学之中。即使在今天,如果社会学家们发现自己很难对生态问题作出系统的社会学论说,也毫不奇怪"。[2] 风险社会理论之所以能够对当代社会做出独到的研究,正是由于其将人为因素、自然因素、生态因素、制度结构因素等纳入研究视野,突破了传统社会学的理论框架,同时将风险问题置于社会变迁的宏观考察中,开辟了从风险转型研究当代社会重大变迁的新视角。

三、理论成熟

风险社会理论以其独特的概念和理论建构开始了反思批判现代性的"第三条道路"的探索。风险社会理论开辟的反思、批判现代性的"第三条道路"是我们开阔理论视野、深化对现代社会本质和现代化进程的认识的重要理论资源。至此,风险社会理论逐步走向成熟。从马克思主义哲学对待现代性问题的辩证立场来看,风险社会理论对现代性的反思批判既有其理论贡献也有其理论局限。

概括而言,风险社会理论的理论贡献主要有:其一,它以全球化的开阔视野对现代化过程的自反性特征的深入揭示,为我们深

---

[1] [德]乌尔里希·贝克:《风险社会》,何博闻译,译林出版社2004年版,第22页。

[2] [英]安东尼·吉登斯:《现代性的后果》,田禾译,译林出版社2000年版,第7页。

入分析当代社会发展过程中出现的"风险景象"的根源具有启示意义。其二,它继承了德国社会批判理论对现代性的批判精神,从现代性内在的自反性特质中引出反思的必要,倡导现代性的多样性和多种可能性,具有建设性的理论态度。其三,它从理性与非理性的对抗中走出来,强调政治革新与全球公民社会的多层次合作,强调个体的社会责任和政治参与,强调政治和道德对经济、科技发展的引导,使对现代性问题的反思、批判更具现实意义和可操作性。反观风险社会理论的局限性,主要在于:首先,它对现代性的反思和批判仍然局限在资本主义的范围内,其基本理论前提仍然是资本主义的根本制度和价值理想不可超越,认为资本主义可以在其发展进程中通过高度的反思自我完善。它虽然摆出了激进批判的理论姿态,但不承认马克思主义对资本主义历史命运的揭示,因而没有也不可能区分资本主义的现代性和社会主义的现代性,其实质是一种资本主义的改良主义。其次,它虽然从制度层面来说明现代风险和现代性问题产生的根源,但它所说的制度主要指的是工业生产体系和国家政治体系,没有深入到资本主义生产方式的层面,没有从资本逻辑的控制和扩展来说明当代资本主义各种危机的病根及其在全球化过程中的扩散。再次,它把超越风险社会的希望寄托在由于对风险的反思而随时组成公民联盟开展社会运动的"亚政治"或"生活政治"上,本质上仍然是想通过知识观念的变革来塑造社会。其四,它主要是以西方发达国家高度现代化后的社会境况为背景提出来的,但又凭借全球化话语宣称这种理论分析和以此为基础的社会政治方案也在非西方的发展中国家普遍适用,这不能不说是一种隐性的西方中心主义。最后,它把风险社会作为一种超越资本主义工业社会的新社会形态来描述和建构,把风险冲突看作当代社会进步的根本动力,没有科学的社会历史观为其提供哲学基础。

作为风险社会理论的主要代表,贝克和吉登斯明言:"关于现代性和后现代性的争论久拖不决,已使我们厌倦,而且类似争论到头来毫无结果。不管用什么样的术语来表达,自反性现代化的思想打破了这类争论往往会强加于概念创新之上的束缚。"[1]

第四节　风险社会的现实景观

在风险社会中,各种引发风险的因素和风险引发的现象错综交织、纷繁复杂。因此,需要对由风险构建的复杂景观进行深入剖析。在风险景观中有一些惹人眼球和备受关注的现象:人口大爆炸的挑战,环境污染、资源紧张的威胁,科技发展带来的隐忧,社会结构的疯狂演变,等等。这些现象之所以在庞大繁芜的风险景观中凸显,不仅是因为它们的现有规模大、演化速度快,更在于它们的影响深远,关涉风险社会的全局,甚至关涉人类社会的未来。风险构筑的现实景观在全球化和科技等因素的推动下不断演化,更加复杂,勾勒出一幅壮美而又引人深思的画面。

一、风险社会的主要表现

第一,人口密度持续攀升。全球人口总量的持续增加已成为毋庸置疑的事实。根据联合国最新人口统计数据,全球人口总量将在现有68亿人的基础上继续增长,到2050年将超过90亿人,其中发展中国家的人口增幅尤为显著。人口剧增会使社会承担巨大的风险:(1)加剧人口与资源环境之间的紧张状况,对资源环境造成空前的压力;(2)人口高度密集的居住方式将使社会面临巨大的政治、经济和公共卫生风险;(3)影响到人类社会系统自身的结构、功能与发展,如人口老龄化问题;(4)对各国社会保障体系带来严峻挑战,尤其是对发展中国家而言,可能会对政治稳定和可持续发展带来难以预料的后果。

---

[1] [德]乌尔里希·贝克、[英]安东尼·吉登斯、[英]斯科特·拉什:《自反性现代化:现代社会秩序中的政治、传统与美学》,商务印书馆2001年版。

第二,资源环境危机重重。人类社会的工业化进程是全球资源环境状况愈加严峻的主要原因,而人类自身也反过来要承受其带来的巨大风险:(1)气候变化。近百年来全球气候正经历一次以全球变暖为主要特征的显著变化过程,可能导致极端气候现象和重大灾害频发,并对农业、种植业和人体健康产生影响。(2)生态环境危机。主要表现在臭氧层破坏、酸雨和生物多样性丧失,大气、水源、土壤和生物污染严重,海洋、森林、草地和农田四大生命系统受到损害等。(3)资源紧缺。淡水、土地、粮食、能源紧张,越来越难以满足人类持续增长的需要,这将是我们要长期面对的问题。随着全球资源风险的扩张,以美国为主导的工业化程度较高国家的金融寡头开始垄断国际资本,加紧操控资源市场,展开对国际资源的争夺。国际资源争夺变成国际金融寡头之间的金融战。他们通过兼并、收购的方式,在国际资源竞争中占得先机。20世纪80年代以前,跨国公司对外直接投资以新建或"绿地投资"为主,而80年代中期之后,跨国并购迅猛增加,直接垄断国际资源市场,20世纪末,跨国并购占国际直接投资总额的80%以上。

第三,科技发展带来不可预测的后果。科学技术的飞速发展显现出了自反性的特征。一方面,科技的发展大大提升了人类的生活质量和水平,为人类提供了更好的生存环境和状况。另一方面,也带来了工业事故、生态危机、核泄漏等巨大风险,其后果越来越难以预测和控制,潜在的负面作用日渐显露。科学技术在给人类带来巨大财富和福祉的同时,也潜藏着对人类社会的各种威胁,成为现代风险社会的重要根源。科技的风险主要来自于:(1)高新科技和技术进步本身带来的不确定性;(2)技术系统之间的相互依赖和相互作用;(3)现代社会人们对科技的高度依赖甚至过度依赖;(4)对科学技术的研究日益突破限制和禁区;(5)科学研究的逻辑在很多领域已经发生改变。

第四,组织制度带来"有组织的不负责任"。人类具有冒险的天性,也有寻求安全的本能,组织制度的完善为这一矛盾取向提供了实现的环境及规范的框架。但组织化和制度化亦使得某些人为风险加速成形和定型。(1)组织化的行为使得某些简单的风险变得复杂,也使得风险可能成倍扩大,尤其是它与技术因素的相互混合,更加剧了风险的隐蔽性、复杂性和摧毁性。组织的复杂性还增加了应对风险问题的困难程度,甚至带来"有组织的不负责任"(organized irresponsibility)。① (2)工业、法律、科学等各个领域的制度在规范各自活动的同时,也带来了许多风险。社会正在制度性地生产和制造风险,因为制度本身就是风险的重要来源。

二、风险社会的典型事例

恐怖主义、核危机、全球变暖问题、生态危机、贫困问题、和平利用太空等挑战已经超越了民族国家的边界,整个世界逐渐演变成为风险蔓延的世界。

(一)风险蔓延的世界

风险社会是现代理性主义逻辑发展的必然,它与全球化的进程同步。风险社会是一个全球风险社会,全球化的过程就是风险在世界范围内生成和扩张的过程,是一个不管人们愿不愿意都必然会被拉入到风险社会之中,或者说至少作为风险社会的承受者而存在的过程。我们可以通过三个典型事例来阐释当今世界风险蔓延所带来的威胁,如2008美国金融海啸、2011年日本福岛核泄漏和2014年的马航失联事件。之所以选择这三个事例,一方面是因为他们的影响之大,从一个国家发生的风险事件发展到世界广泛的地区,引发了全球震动,彰显风险的威力。另一方面,是因为这三个事例代表着至关重要的三大领域:一个是备受重视的经济领域,一个是愈益重要的环境问题,还有一个是任何人都无法回避的社会生活领域。

---

① Ulrich Beck, The Reinvention of Politics: Rethinking Modernity in the Global Social Order. Cambridge: Polity Press, 1997.

典型事例一:2008年美国金融海啸

2007年4月,美国第二大次级房贷公司——新世纪金融公司的破产就暴露了次级抵押债券的风险;从2007年8月开始,美联储作出反应,向金融体系注入流动性以增加市场信心,美国股市也得以在高位维持,形势看来似乎不是很坏。然而,2008年8月,美国房贷两大巨头——房利美和房地美股价暴跌,持有"两房"债券的金融机构大面积亏损。美国财政部和美联储被迫接管"两房",以表明政府应对危机的决心。但随着雷曼兄弟申请破产保护、美林"委身"美银、AIG告急等一系列突如其来的"变故"使得世界各国都为危机而震惊。华尔街对金融衍生产品的"滥用"和对次贷危机的估计不足终酿苦果。由美国次贷危机引发的金融海啸愈演愈烈,从发达国家传到新兴市场,从金融领域扩散到实体经济,使得国际贸易和投资活动所面临的风险显著升高。

众所周知,2008年愈演愈烈的金融危机已经严重影响到了全球经济的健康发展,从华尔街到全世界,从金融界到实体经济,各国政府都面临着严重的经济危机。这一金融危机的全球蔓延直接印证了风险社会不是地方性的,而是全球化的、世界的,超越了民族国家的边界,"风险面前人人平等"。在风险全球化背景下,国与国之间的经济、政治、文化、军事等方面紧密相连,风险链条上的每一环节出现问题,都会引发连锁反应,危及全球。

典型事例二:2011年日本福岛核泄漏

2011年3月11日,日本福岛第一核电站1号反应堆所在建筑物爆炸后,日本政府于13日承认,在大地震中受损的福岛第一核电站2号机组可能正在发生"事故",2号机组的高温核燃料正在发生"泄漏事故"。该核电站的3号机组反应堆面临遭遇外部氢气爆炸风险。2011年3月13日,共有21万人被紧急疏散到安全地带。之所以引发这种风险后果,一方面是由于自然原因,日本地震引发的海啸波及核电站并导致重大核泄漏事故。但最主要的还是人为因素导致了风险叠加,即福岛核电站的设备落后、东京电力公司失职。发生地震后,福岛核电站电力供应被切断,加之海啸把所有备用的柴油发电机冲坏了,福岛没有任何电力可供使用。在没有电力的情况下,核电站的整个冷却系统就会瘫痪。可以把核电站想象成一个压力锅,如果没有冷却系统,压力锅的压力会不断增大,最终爆锅。而且几十年来,福岛核电站的安全隐患一直存在,东京电力一直没有采取解决措施,而且一直篡改数据。这次也表现得非常糟糕,因为不愿废弃核电站,因而拒绝了美国的援助,更是出现了数据误报、数据误分析的情况。东电、政府、自卫队三者的沟通非常混乱,没有配合好。

　　日本福岛核泄漏使恐慌蔓延,在碘可以防核辐射的谣言蛊惑下,中国人疯狂抢盐,导致"盐慌",增加了社会不稳定因素。日本地震带来了福岛核泄漏,而福岛核泄漏又引发了金融市场大地震。可见,环境问题引发了经济、政治等其他风险。

典型事例三:2014 年马航事件

　　2014 年 3 月 8 日凌晨 2 时 40 分,马来西亚航空公司称:一架载有 239 人的波音 777-200 飞机与管制中心失去联系,该飞机航班号为 MH370,原定由吉隆坡飞往北京。该飞机应于北京时间 2014 年 3 月 8 日 6:30 抵达北京,马来西亚当地时间 2014 年 3 月 8 日凌晨 2 时 40 分与管制中心失去联系。马航已经启动救援和联络机制寻找该飞机。2014 年 3 月 24 日晚 10 时,马来西亚总理纳吉布在吉隆坡宣布,马航失联航班 MH370 在南印度洋坠毁,机上无一人生还。6 月 8 日,马航 MH370 客机部分失踪乘客的家属由于对当局失去信心,准备出巨资鼓励"线人"站出来提供有效线索,以便破解飞机失踪之谜。直至目前,也未找到马航失事的原因。

　　这一事件最大的影响是对普通民众留下了公共交通尤其是飞机存在巨大风险的心理阴影。在交通发达的现代社会,公共交通工具已经成为人们日常出行的必备之选,人们可以更深切感受到自己身处客观存在、无处不在的风险社会。

(二)风险蔓延的中国

不论是全球化本身抑或风险社会本身,都已是世界各国所必须面对的重要课题,中国亦不能置身世外。在某种意义上,全球化和风险具有同质性,即二者都是一把双刃剑。对于中国而言,全球化和风险既是挑战也是机遇。当代中国社会因巨大的社会变迁正步入风险社会,甚至将可能进入"高风险社会"。全球化是由资本主义主导的,力图把资本主义的生产关系扩张到全球,同时也把资本主义的各种矛盾和弊端扩散到全球,造成世界性的风险和危机。

中国融入全球化和加速经济建设的过程,是一个参与世界风险社会与自身风险社会之形塑的过程。随着中国现代化建设的深入推进和对外开放水平的提高,中国的风险社会已是世界社会的重要组成部分。从这个角度看,中国已经被拉入到世界风险社会的进程中。作为一个快速加入全球化进程的大国,中国国内问题的多样性以及与国际社会的全面接触直接导致了风险来源的复杂化——风险既可以产生于国内,也可以引发自国外,更可以是二者互动的结果。从以下几个典型事例中可以看出,风险蔓延的中国正面临着越来越多的挑战和危机。

典型事例一:纷争不断的 PX 事件

近年来,在南京、杭州、宁波、厦门等地相继发生了放射源铱-192 丢失、垃圾焚烧项目选址和 PX 项目等导致的突发性公共事件。这些突发性公共事件既是对政府执政能力的考验,也是对政府信息公开能力的拷问。从这几个突发性公共事件的应对来看,政府信息披露的不及时、不对应甚至不真实的问题充分暴露出来。在信息传播手段日益发达的今天,如何建立健全权威、及时、准确的政府信息公开体系,还有很长的路要走。

闹得沸沸扬扬的宁波 PX 事件,最终以市政府发布:坚决不上PX 项目;炼化一体化项目前期工作停止推进,再作科学论证,从而宣告整个事件告一段落。近年来我国重化工项目、环保型项目在各地上马过程中,引起当地民众反对,以致于引发群体性事件,造成恶劣影响的事例也不在少数。纵观这些项目的启动,也不是盲目或者心血来潮突发奇想的,而是都有规划作为依据的,或为国家重点项目,或为地方重点项目,被列入国家或省级规划中。但有规划不等于公众都知道规划、了解规划。即使公众了解规划内容,但未必对项目的来龙去脉及环境影响有清楚的认识,未必参与了规划的决策过程。简而言之,规划是离不开公众参与的。在我国快速城镇化过程中,规划发展阶段和发展方式面临重大转变,特别是规划在制度、性质、功能、作用和管理等层面都将发生深刻的变化,这些都会强化公众参与规划的意识,使规划与公众更加息息相关,没有公众的深度参与,就没有规划的贯彻和落实。公众参与要求保证公众享有知情权、参与权、监督权和决策权,尤其是决策权,要把公众真正纳入决策过程中,而不是简单地、表面地形式参与。当然,公众参与决策的机制要进一步完善还有待于公众自身素质的提高、公众民主意识的觉醒,需要政府搭建的公众参与平台,由专家技术人员作出方案解读,等等。随着微博等网络自媒体和众多新媒体的出现,对公众参与决策是一个有利的支撑平台,使公众对社会现象和社会问题有了更多的表达渠道,同时也有了更多的响应群体,政府管理者应充分利用这个平台来推动公众参与规划决策过程。当然,公众参与规划是一个系统工程。不仅需要方法,更需要理念,也需要手段。不仅需要规划师从工作方法上进行创新,更需要政府从制度上进行公众参与程序和内容的设计,也需要公众从认识上提高参与的水平和能力。

典型事例二:公交车纵火案

公交车几乎是每个人都会乘坐的公共交通工具,但是近年来却成为安全的重大隐患。数据统计显示,从2003年到2014年,我国共发生公交纵火案12起,其中:2013年两起、2014年5起,伤亡惨重,共88人死亡、258人受伤,近十年来的公交车纵火者有接近一半已经被烧死或者炸死。纵火者的作案动机各不相同,但常见的原因均包括:厌世、悲观、泄愤、迁怒等。

由于公交车是人口密集、流动性大且相对封闭的公共场所,一旦发生有人蓄意犯罪,后果不堪设想。纵火案造成的伤害不仅是受害的家庭,更是整个社会对公共安全的恐慌与质疑。公交车成了浓缩的高风险汇聚之地,一旦发生纵火,风险即转变为灾难。大多数纵火者是由于公共资源的分配不公以及难以获得发展机会,导致对政府和社会的不信任,甚至仇视,这导致一部分人铤而走险、产生过激行为,成了一种潜在的社会风险。德国著名社会学家乌尔里希·贝克提出过"风险社会"的概念,我们当前生活的后工业社会是一个"风险社会",人类正在遭受现代风险的威胁。风险有三类,一类是地震、飓风、传染病等;二是安全事故、劳资矛盾、两极分化、失业、群体事件、报复社会等;三是环境污染、生态恶化、核技术威胁等。这三类风险中,公交车纵火就是一种报复式的滥杀,杀人者有"自我中心"的性格缺陷:错误都在别人身上,因此,他在报复别人时没有一丝的怜悯,没有一点人性。而面对如此邪恶的人性弱点,最好的防线来自于每个人的内心自律和严明的社会制度规范。

　　上述是风险社会的现实景观。全球化的过程也是风险社会的形成过程,中国改革开放的30多年是全球化进程最快的时期,因此,全球风险社会对于中国风险社会肯定有着不可避免的影响;相应地,中国工业化的进程对全球风险社会之形塑势必也会产生重要作用。

第二章

困境与突破:风险的生成症结与应对策略转换

当今的全球化时代,是一个充满不确定性因素和失去安全感的时代,风险已渗入当代社会的方方面面,风险社会已成为全球化时代的重要表征。随着 21 世纪的到来,人们已普遍从核危机到恐怖主义、从生态危机到环境恶化、从金融危机到能源紧张、从传染病肆虐到食品安全隐患、从社会信任危机到精神心理焦虑中感受到风险的严峻挑战。而针对这些冲突和挑战,风险社会呈现的却是信任危机和责任隐没。为了克服这些困境,人们不得不反思当前,变革风险管理的方式,努力探寻应对风险的有效途径和策略。

第一节 风险社会的冲突——信任危机

根据吉登斯对社会的划分,传统社会以农业生产和农业文明居于主导地位,人们在极为狭隘的地域内进行生产、交往和生活,公共交往和公共生活尚不发达,普遍的商业生产和交换尚未普遍发展起来,人们相互之间的关系紧密。而现代社会则与传统社会截然不同,现代社会使人们的信任关系发生了深刻变化,由传统社会人与人之间的亲密转变为人与人之间的淡漠。在现代社会的初期,人相信的是一些"身外之物",诸如金钱、组织、权威、制度等。这些身外之物用吉登斯的概念来界定可称之为"抽象体系",之所以说其抽象,是因为这些身外之物并不是其本身所呈现出的样子本身,而是被人类赋予了更加内在和抽象的意义,它们大都是具有象征意义的代表符号。但随着风险的增加和扩散,这些身外之物也不足以给人们提供充足的安全感,人们对抽象体系的信任基础濒临瓦解。就像吉登斯指出的那样:社会结构的行动反身性与制度反身性的双重结构化过程增加了社会的不确定性后果,使得间接信任与直接信任之间面临着断裂的风险。贝克通过对现代科技理性与社会理性断裂的分析,指出在风险社会所谓的"专家"已经不存在了,各种专家系统对风险的界定已经失去了可信力,所谓的"可接受水平"、"平均水平"已经变成了一种"有组织的不负责任",信任结构实际上已经个人化了,即人们不再盲目地崇拜科技专家,人们只相信自己。贝克说:"由于现代风险的高度不确定性、不可预测性、显现的时间滞后性、发作的突发性和超常规性,使专家在面临新科学技术时,往往多注重科技的贡献性而忽略其副作用,或故意隐瞒其副作用,以至于人们在开始使用科技时,就已经为风险埋下了发作的种子。"[①]

在传统社会中,由于生产力水平、科学技术、交往渠道和生活习惯等诸多因素的限制,导致人们的活动范围狭小,交往方式单一,生活模式固定。在这种境况之下,人们所遭受的危险和风险主要来源于自然界,而各种自然灾害所带来的重要影响是:人们对天的畏惧和敬畏,而非对自身能力的怀疑和否定。在一定意义上说,各种自然灾害也有其积极的一面,即促进了人类潜能的开发和相互之间的团结。但是现代社会,却与传统社会有着截然相反的图景,随着经济发展水平的提高、科学技术的迅猛发展以及全球化的强劲渗透,使得人们的生活方式发生了翻天覆地的变化。一方面,通过日益精准的知识和先进的科技,使得来自于自然的灾害失去了令人惧怕和无力的阴影,迎来了祛魅的时代,人类不仅不再恐惧

[①] 薛晓源、刘国良:《全球风险世界:现在与未来——德国著名社会学、风险社会理论创始人乌尔里希·贝克教授访谈录》,《马克思主义与现实》2005年第1期。

反而极为自信,给自然也给自己带来了深远的影响。另一方面,由于社会的变迁,人们的生活方式发生了极大变化,由之前的"熟人社会"转变为"陌生人社会",使自己深陷于无安全感、无归属感的不确定世界。

在这种不确定的世界中,一切都超出了人们的掌控范围和能力,即使在吃穿住行这些简单的生活内容中,都充斥着难以驾驭和认知的不确定感,比如现代的人吃饭要怀疑食物中是否有伤害人体的添加剂,出行要考虑所乘交通工具的安全性等。这些不确定感使人们对所处的环境和世界失去信任。在普遍意义上,信任最基本的意涵是一种依赖关系,值得信任的个人或者团体意味着他们会通过各种途径实践自己的约定和承诺,信任是一切社会活动的根基。在风险社会之中,人与人、人与自然的依赖关系并没有完全消隐,但相互之间的约定和承诺是否都能够兑现却始终处于被质疑或被否定之中,这种质疑和否定也将现实的人们抛入不信任的世界。

近代启蒙运动所宣扬和推崇的科学和民主指引着现实社会发展的航向,"科学"可以说是理性,即指通过论点和具有说服力的论据发现真理,通过符合逻辑的推理而非依靠表象获得结论、意见和行动的理由。"民主"作为一个具有浓重政治色彩的术语,从简单的意义上来理解就是人民做主,国家和政府的政治制度设计都要以人民当家作主为旨归,以实现民有、民治、民享的美好蓝图。科学使真理拥有了至上的地位,也使人们相信只要不断探索真理、积累知识,幸福的生活和美好的社会就会变成现实,正是在理性逻辑的主导下,使人们对知识的确定性和自身能力的自信心变得毋庸置疑。而民主则使人们相信只要约束权力的滥用,政府不无故干涉人们的自由,国家和政府就会使社会井然有序、不断进步。但随着社会的发展,这种坚定的信念却慢慢动摇,真理不再是万能,政治不再有力,人们逐渐对知识和政治失去信任,进而也使人与人之间的信任日渐淡薄。

所以,在风险社会中,信任危机与社会风险的不确定性相伴而生。信任的链条既然已经开始断裂,我们在惊异悲叹之余,更重要的是要迎难而上,深入分析,努力找出产生这种危机的原因,并尽快化解危机。信任就其本意而言,与风险密切相关,是"对产生风险的外部条件的一种纯粹的内心估价"[①],是个体对他人和社会群体形成依赖和认同的心理基础。信任是最重要的社会整合力量之一,"离开了人们之间的一般性信任,社会自身将变成一盘散沙,因为几乎很少有什么关系能够建立在对他人的确切认知之上。如果信任不能像理性证据或个人经验那样强或者更强,那么很少有什么关系能够持续下来"[②]。而在风险社会中的个体,就像散沙一样难以聚合成一个具有坚实信任基础的社会,相反,呈现出的却是信任危机重重的悲凉景观。根据对社会信任重要性和公众赖以获得确定性的对象为标准,可以将不信任划为三个方面:对知识的不信任、对政治的不信任以及对他人的不信任。

一、对知识的不信任

在传统社会中,尤其在知识和理性占主导的社会,知识就是确定性和安全性的代言,只要是能被科学知识证明的就可以被公众充分信任。但是随着知识的分类日益细化,学科的设置日益繁多,以及知识的不断专业化,使得一个人不可能掌握全面的知识和技能,需要依靠与他人联系和合作才能够生存。这种联系和合作在使人受益的同时,也使人处于被牵制的地位,不能完全左右自己的生存和生活。面对日益复杂多变的风险境况,知识不再能够为公众提供化解之道,从而,公众对知识的态度也由信任转向质疑。

就知识本身而言,分为自然科学知识、社会科学知识和人文科

---

① 赵立新:《转型期的中国社会发展热点问题研究》,山东大学出版社2009年版,第268页。

② [德]齐美尔:《货币哲学》,陈戎女等译,华夏出版社2002年版,第178-179页。

学知识三种类型。自启蒙运动以降,自然科学知识与社会科学知识逐渐确定了稳定地位,工业革命的成就与现代民主政治的建立极大地维护了社会稳定、保持了社会平衡。对人文科学知识而言,启蒙理性强调自身的精确筹划甚至能够包括社会的未来走向,因此,理性能够充分预料和消解任何可能的意外与风险。即便是启蒙理性被批判为一个虚幻的神话之后,许多学者转而引入自然科学中的实证主义方法来挽救人文科学的普遍性。因此在一定意义上,上述三种类型的知识都是确定性的根基。[1] 尤其是以科学技术为主要形态的知识,对社会发展提供了强大动力,使人类历史走上了快速发展的轨道。但正如马克思的辩证法所揭示的,任何事物都具有两面性,科学技术知识也不例外,它在给世界发展注入动力的同时,也附带了社会不确定性的因素。风险社会的来临是对知识的启蒙角色的反思,知识正将我们带入一个不确定的时代。正如普利高津在《确定性的终结:时间、混沌与新自然法则》一书中满怀忧虑地指出的:"人类正处于一个转折点上,正处于一种新理性的开端。在这种新理性中,科学不再等同于确定性,概率不再等同于无知。"[2]知识的确定性的缺失使我们进入了一个风险丛生的时代。

科学技术与风险之间的关系表明,在利用科学技术提升生产力的同时必须处理好其与风险的关系。科学技术本就是一把"双刃剑",在推动生产力发展的同时亦会毁灭已创造好的一切,我们必须看到科学技术的"双刃剑"效应本身就意味着一种风险。因此,辩证地看待二者之间的关系就成为必然:片面地强调科学技术和生产力发展的重要性而忽视风险的存在无异于杀鸡取卵,而片面地强调风险甚至放弃科学技术和生产力的发展又与因噎废食无

---

[1] 潘斌:《社会风险论》,中国社会科学出版社 2011 年版,第 55 页。
[2] [苏]伊利亚·普利高津:《确定性的终结:时间、混沌与新自然法则》,湛敏译,上海科技教育出版社 1998 年版,第 5 页。

异。因此,我们应该在保证科学技术始终服务于人的全面发展这一根本目标的前提下,合理地使用科学技术。虽然科学技术本身可能就包含着一种不确定性,但是当人类不能控制其所带来的副作用并使其不足以抗拒负面作用的情况下,人类完全可以没有必要大规模使用它,这样风险就可以控制在适当的范围之内。但是当代科技风险产生重大问题的原因往往是为了某种"外在目的"或"虚假需要",人们不顾新的科学技术所存在的巨大风险,结果造成了严重的破坏性后果,以致对人类的生命财产都构成了严重的威胁。迄今为止,几乎最先进的科学技术都是首先和暴力武器联系在一起的,所以,风险社会理论家才把"战争的工业化"视为由科学技术滥用所带来的巨大风险。所以,对科技风险的审视,必须从科学技术的使用方式中去揭示其产生的现实根源。

所以说,知识在迅速推动社会发展的同时,也给公众带来了安全感,既能够使人们享受发展的成果,又不会有失控感。但是,作为一把双刃剑,知识的消极影响也在发挥作用。所有科学领域的不确定性都说明了人类企图通过科学来达到绝对"确定性"只能是狂妄的"一厢情愿",这实际上也就是当代科学"一仆侍二主"的两难困境:当代科学一方面面临着其自身普遍存在的不确定性问题,另一方面也有着努力降低其不确定性的强烈需要。比如,在自然科学领域中,"知识的不确定性"问题早已成为科学家努力实现的自我突破。在数学和物理学领域上的发现,如著名的海森堡测不准原理、爱因斯坦的相对论等,都说明了"确定性的终结"。科学不再能够提供确定性的答案,也就意味着现代社会充满了风险,人们自然也就充满了对未来不确定性的忧虑。"一切坚固的东西都烟消云散了",这正是科学技术带给当代人的一种风险境遇。随着风险的不断加剧,知识原有的确定性遭到侵蚀,公众对知识的信任感日渐降低。但是,如果产生确定性的知识都不足以提供和保障确定性,公众将去哪里寻找确定性的港湾呢?因此,随着科技的普及,风险也相应地随之扩展,甚至超过科技普及的范围。最终,当风险发作的时候,公众在它面前常常处于慌乱无措的状态,对知识的这种不信任使公众陷入深深的焦虑之中。

专家是知识的代言,是权威的载体。对知识进行质疑即是对专家的不信任,故而出现了专家治理的信任危机。在传统社会尤其是传统工业社会,往往相当依赖专家和技术官僚的治理。专家与正确性、安全性以及可实现性相伴随,能够为生活世界的方方面面提供有价值的参考信息,并作为日常生活的重要依据和准则,所以,专家成为人们的信任对象,是一般公众安全感的主要来源。在风险面前,专家是证实各类风险的主要界定者和判断者,特别是在科学理性占主导地位的工业社会,科学专家与技术官僚的话语往往垄断了社会对风险的定义以及诠释权,这也深深影响到了社会公众对风险的判断、界定、感知及其应对。

然而,专家并非全知全能,特别是在复杂多样、变幻莫测的风险面前,诸如生态破坏、核能危机以及未知疾病等,专家们和普通公众一样变得脆弱无力。某个领域的专家可能是其他领域的门外汉,即使众多专家组成专家团对一个风险进行分析评估,也很难得出全面准确的结论,更何况专家之间仍存在众多分歧。因此,知识或者说科学理性实在无法充分掌握现代风险的复杂本质和价值,一些专家在处理风险的过程中夹带着私利而未能保持中立客观的立场,这使得公众对专家治理的信任基础产生动摇。"在风险的界定中,科学对理性的垄断被打破了。总是存在各种现代性主体和受影响群体的竞争与冲突的要求、利益和观点。它们共同被推动,以原因和结果、策动者和受害者的方式去界定风险。关于风险,不存在什么专家。"[①]在复杂的风险社会中,专家知识不再能够保证提供个人生活所需的安全感,专家治理的逐步失效,使得社会结构很难提供个人充分的可信任的行动资源,个人在生活中面临更

---

① [德]乌尔里希·贝克:《风险社会》,何博闻译,译林出版社2004年版,第38页。

高的不确定性与焦虑,自我认同亦因此发生危机,从而使整个社会在对风险评估的最终决定上,专家与非专家是彼此平等的。

因此,在对风险的关注中,专家不知不觉地以某种方式使自己失去了权力。风险的出现,打破了专家对知识垄断,打破了科学对理性的垄断。但是对专家信任度的降低,在现实生活中却呈现出另一种怪圈:一方面,面对风险需要风险专家的权威言说来增加社会的信任;另一方面,专家的言说面对风险社会的不确定性又表现得无能为力,引发新的信任危机,加重了风险。这种怪圈也许暗含着一种讽刺,本来希冀消解风险的力量却成为助长风险的反力量。正如罗马俱乐部前主席奥尔利欧·佩克奇所指出的:"迄今的科学家,一般都不太考虑其科学发明和技术的创造是否或者如何得到利用,也不太过问是用于善良的目的还是用于邪恶的目的。"[1] 风险社会中的各种不幸和危机正是人类陷入了自己设下的陷阱,我们经不起惊人的科技成就的引诱,深信着专家给予的权威解答。常常为自己依靠科学技术所取得的一点胜利而冲昏头脑,而忘却了哲学、道德、信念等因素的力量对人类的支持,并正在丧失生活观念。而"丧失这一切而投身于科学,只期待它廉价地确保我们的解放和幸福,这是一种疯狂、轻率的表现,也是一种极不道德的浮士德式的契约论"。[2] 在当代社会,公众对知识的怀疑正是对这种人为陷阱的真实写照,风险意识的警醒实质上正是对科学至上主义和专家无上权威的逆反。

知识不可靠、专家不可信令人迷茫,也许,要有效应对风险,需要多种力量的努力和联合,需要所有利益相关者的要求、利益、观点的表达,以及共同决定。知识本身应该以实现人的全面发展为旨趣,正如马克思所强调的:"建立在个人全面发展和他们共同的

---

[1] [意]奥尔利欧·佩克奇:《世界的未来》,王肖萍、蔡荣生译,中国对外翻译出版公司1985年版,第64页。

[2] [意]奥尔利欧·佩克奇:《世界的未来》,王肖萍、蔡荣生译,中国对外翻译出版公司1985年版,第65页。

生产能力成为他们的社会财富这一基础上的自由个性"。① 背离了这一根本目标和价值维度,滥用知识的负面效应及其副产品就会在人们盲目乐观主义的狭隘意识中被遮蔽,积变为一种可能的破坏性力量,即风险。这既是公众对知识不信任的原因,也是加深这种不信任的力量。

二、对政治的不信任

在传统社会中,政治与至高无上的权力相联系,与强劲有力的政府相伴随。而这种与权力紧密结合的政治,能够有效地影响人们的生活和社会发展,控制和解决现实存在的问题。也正因为如此,在传统社会中,政治可以给人以威慑,人们服从政治的安排。换言之,人们会因政治的确定性而产生信任感。但随着社会的发展,尤其是经济全球化的广泛渗透,使资本能够在全球空间自由流动并不受控制。而由于资本的跨国与流动特质,又使得经济在全球范围内迅速扩张,不再受到地域界限、民族国家及其政府的束缚。正如曼纽尔·卡斯特在对即将到来的"信息社会"的最新研究中所认为的,一旦资本自由流动,政治只能绝望地成为地方性的。鲍曼也认为"流动的速度使得真正权力超出了控制。可以说,随着现存政治制度不再能够减缓资本的流通速度,权力正逐渐从政治中转移","曾在民族国家聚集的经济、军事、文化权力的中心如今发生了他前所未有的内爆",②资本的全球化使民族国家面临前所未有的困境,这就使得权力从政治中分离出来并且两者之间的鸿沟正在日益拉大。一旦资本突破民族国家和政治的樊篱,原有的秩序、规则和制度都将被全部扔进全球化的熔炉之中。没有权力支撑的政治,只会变得软弱无力并日渐式微,从而引起人们对政治

---

① 马克思:《经济学手稿(1857—1858)》,《马克思恩格斯全集》(第46卷上册),人民出版社1979年版,第104页。
② [英]齐格蒙特·鲍曼:《寻找政治》,洪涛等译,上海人民出版社2006年版,第88页。

的怀疑甚至否定。

毋庸置疑,全球化已经成为当代世界发展不可抵挡的趋势和潮流。按照吉登斯的理解,全球化意味着世界范围内社会联系的增强,各种现代化的高科技手段以及其他跨越时空的社会连接物的全球延伸,把相聚遥远的地方连接起来,在场的东西直接作用越来越被在时间—空间意义上缺场的东西所取代,本地发生的事情越来越可能受到外地事情的影响而得以建构。由于"时空抽离化"(时间和空间相分离)和"脱域机制"(空间与场所相分离)的不良作用,任何一种社会风险都将呈现出全球化效应,都可能是意外后果或副作用的全球化效应的一个组成部分。① 吉登斯说:"现在我们大家正在经历的全球性风险的巨大成果,是现代性脱离控制、难以驾驭的关键,而且,没有哪个具体的个人或者团体能够对它们负责,或能够被要求'正确地安排'它们。""这些危险不仅远离个人的能力,而且也远离更大的团体甚至国家的控制;更有甚者,这些危险对千百万人乃至整个人类来说都可能是高强度的和威胁生命的。"② 而且,贝克也指出:"在风险冲突中,政治家不再能依赖科学专家来决断。这是因为:第一,在不同的人和受影响的集团之间总是存在着矛盾的主张和观点,他们对风险具有不同的定义。因此,就风险产生的知识冲突是专家的事。第二,专家仅仅能够或多或少地提供关于可能性的一些不确定性的事实信息,但是,永远不能回答这个问题:哪里风险是可以接受的,哪里风险是不能接受的。第三,如果政治家采纳科学的建议,他们就陷入错误、僵化和科学知识的不确定性之中。"③ 在全球化的背景下,在传统社会中知识和政治所具有的确定性已经被抽空,政治决策没有了理性可靠的

---

① [英]安东尼·吉登斯:《现代性的后果》,田禾译,译林出版社2000年版,第115页。
② 刘岩:《风险社会理论新探》,中国社会科学出版社2008年版,第59页。
③ [德]乌尔里希·贝尔:《风险社会政治学》,刘宁宁、沈天霄编译,《马克思主义与现实》2005年第3期。

参照系,政治组织没有了强大权力的庇佑。

面对变幻莫测、复杂多样的风险,政治不再是强劲有力的话语,政府也在渐失至高无上的权威,尤其在经济的触角遍布全球的情势下,政治权力和政府管理更是变得软弱无力。既然政府不能充分驾驭当前的社会局面,由这种局面引发的各种后果也只能默然处之。由于人们在面对风险时首先将解决的对策寄于政府的身上,希望通过政府的权力和权威,集中多方面力量和才智化解风险。而在当前的风险社会中,政治和政府已不是权力和提供确定性的代言人,这就导致公众对政治和政府的不信任。

然而,现代风险无处不在,而且常常逾越原先政治、经济、社会或科技系统的边界,风险冲突变得愈加激烈,风险后果也会更加严重。对于普通的消费者、个人或社会组织来说,他们自身的力量和影响力是十分有限和微弱的。所以,当他们遭遇风险或受到风险伤害时,他们将救命稻草悬系于政治组织或公共机构,希望通过政治权力和政府力量获得保障,化解风险,消除危机,减少灾难。而对于政治机构来说,它们的责任是支持一切公理。而按照公理行事,遵循的是理性主义的逻辑,需要科学合理的验证之后才能够拥有说服力。如果个人或组织向政治机构申诉风险的存在和严重的危害,但政治机构并不一定就会采取措施预防风险的发生。因为如果无法清楚明确地判断因果关系,那它就会认为不存在风险,无需采取预防措施。但事实上,风险具有很强的隐蔽性和无法预测性,加之,测定风险的原则和方法可能本身就有疏漏,所以政治机构出现判断错误的可能性非常大。一旦未被发觉和重视的风险越来越多,潜在的总的威胁力就会增大,长此以往,政治将会变为风险扩散的保护伞,为社会埋下多重隐患。从受害者的角度看,如果政治机构否认了风险的存在,但受害者本身却坚信并捍卫自己的主张,他们就会在社会运动中组织起来,与否认风险的制度相抗衡,于是就产生了风险冲突。对于政治制度来说,风险冲突的重大影响在于:这些风险冲突将会使政治机构非合法化。因为,风险冲突"引起政治影响的不是危险的大小,而是在以下两方面之间存在的这种矛盾:一方面是国家提供的保障和公民对此的期望,另一方面是这一期望所遭受的全面破坏"。"问题又不像人们所想象的那样在于各种风险本身,而在于行动和国家机构的合法性核心在第一次现代化中遭受了这么大的损害。信任危机又加强了风险意识,因为当人人都不愿意再信任这样一些宣布安全公告的公共机构时,它们反复发誓说,一切都完全处于控制之中,而种种相反的情景都预示着灾难即将来临。"①因为这种冲突源于政治并作用于政治,所以从本质上讲,风险冲突是一种政治冲突。然而,政治冲突不仅显示了公众对政治的不信任,也反映出公众对政治的对抗甚至否定。

由于"政治是经济的集中表现",各个国家、民族、阶级、集团和一切人们的最根本的经济利益必然集中表现为政治。正因为是"集中"表现,所以与同为上层建筑的军事、艺术、文化等相比,政治就具有统帅作用。"政治是大局",那么政治风险发生的后果就不难想象,同其他领域风险相比,往往具有更大的危害性并可能涉及全局,危及政权,导致政治垮台。用贝克的话来说,公众对政治的不信任和否定,将会导致"政治爆炸"②。原有的政治体系和社会秩序瓦解之后,必然需要对政治进行重整,所以,贝克认为,在现代政治制度枯竭的背景之下,必须发挥想象力"再造政治"以应对风险。他说:"如果将一个自上而下的世界环境政治的需求也包括在内,那么很清楚,我们仍可能以一种灵活的透视法构思欧洲和世界在东西冲突结束后的变化空间。我们的命运是:必须重新发明政

---

① 薛晓源、周战主编:《全球化与风险社会》,社会科学文献出版社2005年版,第14—15页。
② [德]乌尔里希·贝克:《风险社会》,何博闻译,译林出版社2004年版,第94页。

治。"①对这种新政治的诉求,是应对风险社会的可行选择,也是改变公众对政治不信任态度的一条途径。

三、对他人的不信任

在风险社会的背景下,人与人之间的关系也与传统社会不同,传统社会尤其是农业社会是一个人与人彼此联系亲密的熟人社会,确定性和不易变性是熟人社会的主要特性。在这种社会中,人与人之间的联系紧密,权利义务明确,每个生活单元都是一个有机的共同体。熟人社会中也会出现陌生人以及其他陌生的因素,从而带来某种不确定性,甚至破坏了人们的安全感。一般说来,出现了这种情况,人们往往会通过彼此间的紧密团结和互助去消除不确定性,从而重新获得确定性。近代以来,随着人类进入一个陌生人社会,人们在社会交往中的不确定性开始增强。但是,近代以来的政治建构以及整个社会治理模式的建构都有效地控制甚至消除了不确定性因素,特别是拥有了法制框架以及各种各样的具体设置,为人们提供了确定性,使人类能够面对风险并征服一个又一个不确定性因素。而且,在对不确定性因素的征服过程中推进工业文明不断地朝着更高的方向运动。

然而,到了20世纪后期,工业化和现代化的突飞猛进,在带来巨大丰厚的物质成果的同时,社会不确定性的迅速增长也远远超出了人类驾驭和征服不确定性的能力的极限,使人类陷入了处处布满不确定性的风险社会之中。也就是说,工业社会对确定性的追求现在已经宣告失败。在全球风险社会的条件下,人类除了发现新的追求确定性的道路之外,已经别无选择。但风险的普遍存在和日渐复杂,使新道路的探索变得扑朔迷离,加之全球化的迅速扩张以及计算机网络的深刻影响,使人们的生活方式和交往方式

---

① [德]乌尔里希·贝克:《世界风险社会》,吴英姿、孙淑敏译,南京大学出版社2004年版,第59页。

发生了巨大的变化。传统社会人与人之间的亲密关系已经被割断,每天我们都会与许多人产生互动,他们以各种各样的方式影响我们的生活,却又不属于我们的核心社交圈,比如超市的收银员、出租车司机、路边的清洁工、店铺的销售员等。这些人都是我们"熟悉的陌生人",虽然彼此不了解,却仍然生活在一起。"熟悉的陌生人"这个词汇看似自相矛盾,其实确是处于风险社会中的人们的真实写照。熟悉仅仅意味着眼熟、认识、有印象,而不表示彼此了解、信任、知根知底,每个人与他人熟识程度好似蜻蜓点水般清淡,

熟人相互之间的紧密关系,使人与人之间能够产生信任感。之所以如此,是因为熟人是一群因为共同生活在一起而彼此熟悉的人。由于彼此的熟悉,他们之间的交往具有高度的确定性,几乎不会发生意外。这种确定性的程度是如此之高,以致连语言文字这样的交往媒介在熟人之间也显得有些多余,彼此知根知底,似乎每个人的性格品行、行为方式甚至生活习惯都为彼此所知,所以这种熟识给人带来的是确定性和信任感。熟悉的陌生人即使拥有先进多样的交往工具,但仍然只是分散的个体,正如齐格蒙特·鲍曼所说的当前社会是一个"个体化社会"。然而,社会成员的极端个体化,使得孤立的个体没有生活的交集,个人通过消费行为疏导和发泄自己的喜好和欲望。消费市场成为个体选择和行动的主要场域以及维系社会整合和存续的主要机制。但这种维系只是短暂的、临时的、纯粹实用的。个人无法通过与他人交往而得到自我确证,更无法通过相互结合面对和解决各种困难。

在当代西方社会,随着全球化的深入发展,资本流动不断冲破民族国家的樊篱而畅通全球。尤其是苏东巨变之后,经济全球化以及政治、文化等全球化发展新趋势明显增强,而民族国家的功能则明显式微;对于个体化而言,资本全球化流动的目的之一是尽可能满足所有个体的消费欲望,从而使个体完全受消费欲望的逻辑主导而脱离国家和社会的限制。在网络信息发达的全球化时代,

个体可以绕过国家层面的限制而在全球空间消费自我需求的资源,从而满足自我个体性、自由和尊严的价值。独立的个体不需要寻求集体的力量和公众的关怀,他们对其他人也没有信任和不信任可言,彼此之间都是同质的独立的个体,在这种独立之中,信任也渐渐隐没了。

这种个体化的趋势是全球范围作为类的人都将必然陷入其中,并成为一种没有外在规范约束的生活方式。因为,一方面,原来引导个体生活和消费方式的国家、阶级、种族和传统家庭等共同体都出现了危机,每个人都不得不以自身的能力和资源来处理全球性问题,如失业、风险、环境问题,等等;另一方面,个体的欲望更少受宗教信仰、社会伦理规范的压抑,更多是受更好的消费对象所诱惑。生活已被无限的消费享乐抽空了内在价值,消费主义成为实现个体价值的主要方式,进而替代原有以生产或家庭关系为核心的社会关系。

在个体化社会中,个体是自己命运的主人,而外部世界只在简化到私人困境的层面才有意义:"没有正义秩序就不会存在对我的责任的限定,因而,与作为普通公民的他者共同生存也将成为不可能。"[①]对于个体来说,知识和政治的魔力和权威已经逐渐淡化,而周围的个体都是原子式的独立单元,相互之间难以找到维系的纽带和桥梁,更难以倾诉彼此的真实意愿和情感。所以,在面对各种风险时,特别是在关涉各自切身利益的情况下,更难以在坦诚信任的基础上群策群力,共度难关。

于是,在资本逻辑和消费欲望的诱惑下,个体只能或主动或被动地选择自己的应对方式,寻求所谓的个体解放。在被风险和消费诱惑紧紧围困的个体妄图挣脱现代秩序的羁绊,以不同的方式加入到"陌生人"这一自由流动的群体中去时,集体认同的萎缩甚

---

① [英]齐格蒙特·鲍曼:《后现代性及其缺憾》,邢建立、李静韬译,学林出版社2002年版,第55页。

第二章　困境与突破：风险的生成症结与应对策略转换

至丧失也随之而来。每一个个体都漂流于不安定的、碎片化的生活之中，没有根基、没有归属。由此，社会呈现出一种单子化的状态，鲍曼用"Unsicherheit"来诠释这种个体生存境况，即不可靠性、不确定性以及不安全性。借用马克思揭示资本主义社会关系断裂性的话语来说，便是"一切固定的古老的关系以及与之相适应的、素被尊崇的观念和见解都被消除了，一切新形式的关系等不到固定下来就陈旧了。一切固定的东西都烟消云散了，一切神圣的东西都被亵渎了"。① 不可避免的结果是：社会成员的极端个体化，用个体消费代替社会集体的需求，用彼此陌生代替相互信任。在这种消费主义横行、政治权力式微、共同体瓦解、个人生活碎片化的境遇下，个体"以自我为中心，专注于自我，他们对自己选择可能产生的反应毫不关心，他们只关心自己的感受"。"他们所寻求的是短暂的快感，很多情况下是快餐式的——瞬间产生，瞬间消失；他们的欲望总是难以得到持久的满足，必须有新的欲望或欲望的新的对象"，②个体之间联结的纽带消融在消费中，彼此之间的信任淹没在原子化的独立之中。在这种状态中，希求人与人之间的共同联合，以抵抗风险的危害已成为奢望。

每一个个体沉浸于自己的消费欲望，获得了不受约束的消费自由，人们已无暇或者根本没有必要顾及公共的问题。与此同时，人们也失去了保障稳定生活和认同的规范秩序，"个体从政治公民转变为市场消费者"，③个体仅仅是孤单和孤立的原子，与个体一样的"他人"也是完全独立和原子化的。作为后现代的代表者，鲍曼在讨论当代社会的关系、工作形式、信念和行动的模式和社会安排的基础上，指出缺乏信任是当前我们对世界的态度的核心特点："任何将自己束缚在一条经不起风浪的船上的人，都有可能在下一

---

① 马克思、恩格斯：《马克思恩格斯选集》（第 1 卷），人民出版社 1995 年版，第 254 页。
②③ ［英］齐格蒙特·鲍曼：《寻找政治》，洪涛等译，上海人民出版社 2006 年版，第 69 页。

75

次浪潮中与船一起沉落。相比之下,冲浪看来是一个更为安全的选择。"虽然可以与他人一起活动,但冲浪终究是一种个人行为,所以,以此为隐喻,我们可以将重视个体活动的社会称为"个体化社会"①。在这个社会中,社会作为超越个体的独特现象,不过是"一条经不起风浪的船舶",将我们自身托付给它的举动是极其愚蠢的——即使现在它还没有在改革的浪潮中沉没,但也只是一个时间早晚的问题。

人与人之间连接的纽带已经断裂,每个人对他人的不信任成为社会现状的普遍现象。但这种不信任不仅无益于风险问题的解决,反而使各种危险和风险能够肆意扩张、畅通无阻。之所以会这样,是因为风险不只是个人的行动。有一些"风险环境"能够共同潜在地影响许许多多的个体,影响着生活在地球上的每一个人,生态灾变或核战争便是如此。正如吉登斯将"安全"定义为一种情境,在这种情境下,安全经验通常建立在信任与可接受的风险之间的平衡之上。② 因此,从实际的和经验的意义上说,安全或者是指大多数聚居在一起的人类集体的安全(直至并且包括全球性安全),或者是指个人的安全。③

"风险已成为现代社会的基本特征","风险成为我们生活中不可避免的一部分,每个人都面临着未知的几乎不可预测的风险"。④ 在风险社会中,社会成员对知识、政治以及他人的不信任展现了风险冲突的真实图景。风险已经强烈动摇了社会确定性的坚实根基,使孤单的个人深陷于危险和风险的漩涡之中。在越陷

---

① [英]齐格蒙特·鲍曼:《个体化社会》,范祥涛译,上海三联书店2002年版,第12页。

② [英]安东尼·吉登斯:《现代性的后果》,田禾译,译林出版社2011年版,第30页。

③ [英]安东尼·吉登斯:《现代性的后果》,田禾译,译林出版社2011年版,第31页。

④ [德]乌尔里希·贝克:《风险社会政治学》,王武龙编译,《马克思主义与现实》2005年第3期。

越深的风险危境中,没有了权威、确定性以及安全感,甚至在某种意义上可以说,根本就没有"主体"。既然行动的主体隐没在芸芸大众之中,那么任何个体或组织都无力对防范风险作出承诺。在风险产生不良后果之后,任何人或组织也不会成为责任主体,这就为风险的肆意流窜和风险后果的逃避打开了通途。

第二节 风险后果的逃避——责任隐没

在当前的社会中,名目繁多甚至不知名目的风险无时无处不在威胁着每一个人。风险意味着不确定性,是一种可能的潜在危险。把当代社会视为风险社会并不否认在此前的社会中风险的存在,而只是表明,当代社会与此前的社会发展阶段相比,风险在规模、性质、程度等方面发生了根本性的变化,从而在基本特征方面把当代社会与此前的社会根本区别开来。当风险的威胁转化为不良后果时,以后果(或目的)确认责任的思维方式亦遭到挑战,责任主体无法明确,甚至是否成为责任这本身就成为一个问题:我们不能找出造成此种后果的责任人。无论组织还是个人都在竭力逃避责任。这在某种意义上,也使无处归责、责任隐没本身成为风险社会的一大严重后果。

一、风险责任的意蕴

自有人类社会以来,风险现象就一直存在。事实上,风险本身就是人类实践活动的产物,在人类社会发展的各个阶段都客观存在,只是表现方式、显现程度和社会效应不同而已。现代意义上的"风险"(risk)概念源自西方,即"可能发生的危险",是一个面向未来的可能性范畴,而不是一个事实性范畴。在风险社会理论学者看来,人类历史上各个时期的各种社会形态从一定意义上说都是布满风险的社会形成,因为所有有主体意识的生命都能够意识到死亡的危险。① 然而,风险与人类的相互依存,只是自近现代以来,随着在全球范围内资本逻辑支配下的现代性生长与发展,人类自身日益成为风险的主要生产者,风险的结构和特征发生了根本性变化。贝克提出"风险社会"概念,就是用来表征当今世界正在从传统工业社会形态向一种"后工业社会形态—风险社会"的转变进程。② 即"风险社会"作为一种社会状况并未完全成为一种普遍的社会现实,而只是露出了一些端倪抑或是一种理论设想。在此,"风险社会"与"后工业社会"、"后现代社会"、"知识经济"、"信息时代"、"网络社会"等都代表了"未来社会的可能发展模式和发展前景"。③ 伴随着当今社会中的风险问题逐渐凸显,人们在一例例的风险事件面前张惶失措、传统的社会应对机制一次次宣告失灵的状况下,责任原则是解决当代社会可能面临的风险问题的最根本最切合的原则,有必要把责任原则视为风险社会中普遍性的伦理原则,"在'责任原则'之下,没有人能够逃避彼此休戚与共的责任要求"。④

"责任"作为被广泛应用于伦理学、政治学、管理学和日常词语中的高频率词汇,它有着深刻的内涵。早在古罗马时期,就有智者认为,探讨责任问题是所有哲学家的共同特点。在政治学领域关于责任的探讨中,人们多用 responsibility 一词表示"人们应当对自己的行为负责"。在现代汉语中,"责任"有三个基本含义:分内应做的事;特定的人对特定事项的发生、发展、变化及其成果负有积极的助长义务;因没有做好分内的事情或没有履行助长义务而

---

① [德]乌尔里希·贝克:《从工业社会到风险社会(上篇)——关于人类生存、社会结构和生态启蒙等问题的思考》,王武龙编译,《马克思主义与现实》2003 年第 3 期。
② [德]乌尔里希·贝克:《风险社会》,何博闻译,译林出版社 2004 年版,第 2 页。
③ 周战超:《当代西方风险社会理论引述》,《南京社会科学》2005 年第 2 期。
④ 薛晓源、刘国良:《全球风险社会:现在与未来——德国著名社会学家、风险社会理论创始人乌尔里希·贝克教授访谈录》,《马克思主义与现实》2005 年第 1 期。

应承担的不利后果或强制性义务。① 根据不同的标准,可以将责任分成不同种类。根据承担责任的主体是个人还是组织,责任可分为个人责任和团体责任;根据是否以罪过作为承担责任的必要条件,有主观责任与客观责任之分;按照承担责任的时间先后,责任可分为追溯性的责任与前瞻性的责任。② 综上,责任的涵义包括两个层面的内容:第一,指义务,即分内应做之事;第二,指没有履行义务所应承担的谴责或是处罚。时至今日,责任一词不仅在各个领域仍扮演着重要角色,更是处于"民主治理中的中心地位"。③

在现代社会,责任对人类来说是最基本的道德规范,无论是个人还是复数以上的个人组织的协作行为,都在承担着相应的责任。每个社会成员,都需要根据所处的经济关系和社会关系,经过理性思考和自由选择,自觉自愿地承担和履行责任,实现对在特定社会关系中社会任务的自由确认和自觉服从。④ 从更深层次上来说,人之所以能够进行选择并承担相应的责任,主要在于人的自由。因此,人的责任范围和责任限度是与人类的自由选择能力紧密相连的。历史证明,随着科学技术的突飞猛进,人类的实践活动的重大飞跃,人们的自由度越来越大,人的自由选择能力也不断提高。因而人的社会责任变得比以往任何时候都更为尖锐。

然而,在风险社会中,人类理性的有限性尤为突出,人的预见能力是极为有限的,我们的行动常常导致无法控制的结果。因此,在自由选择能力得到提高的同时,我们必须不断加强对自身行为的反思。我们的活动不仅创造着现在,也创造着自己的未来,应该对自然、自身及子孙后代负责。正如"风险责任"的构成一样,"风

---

① 张文显:《法学》,高等教育出版社、北京大学出版社2007年第3版,第167页。
② 潘斌:《风险社会与责任伦理》,《伦理学研究》2006年第3期。
③ 庄友刚:《跨越风险社会》,人民出版社2008年版,第243页。
④ 程东峰:《责任论》,中国林业出版社1994年版,第14页。

险"和"责任"是天然地联系在一起的,有风险就会有责任,它们内在的勾连不言而喻。正是对道德责任的强调,可以弥补单纯的人类理性之不足,增强社会活动参与各方的道德责任感,从而以道德的自觉来最大限度地消解人类行为在社会负面作用上的不自觉。因此在风险社会中,风险责任是一种伦理道德:责任一经行为主体认同,就会产生强烈的责任感,就会成为自己的内心信念和自觉行动。特别是关系到人类历史命运的重大责任被人们认同以后,就会产生远大的理想,就会产生强烈的历史责任感,就会产生巨大的内在驱动力,促使主体积极顽强地履行责任,化解风险带来的强烈的不安全感。因此,进一步来说,风险责任就是通过规范人类的风险意识和行动责任来对人类的行为进行内在约束控制的准则。① 按照吉登斯的看法,"时空抽离化机制"使人类真正成为一个全球共同体。风险分配在全球化时代人类相互依存、密切联系的情况下遵循着民主原则,任何人都逃脱不掉。② 所以,全球风险责任伦理也就是一种新型全球文明,它意味着人类在风险意识的促动下的真正自我觉解以及类本性的提升,从而能够作为一个类生命存在而行事,为人类负责。

因此,风险责任要求人类放弃小我、自我、我群、我族的狭隘观念,从类生命的存在高度对人类进行思想启蒙,使人类摆脱自己强加于自己身上的人性的不成熟状态,超越人身依附性和以物的依赖性为基础的人的独立性状态,走向"建立在个人全面发展和他们共同的社会生产能力成为他们的社会财富这一基础上的自由个性状态,提倡人性的全面发展"③。从这个角度来看,风险责任伦理突破了传统伦理学的局限。主要体现为:一是不再仅仅关注当下的行为,更将目光投射到未来的社会、未来的人类身上。当代人可

---

① 刘婧:《风险社会与责任伦理》,《道德与文明》2004 年第 6 期。
② [英]安东尼·吉登斯:《现代性与自我认同》,赵旭文、方文译,生活·读书·新知三联书店 1998 年版,第 23—24 页。
③ 《马克思恩格斯全集》(第 46 卷上册),人民出版社 1979 年版,第 104 页。

能是未来风险的肇事者,但却享受着眼前的利益,而未来人则是这种可能风险的承担者。因此它的伦理旨归是要"让后世都能够生活在一个适合人居住的环境之中"。二是关注的范围不仅仅是此时此地的人,还要包括自然以及未来的人,甚至包括其他物种在内的整个自然生态圈的生存权利。三是关注的对象是风险。认为在当前社会,风险可能是无处不在、无时不有的,对于未来的预测,预凶比预吉更具有优先性。

二、责任隐没的表现

风险社会的到来,在各个社会生活领域都引发了重大的变化。责任伦理的提出是为了应对当代风险后果特别是科学技术发展的后果对人类的持续生存和发展形成的巨大威胁,唤起人们的风险意识,寻求应对对人类生存和发展存在根本性威胁的各种全球性风险的出路。然而,全球风险社会的发展,又使得对责任伦理的探索面临巨大困境,以至对责任的探讨只具有抽象的理论意义而失去了现实的实践价值。这种困境的主要表现包括:

首先,责任主体的迷失。责任概念首先具有行为主体为其行为后果承担义务这一内涵。但是在全球风险社会中,由人类实践所导致的各种全球性风险和危机对人类自身的生存和发展存在着严重的威胁,然而按照责任伦理的根本思路,我们无法寻找到具体的责任主体,找不出应该由谁来对这种状况负责,责任主体迷失了。具体体现在两个方面:一是尽管现代社会的制度高度发达,关系紧密,几乎覆盖了人类活动的各个领域,但是它们在风险社会来临的时候却无法有效应对,难以承担起事前预防和事后解决的责任;二是就人类环境来说,无法准确界定几个世纪以来环境破坏的责任主体。各种治理主体反而利用法律和科学作为辩护之利器进行着"有组织地不承担真正责任的活动"。

其次,伦理评价的困境。责任伦理评价的基本理路是根据行为的(可以预见的)后果对责任行为进行肯定的或否定的伦理评价。上文已述，由于风险的潜在化，风险后果可能在很长时期以后，甚至在几代人之后才显现出来；或者可以这样说，我们根本不知道什么样的后果会出现。因此，在当代对于某种行为就无从进行责任伦理评价，因为是否存在风险后果我们并不清楚，责任无法界定。关于这一点不再赘述。

再次，责任监督机制失效。我们这里谈论的不是作为制度的责任而是作为伦理的责任，即便如此，这里也涉及有效的监督机制问题。制度以强制力量为后盾，道德则以主体内在的信念支撑道德规范的践行。当主体的内在信念不足以保证道德规范的时候，则主要通过社会舆论的力量来保证道德规范的作用。这样就存在一个有效监督的问题。在责任伦理的讨论中也是如此，当行为主体缺乏责任意识，就需要一个有效的监督机制促使其对自己的行为负责。然而，在全球风险社会中，面对各种全球性风险和危机却缺乏有效的监督机制。主要表现为：

第一，国家主体的行为缺乏监督。各国有自己的实际利益，为保障自己的利益，一方面庇护本国企业的行为，另一方面转嫁风险责任，比如把高消耗、高污染企业转移到其他国家和地区。

第二，国际跨国企业行为缺乏有效监督。跨国企业为保证自己的最大限度的利润，利用跨国资本在全球流动的手段，一方面逃避政治国家法律和制度的监督与约束，另一方面也在逃避风险责任；一旦出现风险后果，跨国资本迅速从一个地区出逃，流向另一个地区。而这种行为本身又造成了巨大的风险。造成这种状况的主要原因，从客观方面看，在于风险行为的全球化。在政治国家内部，国家对自身、对社会组织的行为能够进行有力的监督和约束；而从全球来看，却没有强制性的政治机构能够起到政治国家在政治国家范围所起到的那种作用。从主观方面看，在于不同主体之间存在利益差别，有不同的利益要求。在责任意识与利益需要产生冲突时，在绝大多数情况下，责任是让位于利益的。

第三，对个别主体行为的责任监督存在一定的限度。一方面，个别主体(无论是个人还是政治国家内部的社会组织)都是从属于一定国家的,如果个别主体的行为与国家的根本利益一致,尤其是在与国家的根本政治利益一致的情况下,即使这些行为存在巨大的潜在风险,也会得到国家的默许甚至鼓励,因此对个别主体的责任监督存在重大局限。另一方面,由于责任的分散化,在全球性的风险与危机面前,个别主体的责任被淡化以致被忽略了,没有谁会从全球性的风险与危机的角度去追溯具体个别主体的责任或者是监督其行为。

最后,风险评判的标准被不断修正,责任被掩盖。对责任进行伦理评价首先有一个评价标准,即行为是否会带来负面的风险后果。但是,在科学技术高度发展的情况下,判断风险的权力掌握在政治组织和少数专家手中,风险评判的标准被不断修正。有时候,在风险标准被修正后,主观意识上似乎不存在风险了,实际上风险仍然存在。风险的存在不因意识的变化而变化,但是伦理评价却因此而变化。实际的后果是:责任被掩盖了。这种对风险责任的"无意识"的大规模掩盖,是责任伦理讨论中面临的一个重大难题。责任伦理评价以什么为标准?不能正视这个问题,责任伦理的探讨只能流于理论的空谈。

三、责任隐没的原因

正如贝克所说,"风险一旦出现就会自然而然地产生责任问题,而人们在处理这些风险的过程中总是设法回避责任"。[1] 各种复杂的公共机构和烦琐的程序安排,恰恰使得那些必须承担责任的人可以获得离职以逃避责任。贝克把这种责任隐没的现象概念化为"有组织地不负责任"。在这种现象中,是根本无法查明谁该负责的。因此,这种"大事化小,小事化了"的结局是人造风险的一

---

[1] [德]乌尔里希·贝克、威尔姆斯:《自由与资本主义》,路国林译,浙江人民出版社 2001 年版,第 143 页。

个典型例证。因为无法确定难以计算的风险后果与相对具体的工业生产之间的因果关系,所以就导致了风险责任主体的模糊和缺位。由此可见,在我们自认为的相对完善的法律制度和发达的科学技术面前,我们却无法找出真正的风险承担者。[①]

在风险社会中,责任隐没产生的原因是错综复杂的,但如果从外因和内因两个视角进行探析和归因,可以发现,导致责任隐没的原因主要有两个,一方面是责任机制不健全,另一方面是责任主体不明确。

第一,风险社会缺乏明确的责任机制。究竟是谁界定或决定有害生产、危险或风险?责任在谁?是那些引发风险者,还是那些从中受益者、潜在受影响者抑或公共管理者?涉及哪些对风险的原因、维度和行为者的认识或无知?在一个对环境风险充满争论的社会里,什么才算是充分证据?谁决定对受害者的赔偿,谁决定构成未来、限制危害、控制和管理风险的适当形式?在威胁和危险就要变得更加危险和更加显而易见时,我们却处于两难的境地,越发不能通过科学、合法和政治上的方法来确定其证据、归因和补偿。而且,人们总是想方设法回避责任。如果说现代风险是被制造出来的,那么正式公司、政策制定者和专家结成的联盟制造了它们,然后再建立一套话语来推卸责任,把他们制造出来的风险转换为别的某种风险。用贝克的话说,这种"有组织地不负责任"反映了现行治理模式在风险社会中的困境。

"有组织地不负责任"生动地表现出责任机制存在严重不足的现状,这种现状主要体现在以下两个方面:一是尽管现代社会的制度(尤其是发达国家的官僚科层制、律法制度、公司法人制度、教育制度、舆论控制机制等)高度发达,几乎覆盖了人类活动各个方面,但是它们在风险社会来临的时候却无法有效应对,难以承担起事前预防和事后解决的责任;二是就人类环境来说,无法准确界定几

[①] 刘岩:《风险社会理论新探》,中国社会科学出版社2008年版,第73—74页。

个世纪以来环境破坏的责任主体。事实上,从政府部门到民间组织、从企业团体到公民个体、从专家系统到大众传媒,各种治理主体常常反而是在利用法律和科学作为辩护之利器进行着"有组织地不承担真正责任"的活动。这种状况既反映了工业社会的治理形态在风险社会中面临的困境,同时也彰显了传统的发展模式使人类生存环境在今天面临的巨大威胁。正是在传统的社会管理体制和发展价值观下,政策制定者、法人公司、专家、媒体结成实质上的精英联盟,以物质财富的增长为发展的根本评价指标,高歌科技理性,打造"消费社会",从而累积、制造了当代社会中的风险,然后又凭借传统的制度机制和由他们所导控的话语体系来推卸、转嫁责任,让全社会共同分摊风险,造成社会发展的不公正和生态坏境的严重损害。

第二,责任主体不明确。尽管人们建立了严密的、几乎覆盖了所有领域的制度,但又有谁来承担风险事前预防、事后解决的责任呢?最典型的,就是我们至今无法确认几个世纪以来导致环境破坏的责任主体。我们经常看到,各方都可以为自己的行为找到一大堆辩护理由,责任主体迷失在抽象的理性之中。

具体来说有几个方面的原因:

一是责任联系的间接化。在全球化高度发展的社会中,全球相关性空前加强,其后果是:一方面,个体的、局部的实践的风险后果在全球范围内展开,并且在很多情况下是以"蝴蝶效应"展开,即风险程度被放大了;另一方面,现实具体的风险后果与其实际诱因之间的联系因联系环节的增多而被大大疏离,以至无法确定风险的具体成因,从而也就找不到责任主体,人们只能无言地承担他人行为的风险后果。

二是责任后果的潜在化。风险社会的一个重要特征是风险后果的潜在化,风险在时间和空间两个维度上深度扩展。就空间维度看,区域性行为的风险后果未必在区域内呈现;就时间维度看,当代行为的风险后果未必在当代展现,而是在很长时期以后,甚至在几代人之后才显现。从当代来说，对于某一实践行为我们不知道有什么样的风险后果会出现，甚至不知道会不会有风险后果出现，因而无从追溯行为主体的责任。而从风险后果显现的时代来说，责任主体（无论是自然人还是法人）可能已经不存在了，也就无从谈起为其行为负责。这是责任后果的潜在化引起的责任主体的迷失。

三是责任的分散化。全球风险社会中，威胁人类生存和发展的各种全球性风险是由诸多原因综合形成的，在这一过程中，不同类型、不同层次的行为主体都扮演了一定的角色。从风险后果看，威胁是巨大的，但是从具体行为主体与风险后果的联系看，其作用是微乎其微甚至是可以忽略不计的，单独任何一个行为主体的行动都不足以引起这样的风险后果。风险责任的分散化使得责任主体迷失。当然，从理论上说，每个行为主体都负有一定的责任，都需要树立责任意识，规范自己的行为。但是，说每个人都负有责任实际上等于没有责任，主体的责任意识会因为他（或他们）主体责任意识的缺乏而淡漠以至消失。而且，在各种全球性风险的形成中，虽然不同的主体都起了一定的作用，但是不同主体所处的实际状况是不同的，有的是为生存而采取的行动，有的则是为满足占有的欲望攫取更大的利润而进行的。这里，责任问题与公正问题就有了深层的勾连。总之，责任主体的迷失使责任伦理失去了固有的要义，责任伦理也就成了纯粹的理性的抽象。

第三节　风险管理的变革——新型治理

当前社会，风险无处不在、无时不有，任何个体或组织都不能成为置身事外的看客，而是身处其境的当事人。面对风险的挑战，每一个个体和组织凭借单枪匹马的力量无法阻挡风险恶果的侵袭。要想有效规避和化解风险，需要各种力量的联合和重组，这就关涉到风险管理的变革。

一、风险管理简介

作为人类为应对风险而实施的一种现代管理行为,风险管理是长期以来企业、政府和社会普遍采用的一种抵抗风险的方法和工具。风险管理这一概念,主要用于金融、保险、企业管理等领域,现在已经成为涉及经济、政治领域的重要课题。风险管理的内容非常丰富,涉及社会政治、经济生活的方方面面。本书主要是从政治学的维度使用和诠释风险管理概念,并认为风险管理是在风险环境中,公民通过何种方式将风险的弊端降低至最低的管理过程,是风险发生之前的风险防范和风险发生之后的风险处理。风险管理具有以下主要特征:一是风险管理的适用领域具有广泛性。小至人们的衣食住行,大至各种工程项目甚至国际争端,都潜伏着风险,要回避和化解这些不可预测的风险就需要风险管理。而且,风险管理的范围不仅会涉及人们可预测的范围,而且还会涉及人们无法预测的领域。一个单独的事件可以同时影响社会的不同领域,而且其后果会远远超出当时的影响。所以可以说,哪里有风险,哪里就有风险管理的用武之地,风险的无处不在,使风险管理的范围也大为扩展和广泛。二是风险管理的对象具有特殊性。风险管理的对象是突发事件、意外事故等可能造成损失的风险因素、风险源和损失。风险管理对象的条件性和独特性决定了风险管理的对象具有特殊性。三是风险管理的方法具有多样性。风险具有复杂性和多边性,同一种风险可能有不同的风险源,同一种风险源也可能引发不同的风险,因此在化解风险的时候应有的放矢,化解风险的方法要有针对性和有效性,也就是风险管理的方法要丰富多样。四是风险管理的主体具有全面性。这里的全面性主要是指利益相关者,不论参与主体的社会地位和自身能力如何,只要关涉到其利益就应当有参与风险管理的权利,以保障管理的效力和质量。

风险管理的定义厘定和主要特征呈现了风险管理的基本面

貌,风险管理的广泛应用和快速发展也使其本身的价值不能一语带过。尤其是在政治学的视域下,风险管理对于有效解决风险冲突,尊重和维护公民的切身利益产生了许多积极作用。风险管理的作用主要体现在以下几个方面:(1)未雨绸缪,集思广益,预防风险事故的发生。在风险面前,人并不是无能为力、束手无策的,公民可以以其自身享有的权利,积极履行义务,发扬维护公共利益的精神,通过有效的风险管理克服风险和危险带来的不良后果。风险管理重在将可能的风险隐患、危害消灭在萌芽状态,预防风险事故的发生,保护利益相关者的财产安全和人身安全。(2)认清形势,统筹帷幄,减少风险事故所造成的损失。风险管理使风险管理的主体和参与者充分认识到自身所面临风险的性质和严重程度,并根据具体的境况,采取相应的风险管理技术,以减少风险事故造成的损失。(3)规避风险,维护利益,营造安全的社会环境。风险管理通过自身的运作机制,防止了许多重大风险事故的发生,有利于营造安全稳定的生产、生活、工作环境;有利于企业提高经济效益,激发员工工作的积极性;有利于家庭成员解除后顾之忧,安心工作;有利于社会的稳定,优化社会资源配置。

然而,风险社会的时代背景,使得传统的相对狭窄的技术性的风险管理越来越难以满足现代社会和未来社会发展的需要,它超越了纯粹管理的概念和范畴,成为整个国家和社会的治理问题。如何建立一套对风险社会进行有效治理的制度安排,推动风险社会善治格局的形成,成为政府、社会以及有志于参与风险社会治理的人们共同思考和面对的问题。这种制度安排应该考量与风险有关的所有因素,有效地协调受到风险影响的各方关系,合理地分配现代社会的力量体系及其权责。一言以蔽之,通过这种改善的制度安排,能够有机地整合所有相关的知识、技术、立场、力量和资源,更好地应对风险社会带来的变革与挑战。

没有可用于任何时代任何地点的万能风险管理模式,风险管理的形式和方法需要因时而变、因地制宜。而且,随着社会环境的变化、人们生活方式的转变,可能会产生一些知之甚少甚至全然无知的风险参量。面对这种变化,人们所知的风险管理方法也许都无法满足现实的需要,进而需要在原有风险管理的基础上推陈出新,也就是说,要进行风险管理变革。

二、风险管理变革的社会政治原因

1986年,贝克首次提出"风险社会"理论,该理论指出,风险社会是当今社会历史发展的客观事实,是当今时代无可回避的客观境遇。规避和应对各种全球性风险是当代发展的重大历史任务。但是,风险本身就"包含着一种特殊的政治爆炸力:那些迄今为止还被认为是非政治性的东西,变得具有政治性"[①]。风险的涉及面和影响力远远超出了个人的控制范围,不只是涉及自然环境和人类健康,它们还会带来经济的、社会的、文化的和政治的后果,如市场崩溃、资本贬值、对工业决策的官僚化审查、新市场的开辟、巨额浪费、法律程序和威信丧失等。风险社会中出现的是一种灾难的政治可能性,风险社会是一个灾难社会,人类必须避免和管理这些风险,而在管理过程中可能包含着对权力和权威的再认识。[②] 也就是说,应立足于政治的视角,探索和构建与风险社会相适应的新型风险管理形式。

风险管理的方法是多种多样的,但就政治领域来说,在历史上具有重要影响和作用的是以下两种方式:直接民主和代议制民主。它们都为处理人们之间的矛盾纠纷、制定规划决策、商讨实施办法等等提供了一定的帮助。可是随着人们生活方式转变,面临的问题也日渐复杂,直接民主和代议制民主也将渐渐无力解决这些困难。之所以如此,最根本的原因是它们各自有着自身无法克服的

---

① [德]乌尔里希·贝克:《风险社会》,何博闻译,译林出版社2004年版,第22页。

② 陈家刚:《协商民主与当代中国政治》,中国人民大学出版社·2009年版,第177页。

局限。

直接民主是指"不借助中介或代表,自己对自己的事务进行的直接管理,即人民不间断地直接参与行使权力,所遵循的原则是少数服从多数"。① 要求全体公民亲自参与公共和政治活动,通过投票、演讲、辩论、讨论等形式作出最后的决定,崇尚公民的积极参与和自我管理理念。在直接民主的历史实践中,雅典民主制是最为典型的代表。雅典公民直接参与城邦的管理有两种基本形式:一种是设立雅典公民大会,它是一个权力实体,由全体公民组成,决定政策实行与否。第二种就是通过随机抽签来选拔政府机构人员。它实现了不论是政府机关还是法律执行机构的办公部门,都不是由竞选产生,而是由抽签产生。这样一个体制意味着,在公元前462年到公元前322年,雅典通过公民参与,而不是现代的代表制度或者代理制度实现了人民自治的民主理想。公民大会决定雅典城邦的政治职责,所有重大的问题,如维护公共秩序所需要的法律结构、财政和直接税收、流放问题以及外交事务等,都要提交公民大会讨论和决定。

直接民主制所取得的辉煌成就令人赞叹,但是也存在一些值得注意的局限性,主要表现为:一是直接民主对共同体或国家的规模有比较严格的要求,一般来说,要求小国寡民的外部条件,以便于组织公民参与和组织决策,显然,这与今天民族国家的现实违拗,已经失去了运作的时代基础。二是直接民主要求同质性的文化,在一个国家中,公民在种族、语言、宗教等方面应具备高度的同质性,以便于交流和沟通,但当前多元化的社会提倡的是自由开放、个性张扬,这显然与直接民主价值取向格格不入。三是公民参与只具有表面上的平等,在直接民主中对公民资格具有严格的排他性,直接民主的典型代表——雅典民主制就主张包括妇女、大量的没有资格参与正式程序的居民,以及最大一类被政治边缘化的

---

① [美]乔·萨托利:《民主新论》,东方出版社1997年版,第283页。

奴隶都被排除在公民之外。另外,能够提出各种议案和以精彩演讲左右会议进程的,通常是那些富有闲暇、受过较多教育、有广泛社会联系、能言善辩的具有"高贵"出身和等级的人,因此公民在大会上的讨论与表决常常受这些人的影响。这就导致了直接民主中的协商所折射出对民智的不信任和精英主义的倾向。四是在国与国之间的关系上,奉行直接民主的国家具有浓重的排外色彩。国家必须保持政体上的独立自主,在政治、经济、军事上独立于外部势力的干涉,加之对同质性文化的保护,使得直接民主的国家忌讳广泛、深入的对外交流。所以,随着民族国家疆域的扩大和多元社会的发展,公民资格的普遍化以及对外交流的频繁,使得直接民主在现代国家已难以实行。

为了适应幅员扩大、人口增多的现实情况,民主政治的实践逐渐由直接民主过渡到代议制民主。代议制民主又称为间接民主,是指"一国统治阶级从各阶级、阶层、集团中,选举一定数量能够反映其利益、意志的代表组成代议机关,并根据少数服从多数的原则决定、管理国家政治、经济、文化和社会生活等重大事务的制度"[①]。代议制民主以其宪政设计、法治治理、尊重个体、限制权力等优势为现代国家所推崇和青睐。较之直接民主,代议制民主具有现实的可能性和更大的包容性,从而更有利于公民自由权利的维护。代议制民主摆脱了直接民主只能与小规模国家、同质化文化相联系的限制,为现代民族国家以及多元文化交流提供了基础和条件。在发展过程中,代议制民主实现了真正的普选权,使成年人平等享有公民权,每个公民无论阶级、宗教、种族、性别、教育背景等方面有多大差异,在公共生活中都有同等的地位和分量。鉴于代议制民主的众多优势,代议制的创始者约翰·密尔认为它是"现代的伟大发明",代议制的倡导者潘恩指出,把代议制嫁接到民主上,就创立了这样一个政府体系,它能容纳"所有不同的利益和

[①] 周中叶:《代议制度比较研究》,武汉大学出版社1995年版,第10页。

各种领土和人口范围",它有能力在广袤的国土上和漫长的时间跨度内保持稳定。①

作为一种国家体制和政治形式,代议制民主也随着时代的发展面临风险社会的巨大冲击,不可避免地会产生一些瑕疵和局限。大部分学者认为,现代风险在一定程度上损坏了代议民主政治有效运作的基石,即专家理性、责任机制以及代议民主政治的时空坐标,对其构成了严峻挑战。而且随着代议制的发展和现代政党制度的成型,现代民主制度安排中代表人民主权的国会,逐渐沦为国会多数党控制或驯服的工具,从而形成了国会为政党把持,而政党又被领袖或少数精英政治家所操纵的局面。因此,在政党政治的格局下,操纵政治国家的还是一部分精英人物,民主在很大程度上是虚化的,代议制民主的实践背离了人民主权的基本价值。主要表现在:一是尽管周期性选举可看作是对被选举人的限制,但是代表在一段时期内扩展权力,使公民的声音在以公民的名义进行的决策中越来越不重要,人民开始不满政治代表的背景、利益和活动远离公民的生活和视线。② 二是政治上的边缘群体在政治决策程序中缺乏参与或"声音",这意味着他们的利益和观点被经常排斥在程序之外,或得不到充分的表达。三是经济力量和影响的不对称性反映在政治领域中,减弱了作为代议制民主基础的政治平等原则,也减弱了社会选择机制(如投票)所强调的中立性。四是代议制民主中的社会选择机制不仅受到战略操纵的影响,而且把偏好看作是固定不变的,不能认识到偏好是在制度背景下形成的。五是现存的政治代议机制并不是为了鼓励参与和检验偏好而设计的,它导致在全体选民中道德和政治水平下降,以及对公共事务嘲

---

① [英]戴维·赫尔德:《民主的模式》,燕继荣等译,中央编译出版社 2004 年版,第 148—149 页。

② 韩冬梅:《西方协商民主理论研究:兼论比较视野中的中国协商民主理论构想》,中国社会科学出版社 2008 年版,第 61 页。

讽态度的普及。①

而且,随着生产力的发展、科技的进步,以及全球化的拓展,风险社会占据了议事日程的优先性。风险的复杂多样和亟待化解的现实催促人们探讨新的民主治理形式。风险社会的出现赋予人类加深和拓展民主的机会,构建基于民主参与、合法性等基本原则。但从实践的角度看,民主政治不能再仅仅局限于自由民主的常规政治体制之中,而要在由更广泛的社会民主所搭建的协商讨论之中赢得更具前景的发展空间。②

直接民主已然失去了存在的条件,代议制民主又不断背离民主的基本价值,更重要的是,风险社会中人们不再对政治权威和政治设计表示信任和服从。所以,要规避和化解风险,就需要在继承直接民主和代议制民主各自优势又纠正各自弊端的新型政治民主基础上,结合风险社会的现实背景和需要,重塑一种新的风险管理方式。

三、新型治理的协商纠偏

人为灾害。比如,不管是交通事故、空难、核辐射、化工厂爆炸等,还是最令人担忧的自然环境质量的持续下降,人类对不可再生资源的肆意开发,对空气和水造成的污染,对影响生物物种生存的自然环境的草率管理,对核废料的处理,以及应对臭氧层变薄问题等。这一系列的危险和风险都呼唤着新型风险管理方式的诞生,而不管是人为的还是自然的风险,都与政治有着千丝万缕的联系,甚至有着根本性的关联。

在风险理论家看来,直接民主和间接民主已无法适应风险社会发展的需要,无法承担起有效化解风险的重任。毕竟风险不同

---

① [南非]毛里西奥·帕瑟林·登特里维斯主编:《为公共协商的民主:新的视角》,王英津译,中央编译出版社2006年版,第19—20页。
② 陈家刚:《协商民主与当代中国政治》,中国人民大学出版社2009年版,第184页。

于常规意义上的战争所造成的破坏与毁灭,也不同于通过战争而获得的和平与安宁。要通过规避风险而获得和平和安宁,需要对当前的风险管理进行改革。改革后的新型治理形式所依托的民主基础应当能够弥补直接民主和间接民主的局限,并可以有效规避和化解风险,维护社会的稳定,保障公民的自由和利益,使得这种新型治理形式应该是一种追求平等、公正与和谐,以及权利和尊严的治理,是一种包容不同文明、包容差异、包容不同参与者的治理,是一种基于尊重对话、协商、寻求共识的治理,是一种诉诸共同利益的合作的治理。

面对高突发性、高危害性且日益严峻的风险情势,贝克认为,要处理大规模灾害就必须进行革命性的变革。① 贝克提出的"开放政治"方案,实际上是要进行"风险社会中的政治转变"②。这种政治转变,意味着从"精英+专家"的决策模式转向"集体决策"模式,因为政治"解决方案"无论发生在哪个层次上,政治决策过程都不能再被理解成几个智者或领导预先决定的某个模式的强制或执行。程序和决策过程,以及这些决策的推行,必须通过协议、协商、再解释和网络参与等方式理解成集体行动的过程。③ 贝克所说的革命性变革的方向,隐含地道出了决策中公民参与的必要性和急迫性,也就是说,我们应寻求更具"公开性"和"包容性"的治理模式以有效应对风险。因此,必须通过政治上的反思性,在民主代议制的构架中融入更加"包容性"和"开放性"元素,即在政府的决策过程中融入协商的机制。

贝克指出:"风险取决于决策;它们以工业方式被生产,并在这

---

① [荷]沃特·阿赫特贝格:《民主、正义与风险社会:生态民主政治的形态与意义》,周战超编译,《马克思主义与现实》2003年第3期。

②③ [德]乌尔里希·贝克:《风险社会》,何博闻译,译林出版社2004年版,第225页。

个意义上具有政治上的反思性。"①可以看出,贝克的"开放政治"解决方案,实质上是试图通过政治的反思性,即对代议制民主政治的反思审视,以达到对风险的规避。贝克认为:"民主的未来取决于这样几个关键问题:在事关生死存亡的所有具体细节上,我们能否独立于专家,甚至独立于持不同意见的专家,而作出自己的判断?或者说,我们能否通过一种从文化层面产生的对危险的理解来重新赢得我们进行自主判断所应具备的能力?"②那么,怎样才能独立于专家、打破知识垄断呢?贝克提出了两个原则,即实行权力分配和营造一种领域,而后者尤其重要。因为他认为,只有一种激烈的有说服力的以科学论战武装起来的公共领域,才能够将科学的精华从糟粕中分离出来,并且允许对技术进行指导的制度——政治与法律——得以实施,从而争取到其自身应该拥有的作出判断与裁决的权力。因此,"为了'公共善',协商民主具有了时代的要求。在那里现代化'风险'被承认,在那里风险就发展出一种难以置信的政治动力"。③ 正是在这一点上,对协商治理、民主协商提供了恰当的路径。"公共协商结果的政治合法性不仅基于考虑所有人的需求和利益,而且还建立在利用公开审视过的理性指导协商这一事实基础之上。"④

沃特·阿赫特贝格在对贝克风险概念的解析上,尤其阐述了从正义的角度探讨风险的民主控制问题:"实践的结果只有一种类型的民主,那就是沿着协商民主的方向拓宽和加强自由民主,只有

---

① [德]乌尔里希·贝克:《风险社会》,何博闻译,译林出版社2004年版,第225页。
② 薛晓源、周战超主编:《全球化与风险社会》,社会科学文献出版社2005年版,第133页。
③ [德]乌尔里希·贝克:《风险社会》,何博闻译,译林出版社2004年版,第93页。
④ [美]乔治·M·瓦拉德兹:《协商民主》,何莉编译,《马克思主义与现实》2004年第3期。

它才能够使风险社会从容应对生态灾难并实现可持续发展的目标"。① 他指出:"我们需要用协商的和民主的讨论来引导这场关于在道义上可以接受的两个解决问题的方法(即权威主义和民主主义——笔者加注)的论争,以便所有相关的和受影响的人而不只是政府和工业界、政治家和专家们都能参与到这些讨论中来,从而理想地做出决策。"② 沃特实际上沿袭了贝克的探讨理路,应对社会风险不是要抛弃代议制民主,而是要对其"扬弃",即在其有效价值的根基上,融进理性的公共协商。看来,在社会风险的规避、治理面前,协商的民主治理是一条可行的理路。因为协商民主政治的特征就是以公共利益为核心的:"协商式民主倾向于把普通利益放在核心地位,如维持生态多样化或自然资源的质量,至少比自由民主政治有更多这样的内容。"③

陈家刚在《风险社会与协商民主》④中指出,针对风险冲突、风险责任与风险管理问题,应以协商民主为替代性的政治模式应对风险社会;唐皇凤在《风险治理与民主:西方民主理论的新视阈》⑤中认为,风险治理对代议民主政治模式提出了严峻的挑战,应构建生态民主、审议对话民主和全球民主理论等新民主治理模式以适应风险社会。

新型治理在某种意义上就是遵循公民广泛参与的协商民主精神的协商治理模式。所谓协商治理,它指的是这样一种治理形式:平等、自由的公民借助对话、讨论、审议和协商,提出各种相关理由,尊重并理解他人的偏好,在广泛考虑公共利益的基础上,利用理性指导协商,从而赋予立法和决策以政治合法性。所以,当风险社会成为人类的认知现实,作为一种治理形式,协商治理即有助于

---

①②③ [荷]沃特·阿赫特贝格:《民主、正义与风险社会:生态民主政治的形态与意义》,周战超编译,《马克思主义与现实》2003 年第 3 期。

④ 陈家刚:《风险社会与协商民主》,《马克思主义与现实》2006 年第 3 期。

⑤ 唐皇凤:《风险治理与民主:西方民主理论的新视域》,《武汉大学学报(哲学社会科学版)》2009 年第 5 期。

人类从容应对风险社会。① 之所以说协商治理能够成为风险社会倡导下的新型治理实践形式，主要是因为其建立在协商民主的制度基础之上，这是一种新型优势民主模式。

在某种程度上，民主是通过交往来进行的，这种交往鼓励在无强制的情况下对偏好进行反思。这种交往只有在以下情形中才会实现，即不存在由于权力运用而形成的主导、支配、灌输、宣传、欺骗；纯私利的表达、威胁；强制性的意识形态依从等扭曲行为。而只有在公共协商的过程中，这些扭曲行为才会得到消除。作为一个社会过程，协商和其他类型的交往是不一样的，在协商者的互动过程中，协商者容易改变他们的判断、偏好或者观点。互动内容包括说服但不包括压制、控制或者欺骗。② 因此，协商民主兼具直接民主和间接民主的优势，并能够弥补二者的不足。

首先，协商民主对直接民主进行了改进。一方面，协商民主直接继承了古希腊民主的人民主权和人民自治的民主理念，即公民通过协商讨论参与政治、进行决策，达成共识或一致。另一方面，协商民主适应现代社会发展需要，克服希腊民主的局限性。具体体现在：其一，协商主体包括所有公民，范围要比希腊民主的公民范围广得多；其二，通过设置严格的协商程序，保证协商过程中协商主体的平等和自由协商，以克服协商中的精英主义倾向；其三，具有包容性，不仅要使所有公民平等参与协商，而且协商中提出的意见也要受到平等对待，还可以通过协商改变不合理的程序规则，协商结果要尽量体现所有人的意愿，特别是少数人的意见；其四，协商民主的发展是以法治制度为坚实基础的，协商最终要体现在国家决策制度体系中，即使是在公共领域中发生的抗议性民主，也是在与国家制度的具体联系中发挥作用，以克服人民直接参与政

---

① 陈家刚：《协商民主与当代中国政治》，中国人民大学出版社2009年版，第180页。
② 陈家刚：《协商民主与当代中国政治》，中国人民大学出版社2009年版，第106页。

治易导致派系斗争和社会不稳定的特点。①

其次,协商民主对代议制民主也进行了回应。一是协商民主理论被看作是最适宜的民主形式,可以对代议制民主的缺陷作出回应,被认为是可行的和受欢迎的。因为协商民主增加了公民参与的机会,公民参与成为重要对话必不可少的一部分,公民的偏好和价值取向可通过集体协商程序发生改变,因而促进了旨在增加相互了解的政治对话。二是协商民主理论的提出适应了民主政治历史发展的客观需要,强调公民在民主决策中的重要作用,使得民主政治理论的重点从对权力制衡的制度建设方面转向了重视决策的理性的、认知的、科学的、包容所有参与者利益的、指向公共利益的实质性内容方面。当然,这对民主政治的发展提出了更高的要求,包括对社会资源条件,以及参与协商能力等条件的要求。三是协商民主的理论与制度的特点是公民致力于通过讨论而不是其他方式解决冲突。协商民主形式可以通过引入对话机制,而非制度化的公共领域,对当代社会由于全球化、复杂性、多元化和不平等造成的难以在国家制度层面作出反应的问题,进行交流与合作,从而促进不同文化间相互理解,通过将经常受排斥的团体的声音纳入协商过程,证明多元文化国家的合法性。②

另外,协商民主与生态民主具有某种亲和性。生态民主是指政府、个人、社会中介组织或者民间组织,通过多元参与、良性互动以及诉诸公共利益的方式,形成对公共利益和公共决策的共识,妥善解决各种生态环境问题的民主形式。生态民主注重人与人、人与社会的良性互动,强调公民的参与意识和公共精神。希望每一个个体都能够发挥自己的力量,最终达成负面效果最小、受益面最广、公众最为满意的决策,并使每个人能够获得体验民主的机会和

---

① 韩冬梅:《西方协商民主理论研究:兼论比较视野中的中国协商民主理论构想》,中国社会科学出版社 2008 年版,第 56—57 页。
② 韩冬梅:《西方协商民主理论研究:兼论比较视野中的中国协商民主理论构想》,中国社会科学出版社 2008 年版,第 61—64 页。

好处。当前,生态民主已经成为解决自然环境问题备受青睐的民主形式。生态民主理论在自由原则、多数决定和保护少数原则以及程序与法治原则三个方面实现了民主原则的绿色改版,在民主政治的主体、价值、道德和行为四个层面都意味着生态民主是一种独具特色的新型民主政治。[①] 协商民主作为一种适用范围更广的风险管理形式,与生态民主有着某些共通之处。协商民主也主张应当积极鼓励公民参与,通过自由平等的公民相互之间的沟通,增加彼此间的信任。在此基础上,各抒己见,坦诚布公,在获得最具说服力信息的前提下修正完善自己的建议,并接受对其建议的批判性审视,通过相互理解和妥协的过程,达成一致,而不是将自己的意见强加给对方。可见,协商民主政治倾向于把共同利益放在核心地位,而且它还能够充分容纳乌尔里希·贝克所说的有责任的现代性。[②]

从"形而上"的论域对协商民主何以能够为风险管理提供制度支持给予有力的理论论证,转换视角,反观"形而下"的现实图景,依然可以发现风险管理对于协商民主理念势在必行的迫切需求。协商民主模式的兴起根源于当代西方社会的现实对当前民主模式的挑战,是为应对风险社会的各种难题而产生的。这些难题主要表现在:一是公民参与冷淡的现实。由于代议制民主模式下,大都是依靠政党和精英人物来运行或操纵政治,大众的政治参与仅限于投票、选举等间接形式,基本被排除在决策过程之外。公民既没有参与政治的热情,也没有实施政治权利的欲望。而且,在自由主义强势话语的主导下,政府只能扮演"守夜人"的角色,所以它也没有权力强迫公民参与政治,况且强迫性的参与也不会达致良好的效果。公民的政治参与的无效感导致了政治参与的冷漠,从深层

[①] 唐皇凤:《风险治理与民主:西方民主理论的新视域》,《武汉大学学报(哲学社会科学版)》2009年第5期。

[②] 陈家刚:《协商民主与当代中国政治》,中国人民大学出版社2009年版,第180页。

意义上说,导致了民主合法性的不足。政治参与衰退导致了民主理想和质量的衰退。协商民主学者则认为面对面的协商是鼓舞当前形势下无参与热情的民主的补救,它创造了对每个人都有意义的参与机会。①而且,协商民主不是一个空洞的范式,而是一种疗救的方案或行为规则。以欧盟为例,正是通过协商民主的价值、理念和程序,才从根本上解决了其所面临的合法性危机问题,使各成员国既忠诚于自身民主实践与价值,又包容差异性观点,解决共同难题与问题。二是多元文化的挑战。随着全球化的深入发展,国家之间的交流日渐频繁,基于宗教、种族、阶级等差异而产生的文化上的分歧导致了普遍的、持久性的冲突。用休谟的话说,这种冲突不仅仅是利益冲突,而且是原则冲突。这种冲突对政治共同体的统一和整合,以及对多民族国家的政治合法性造成了重大冲击。要缓解这种冲击,迫切需要在社会政治层面加强公民和团体间的对话与合作,建立社会对公共利益的道德和责任,消除社会分歧,推进政治共识,维护社会的稳定运行和发展,于是协商民主应运而生。正如瓦拉德兹指出的:"多元文化民主面临的最大危险就是公民的分裂与对立,协商民主作为一种具有巨大潜能的民主治理形式,它能够有效回应文化间对话和多元文化社会认知的某些核心问题。它尤其强调对于公共利益的责任,促进政治话语的相互理解,辨别所在政治意愿,以及支持那些重视所有人需求与利益的具有集体约束力的政策。"②协商民主能够促进不同文化之间的沟通和理解,通过公开的对话、交流和协商,各种文化团体之间就会维持一种深层的相互理解,从而成为建立参与持续性合作行为所需要的社会信任基础。因此,协商民主在处理多元社会引发的问题时,有着独特的优势。三是风险社会的来临。21世纪,人类社会

---

① 陈家刚:《协商民主》,上海三联书店2004年版,第107页。
② [美]乔治·M·瓦拉德兹:《协商民主》,何莉编译,《马克思主义与现实》2004年第3期。

既迎来了一个新世纪,也进入了一个新的阶段。后工业社会在创造极大物质财富的同时,也给人类带来了难以想象的风险。环境危机、核灾害、残酷战争和全球经济崩溃等危机,使得我们当下的世界越来越复杂和难以驾驭。现代社会与以往社会最大的不同在于,它的复杂性与不确定性在增强,人类真正置身于险象环生的风险社会之中。而且,经过全球化的推波助澜,每一个人都会受到风险的影响,无人可以幸免。所以,风险已经越过了民族国家的界限,成为世界风险并肆意蔓延。面对这种情势,需要协商民主的运作机制。因为协商民主是在风险社会的背景下发展起来的,并通过不同行为主体交换信息、辩论、协调等方式,理性分析所遇到的风险,共同商议以达成化解风险协议。协商民主有助于相互理解和增加信任,特别是在政治领域,只有理性的交流,才能形成最大限度的共识,实现政治关系的和谐。借助协商民主,积极地面对风险,采取有效的应对措施,现代社会的未来就是一个充满希望的未来。否则,我们将面临一个"没有未来的未来"。另外,除了以上三点,协商民主对培育和锤炼公民美德也有重大裨益。在协商过程中,公民之间的相互理解、尊重,进行换位思考,增强公共精神和公共情怀,对于公民美德的提高具有促进作用。

因此,出于对直接民主的推陈出新和对代议制民主的积极回应,协商民主为风险管理提供了协商治理的新型模式,是与生态民主相契合的治理形式,是应对风险社会的有效路径。协商的政治构架对于风险社会的治理具有比以往任何治理设计都更具"包容性"和"开放性"的政治合法性空间,这主要在于:它能融进理性的范畴,在多元化的维度中寻求公共利益的契合。基于此,在风险社会治理理论的视域下,我们获得了一条更有效的路径,即沿着协商民主治理的理路,公众在规避化解风险的过程中,充分开展民主协商,平等考量利益各攸关方的合理诉求,做到决策的公正、平等;同时,各利益攸关方应在参与协商中,从追求公共善的角度,做出理性的互动。这样,才能趋利避害、化挑战为机遇。

第三章

溯源与概览：协商治理的含义与特征

面对无处不在的风险,直接民主令人憧憬和向往,却没有可行性和可操作性,代议制民主的可行性虽高,却又屡遭公众质疑和批判。在风险社会和多元诉求的背景下,为了有效应对和化解当今世界的社会风险,增进相互间的信任,共同减小和消除风险的恐惧,结合直接民主和代议制民主的优点并弥补了两者不足的协商民主逐渐被大众所呼唤和需要。对于风险社会的治理而言,这亦提供了协商合作的新型社会民主治理的土壤,协商治理作为一种新型治理模式应运而生。

第一节 协商治理的致思理路

协商治理(Deliberative Governance)是当下公共事务管理中"协商"取向与"治理"走向相结合的结果,是指在公共事务的管理中,公民经特定的协商程序,通过自由平等的对话、讨论、辩论以及听取相关的背景知识等话语交往方式,进行更具理性的公民参与进而在公共决策中发挥重要作用的治理方式,强调公共治理过程中的公民理性及其作用,因此也是一种新型的参与式治理。"deliberative"在其英文语境中具有"深思熟虑的"、"慎重的"、"审慎的"等含义,理论家们用这个词指称一种公民理性参与的特征。协商治理主张发挥公民理性参与在公共事务管理中所起的重要作用,因此,该种治理是一种基于公民理性参与的新型治理。"协商"与"治理"的结合,说明了人们对治理中的民主的需要。协商治理遵循了公共治理中的民主逻辑,因此与传统的公共行政、新公共管理、新公共服务等治理范式具有本质上的差异。

一、协商民主:协商治理成长的理论来源

作为一种新型的公共治理范式,协商治理得名于协商民主(Deliberative Democracy),是近二三十年来协商民主理念与方法在公共治理领域,尤其在地方公共事务治理中的实践、实验及其推广过程中形成的一种新型治理范式。协商治理吸收并传承了协商民主的丰富理论,协商民主也成了协商治理成长的理论来源。因此,对协商治理的讨论要从协商民主开始。

西方协商民主理论被称为"反思的民主",究其原因,是因为西方协商民主是对传统民主理论的一种批判性超越。具体而言,西方协商民主理论的诞生是对以往民主理论与实践的继承和发展。在西方民主政治理念提出和实践的两千多年中,经历了四个阶段:直接民主、代议制间接民主、参与民主和协商民主,它们的发展过程都是在汲取前者成就的基础上反思发展的局限,并在新方向上努力,结合当时的时代背景,克服前一阶段理论的局限性而产生的一种新的民主理论和实践模式。事实上,西方协商民主理论的产生和兴起不仅是社会历史发展的客观需要,也是民主理论自身逻辑发展的结果。促成西方协商民主理论兴起的最重要的理论渊源有两个:一是直接民主,二是代议制民主。

(一)直接民主对协商民主理论的意义

直接民主是最早的民主模式,它大约在公元前5世纪时产生于古希腊雅典,经过梭伦、克里斯提尼和伯利克里等人的不断实践和发展得以推进和确立。总体而言,古希腊的直接民主有如下特征:第一,核心是政治权力在全体公民手中。在伯利克里看来,古希腊的民主之所以被称为民主,是因为政治权力归全体公民所有。

从当时的实践角度而言,公民大会作为最高权力机构来行使公共权力,处理国家公共事务。第二,关键在于对平等的重视。"主权在民"的思想需要平等去维护。古希腊雅典的每一位公民都有担任公职的机会。"让一个人担任公职优先于他人的时候,所考虑的不是某一个特殊阶级的成员,而是他们所具有的真正才能。任何人,只要他能够对国家有所贡献,绝对不会因为贫穷而在政治上湮没无闻。"[①]同时,在政治权力使用过程中,一旦有违法行为产生,任何一个违法公民都将平等地受到相应制裁。"解决私人争执的时候,每个人在法律上都是平等的。"[②]伯利克里本人也曾因为擅自动用公款而遭受过相应的惩罚。第三,根本保障在于直接参与。因为每个人都有资格担任公职,从而直接管理国家公共事务,因此,公民们的参与是直接而广泛的。担任公职人选的产生方式主要有轮流、抽签以及直接选举,任期通常为一年,原则上一个人不能两次担任同一公职。在古希腊雅典的民主体制中,公民大会具有至高无上的权力,集立法、司法和公共决策等权力于一身,因此,所有的公职人员向公民大会负责,并受其监督。公民大会成员的法定人数最少为 6 000 人(包括公职人员),每年至少开 40 次会议,全体公民一起讨论并决定和制定政策、法律,每一个成员都有平等的、不受限制的发言权,确保法律和政策建立在理解的基础上,而非强迫的基础上。[③]

针对这样的直接民主,思想界对它的批判与反思从未停止。对此持有赞同态度的主要代表人物是卢梭。卢梭强调国家主权源于人民之间订立的契约,契约体现着公共意志,他还特别指出"公意"与"众意"是不同的,"公意"体现的是全体人民的利益,而"众意"则是少数派的代表,"公意"如果被"众意"取代,则人民主权将被集团利益所控制所取代。另一方面,亚里士多德和托克维尔却公开指出

[①②] [古希腊]修昔底德:《伯罗奔尼撒战争史》,商务印书馆 1960 版,第 130 页。
[③] [英]赫尔德·戴维:《民主的模式》,中央编译出版社 2008 年版,第 21—23 页。

直接民主的弊端。在亚里士多德那里,直接民主的广泛性使得很多平民参与其中,而平民主政会产生"暴民专政",不利于城邦实现公共"善"。同样,托克维尔也提出了"多数人的暴政"。他在考察了19世纪的美国民主制后指出,出于群情激奋,大规模的民主参与会导致社会做出不理智的决定,有产生"多数暴政"的危险,"民主既可以与自由相容,也可以与暴政共存,如果不加约束,民主制度则易于倾向于一种前所未有的新专制或新奴役,即多数暴政"。①

在此基础上,代议制民主和参与民主在克服这些负面效果的理路中发展前行,而一个新的问题产生了:如何消除经济对政治的优先权?西方思想家认为,通过平等的语言交往以及指导语言交往的理性力量可以有效地消除这种优先权。而古希腊民主恰恰提供了这样的范本:它以语言为中介,以公共事务为相关议题,从而平等地讨论和辩论。这样,协商民主思想就在大家的批判与思考中出现了。哈贝马斯认为,平等的政治话语交流有助于打破政治优先权,形成正确的共识;汉娜·阿伦特也从语言交往的平等性及扩大社会参与的角度出发,提出了日常生活的交往理论;罗尔斯则针对指导语言交往的理性力量做了相关研究,他认为恰当的"公共理性"会使人们自觉修正自己的错误看法与要求,从而促使民主程序朝着有利于公共利益的方向发展。

(二)代议制民主对协商民主理论的意义

代议制民主成果是协商民主理论的重要基础。随着民主政治实践的发展,公民在政治共同体中的自我意识越来越明确,其利益诉求也越来越丰富而具体,仅仅依靠自由主义民主或简单共和主义民主下的组织形式,公民个人利益并不能很好实现,这就需要将个人的诉求与政府的手段相结合,共同促进公民利益最大程度实现。例如麦迪逊就把联邦代议制国家看作是实现和保护个人权益的重要机制,在这一政治机制下,统治者不能随心所欲,而必须要

---

① [法]托克维尔:《论美国的民主》,董果良译,商务印书馆1996年版,第297页。

向被统治者负责,公民可以通过这一机制选择、认可甚至控制政治决策。代议制民主制度设计了一套法治秩序形式,并将其作为最高原则,具有如下几大特点:一是主权在民。国家的主权根本上属于人民,只不过人民将其委托给了代表,代表可以合法地实施国家职能;二是权力制衡。国家权力受到法律限制,并分为行政、立法、司法三权,在三者间进行有效的制约和平衡;三是法律面前人人平等。法律作为约束、规范政治以及社会生活的根本准则,公民拥有法律赋予的诸多权利,比如言论、表达、结社、选举等,同时也承担法律规定的义务,并且不因个人的身份、性别、职业、信仰等不同而不同,法律面前一视同仁;四是选举制度。通过秘密投票等形式进行定期选举,候选领导人和党派之间竞争,实现多数统治。这些就是代议制度下统治者对人民负责的制度性基础。

理想状态下,代议制民主体现了民主的基本价值,即政治合法性来源于人民的授权和同意,通过选举代表人,统一行使协商和决策的权利,并且这些代表人能够充分反映公众普遍的意愿,将个人的偏好聚集为集体的选择,体现着自由的原则和平等的价值;而且,这一制度不受限于疆域范围和人口多少,在复杂的社会情况下,仍然可以实施选举和投票等民主程序。因此,相比于古希腊民主制度和共和主义民主制度,代议制民主制度实现了两大超越:一是选举权的普遍拥有。所有成年人都应当平等享有公民权,这逐渐被社会所普遍认同,目标是使得所有公民不论种族、职业、宗教、性别等是否相同,都相同地享有选举权,并且选举中的投票具有同等的分量。二是扩大了民主政治的治理范围。古希腊民主以及简单共和主义民主与城邦或小国有着内在的联系,他们的治理范围都局限于小城邦或者小型国家,如果疆域扩大或人口增多,这些传统民主形式就会受到极大制约。代议制民主则摆脱了传统形式上与城邦和小国的联系,扩展成为在民族国家疆域内的民主,治理范围大大扩充。因此,约翰·密尔将代议制民主称之为"现代的伟大发现"。这两大超越也是代议制之所以成为现代西方国家主要政治制度的原因,也为协商民主理论的出现和发展奠定了基础。

但是,随着代议制及现代政党制度的发展,亦出现了很多偏差。比如政治生活中,被视为代表人民主权的国会,却往往沦为执政党控制的工具,而政党又被少数领袖或精英政治家所操纵。因此,名义上代表人民意愿的国会,其实质上代表的是少数精英的意愿,因此这种民主很大程度上是虚化和不真实的,背离了人民主权这一基本价值原则。具体主要表现在:一是公民的声音被弱化,虽然公民可以通过周期性选举更换代言人,但是被选举人可以通过资本、媒体等运作,扩大自己的影响,使公民的意见越来越不重要,并且被选举人离公众的生活越来越远,越来越不接"地气";二是边缘政治群体参与被弱化,这意味着他们的利益和观点被经常性地排斥在程序之外,或得不到充分的表达;三是经济实力与政治实力相转换,资本的力量在政治领域中越来越重要,并可以影响决策,违背了最基本的政治平等原则;四是偏好影响选择机制,在现有制度背景下,多次的社会选择情况下会形成一种社会偏好,但公众并不会意识到这种偏好是受制度影响的,反而将其视作固定不变的惯例,这就影响了社会选择的公正性。

(三) 协商民主对协商治理的积极促进作用

因此,在综合直接民主和代议制民主的基础上,所谓协商民主,是指公民经由一定的程序,通过自由而平等的公共讨论,对公共事务形成较为理性的认知,进而在公共决策中发挥基础性作用的一种民主形式。作为一种新型的民主理论与实践,协商民主是对当下主流的自由民主模式进行批判与反思的结果。为弥补选举政治、政党政治、团体政治、精英政治以及官僚政治所导致的民主性不足,协商民主的理论家们主张更多的公民参与,藉以提高西方民主政治的真实性,从而对西方民主政治的状况加以改进和完善。"总的来说,协商民主理论始于对自由民主规范实践的批评。作为一种具有潜在影响的改革和政治理想计划,协商民主延续着'激进'民主的传统。不过,它延续的方式是通过强调公共讨论、推理和判断来调和激进的包容性的人民参与观点。"[1]因此,对于协商民主的理论家来说,一个核心的战略就是倡导并促进公民在公共事务管理中的决策参与。中文转译过来的"协商",也即一种公民基于平等的参与,通过对话、倾听、讨论、辩论等形式以取得具有更好认知理性的民意的行为与过程。所以,在很大程度上,协商民主也是一种关于民主参与的理论与实践。

作为一种新型的民主,协商民主的实践形式与领域是多样的,而当其运用于公共治理时,它就成为一种决策方式、治理技术或者一种治理方式,因而协商民主本身就包含许多治理因素。所以,有些研究者在一种公共治理的意义上使用协商民主这一概念。"……我们可以将审议民主(笔者注:即协商民主)界定为这样一种治理形式:自由而平等的公民(及其代表)通过相互陈述理由的过程来证明决策的正当性,这些理由必须是相互之间可以理解并接受的,审议的目标是做出决策,这些决策在当前对所有公民都有约束力,但它又是开放的,随时准备迎接未来的挑战。"[2]对于这种治理形式,有人评论道:"协商民主,尤其在强调对共同利益的承诺、促进政治话语的相互理解、辨别所有的政治意愿,以及识别重视所有人的需要与利益的有约束力的公共政策上是一种具有重大潜能的民主治理形式,它能成功回应文化间对话与多元文化社会理解的一些核心问题。"[3]

从20世纪90年代前后开始,协商民主的治理实践逐渐形成了一种新型的治理范式,即协商治理。协商治理也是正在被开始使用的一个术语,用以概括、说明这样一种治理实践。有研究者给

---

[1] [美]詹姆斯·博曼、威廉·雷吉主编:《协商民主:论理性与政治》,陈家刚等译,中央编译出版社2006年版,中文版序5。

[2] [美]埃米·古特曼、丹尼斯·汤普森:《审议民主意味着什么》,谈火生主编《审议民主》,江苏人民出版社2007年版,第7页。

[3] Jorge M. Valadez, Deliberative Democracy, and Self-Democracy in Multicultural Societies, USA Westview Press, 2001, p.30.

协商治理做了简单的界定,所谓协商治理,是一种"政策制定的方式",在这种方式里,"许多空间被创造出来以使得不同的机构、中介、团体、积极分子以及公民个人走到一起就紧迫的社会问题进行协商"。[1]"协商治理的观念是指,规则与规范(它们规定了强制与权力的关系)是通过相关的个体公开与理性的讨论而制定的。"[2]何包钢则认为,协商民主是一种新的治理机制,其作用在于政府通过协商民主的平台由公民实现公共决策以及社会的自治。[3]

与传统公共行政、新公共管理甚至新公共服务等公共治理的范式相比,协商治理形成了独特的内容与特征。[4] 第一,协商治理的理念是由协商民主赋予的,追求一种以公民的理性参与为基础的民主治理,与传统公共行政、新公共管理等排斥民主的治理范式形成了鲜明的对比。这是因为,在公共行政百余年发展历程中的绝大多数时期,其范式的构建是以管理效率为核心取向的,以"官僚化—去官僚化"为实践路径展开的,而民主参与被视为是与效率的提升背道而驰的。治理以公共协商的方式进行,表达了人们对治理中的民主的关切和需求,协商治理可以使公民真正进入公共决策,从而使治理真正进入民主时代。

第二,从价值取向来看,协商治理追求公共治理中的一些基本民主价值,因此是非效率取向的。与协商民主相关,协商治理主要关注公共治理中的民主真实性、更好的公共理性与公共政策的合

---

[1] Hajer. M, (2003a), "A frame in the fields: policy making and reinvention of politics", In: M. Hajer and H. Wagenaar (eds), Deliberative Policy Analysis: Understanding governance in the network society, Cambridge University Press, Cambridge, pp. 88 – 110.

[2] Mani Ram Banjade, Hemant Ojha, "Facilitating deliberative governance: Innovations from Nepal's community forestry program—a case study in Karmapunya," The Forestry Chronicle, VOL. 81, no. 3, 2005, pp. 403 – 408.

[3] 何包钢:《协商民主和协商治理:建构一个理性且成熟的公民社会》,《开放时代》2012年第4期。

[4] 张敏:《协商治理:一个成长中的新公共治理范式》,《江海学刊》2012年第5期。

法性等问题。其中,民主真实性是协商治理的先导性价值,更好的公共理性是协商治理的标识性价值,政策合法性是协商治理的输出性价值。这与传统公共行政与新公共管理的效率取向以及新公共服务的伦理取向形成了鲜明的差异。

第三,协商治理又是一种公民参与的"对话式治理"、"交往式治理"或者"话语式治理"。因为民主的真实性要求广泛的公民参与,而在西方民主政治的传统中,公民参与和公共理性具有紧张关系,政治精英对公民参与抱有天然的怀疑与警惕,因此如何在公民参与和公共理性之间架起互通的桥梁就成为协商治理的一个关键的技术任务。当前,这个桥梁是以公共讨论为主要形式的公共协商。这与传统公共行政依赖行政指令与官僚组织、新公共管理依赖市场与工商管理手段也形成了本质上的差异。

第四,公共讨论的成功实施需要程序的规导与方法的设计,因此,协商治理需要切实可行的程序设计以使讨论成为现实。这样的程序设计既需要保障围绕某一公共议题的参与者的代表性,又需要保障参与者获得决策影响力的机会平等性,同时又要保障达成更好公共理性的技术可行性。对此,协商民主的理论家们有诸多的设计,其中詹姆斯·S.菲什金(James S. Fishkin)的"协商民意测验方法(deliberative poll)"就是其中具有代表性的一种。[①]

[①] 詹姆斯·S.菲什金这样描述协商民意测验的做法:在最初的调查之后,参与者会被邀请参加周末面对面的协商;他们会得到经过认真权衡和审查过的基本材料(即平衡资料,其中既有支持的意见,也有反对的意见。笔者注),从而为对话提供最初的基础。他们与训练过的主持人被随机分成几个讨论小组,并且鼓励就小组讨论的问题询问专家和政治家。主持人试图营造一种参与者都认真听取别人意见而没有人可以控制讨论的氛围。在接近结束时,参与者会收到与初次联系时同样的秘密问卷,最终问卷中的结论判断会与整个周末讨论的内容一起宣布。与整个原始的调查人口普查数据相比,无论是在态度还是统计方面,周末的这种微观组织都具有高度的代表性。深思熟虑的判断通常不同于由例行民意测验诱发的"精英"态度。试验数据表明,协商确实很重要。信息完全或积极参与的公共舆论与我们通常从大众中得出的结论是不同的。(参见詹姆斯·S.菲什金《协商民主》,陈家刚主编:《协商民主》,上海三联书店2004年版,第37—38页。)

第五,协商治理是通过两个环节上的协商完成的。第一个环节上的协商是公民参与者之间的协商,在这一环节中,参与者在一定形式的信息与知识支持下相互讨论而就公共决策达成某种较为理性的认知。第二个环节上的协商发生于参与者与公共机构之间,参与者与公共机构相互倾听对方的意见与欲求,从而在参与者代表的社会主体与政府主体之间形成某种共识。

因此,协商治理以更合理的民主治理为理念先导,以民主真实性、更好的公共理性与公共政策的合法性等非效率性价值为取向,以公共协商为实现路径,在本质上是一种民主治理,这也是协商治理与其他治理范式最典型和最根本的区别。总体上看,协商治理的出现是协商民主理念在公共事务管理领域中进行治理建构的结果,而不是从传统公共行政到新公共服务"官僚化—去官僚化"的范式演进路线的自然延伸。

二、公共行政民主化:协商治理成长的现实引导

公共行政长期以来在"政治——行政"二分法原则的指导下,实行的是封闭式官僚体制,认为公共行政不同于政治过程的民主机制,它是追求技术至上的,即排斥了公民对行政过程的参与,因为"允许公众参与就等于对行政管理采取了不必要干预"。[①] 在这种传统公共行政中,民主是被排除在行政之外的,而这种模式在现代越来越不适应时代发展的需要,公共行政必须走出"政治——行政"二分法的局限。诞生于20世纪60年代末70年代初的美国新公共行政学派,率先从"公共性"的视角就行政民主化的必要性与可能性进行了探讨。新公共行政学派强调政治与行政的价值关联,认为"行政管理者不是中性的。应责成他们承担起责任,把出

---

① [美]乔治·弗雷德里克森:《论公共行政学》,彭和平选编:《国外公共行政理论精选》,中共中央党校出版社1997年版,第301页。

色的管理和社会公平作为社会准则、需要完成的事情或基本原理"。① 相对于传统公共行政的价值中立观念,新公共行政在行政人员的价值观念上迈出了关键的一步,从表面上看这与协商治理的成长无直接性的关系,但协商治理所需要的价值观念、责任意识以及公平原则在这里开始奠定了最重要的基础。如果在治理过程中承担着重要角色的行政人员没能确立起责任意识和公平观念,那么协商治理的成长将难以具体实现,或者仅停留在理论的层面,而无实际的实践平台及现实引导。

协商治理需要公民积极参与到治理过程中来,这种参与并不是毫无方向性的,这个明确的指向就是公共行政过程。"行政者必须力求增加公众直接参与治理的机会,公众才能增长其实践才智,这是好的行政信念中信任的最终基础。"② 只有公共行政不断实行民主化的参与,协商治理才能有具体的实施过程,公共行政提供的多元化参与渠道与参与平台,保证了公众积极参与的权利,而这种参与也正是协商治理得以实现的社会基础。正是新公共行政的实践者意识到了行政过程中公众参与机制的重要性,为协商治理的成长开拓了广阔的空间,并提供了切实有效的途径。"新公共行政提倡在公共事务中广泛程度的公民与公务员参与,它寻求增加在组织事务和公共政策形成过程中所有行政部门员工的参与。它鼓励公民以个体或集体的形式广泛地参与公共行政,从而使公共行政更响应公众呼声和以顾客为中心。"③新公共行政通过推行内部民主参与,为协商治理打下了坚实的组织基础,并以此为基础推广到公众的广泛参与,这也切合了协商治理渐进推行、典型示范的成长方式,为协商治理的成长提供了坚强的力量后盾。同时,这种广泛的参与又必须是平等的,要保证公众有参与公共行政的平等权

---

①② [美]加里·万斯莱:《公共行政与治理过程:转变美国的政治对话》,《中国行政管理》2002年第2期。

③ [美]康特妮、马克·霍哲:《新公共行政:寻求社会公平与民主价值》,《中国行政管理》2001年第2期。

利,进而把这种平等推演到协商治理过程中。正如奥斯特罗姆所言,民主制行政是一种以权力的分散性和公民广泛参与公共行政过程为典型特征,以行政机关与普通公民身份的平等性为行为前提的管理模式。"民主行政的基础在于关注'平等至上、重要决策的共同决定、命令权力范围的最小限度与行政机关地位的公仆化'。"[①]新公共行政通过这些价值观念的突破,为协商治理的成长初步打开了现实的大门,使协商治理有了初步的现实条件。

如果说新公共行政的关注点还处在公共行政的内部管理问题上,那么,登哈特夫妇倡导的"新公共服务"理论则进一步突出强调公民、公民权和公共利益应当成为公共服务的首要关注点。"新公共服务是一切基于公共利益、民主治理过程的理想和重新恢复的公民参与的运动"[②],主张公共事务的治理应当优先于关注民主价值,将效率和生产力等价值置于民主、社区和公共利益这些更重要的价值的制约之下。公共利益已经成为新公共服务的重要价值目标,这也是协商治理得以成长的重要理论指引,没有公共利益得到公共行政的切实承认,协商治理也许会成为私人利益的讨价还价,而无法有效地指向公共利益的最大实现。同时,在公共利益价值观念的指导下,新公共服务理论进一步强调公共服务是"服务于公民,而不是服务于顾客:公共利益是就共同利益进行对话的结果,而不是个人自身利益的聚集。因此,公务员不是仅仅关注'顾客'的需求,而是着重关注于公民并且在公民之间建立信任和合作关系"。[③] 至此,可以清晰地看出新公共服务理论与协商民主理念的深度契合,它从公共行政民主化的侧面,推动了协商民主在行政管

---

① [美]文森特·奥斯特罗姆:《美国公共行政的思想危机》,毛寿龙译,上海三联出版社1999年版,第5页。
② [美]珍妮特·登哈特、罗伯特·登哈特:《新公共服务:服务,而不是掌舵》,方兴、丁煌译,中国人民大学出版社2004年版,第3页。
③ [美]珍妮特·登哈特、罗伯特·登哈特:《新公共服务:服务,而不是掌舵》,方兴、丁煌译,中国人民大学出版社2004年版,第42页。

理过程中的实践,从而为协商治理的成长提供了现实的引导。

关于公共行政民主化与协商治理的内在联系,有学者从更广泛的角度指出,民主制行政理论对治理有两个方面的积极影响。一方面"通过广泛吸纳公民参与公共事务的治理过程,来增强行政机构与公民诉求的回应性,增强公共政策的合法性基础"。风险社会打破了专家系统的垄断。"总是存在各种现代性主体和受影响群体的竞争和冲突的要求、利益和观点,它们共同被推动,以原因和结果、策动者和受害者的方式去界定风险。关于风险,不存在什么专家。"[1]协商治理更加需要所有"利益相关者"(stakeholder)的参与(而不限于政治家、律师、评论家、技术官僚与其他精英)以及共同的决策,从封闭的规制转变为更为开放的责任体制。应对风险的协商机制是合法的。有关风险的决策合法性来源于公民交流和讨论的同意。"协商过程的政治合法性不仅仅出于多数的意愿,而且还基于集体的理性反思结果,这种反思是通过在政治上平等参与和尊重所有公民道德和实践关怀的政策确定活动而完成的。"[2]形成决策的共识(consensus)是协商的结果,是经过充分协商表现出来的一致性。道理很简单,缺少共识的决策很难具有合法性。另一方面"通过权力结构的去中心化,建立适度分散的扁平化的权力结构,以及上下互动、权力双向运行的机制,打破过分集权的治理模式"。[3]应对风险的协商机制是平等的。在协商过程中,所有受决策影响的利益相关者的理由都应给予平等的关注,他们都拥有平等参与政治决策的机会,以及平等地获得政治影响的权利。协商程序不应偏袒任何优势个人和群体,相反,它还必须矫

---

[1] [德]乌尔里希·贝克:《风险社会》,何博闻译,译林出版社2004年版,第21、28—29页。

[2] [美]乔治·M·瓦拉德兹:《协商民主》,荷莉编译,《马克思主义与现实》2004年第3期。

[3] 何显明:《治理民主:中国民主成长的可能方式》,中国社会科学出版社2014年版,第87—88页。

正精英对民意的怠慢,维护公民有关风险责任的知情权和参与权,有力促进参与者意愿的相互理解。由于协商的过程是说服而非强制,决策也是在公民及其代表的公共讨论中形成的,因此就比较容易获得广泛的政治支持,并能够比较顺利地推动遵守执行,为今后的合作积累起信任与社会资本。

可见,公共行政民主化的过程,从内外两个方面进行了有力的改革,更多体现出了协商民主的因素,将协商民主理论通过行政权力有效地转化为实践,而这个过程也恰恰为协商治理的成长提供了现实引导,以公共权力运行的视角为协商治理得以持续发展提供了有效的支撑平台,并开辟了有益的发展之道。

三、公共治理新范式:协商治理的成长和发展

协商治理正在成长为一种具有全球意义的治理范式,为公共治理增添了一种重要的治理路径选择,而且也将成为一种具有重要影响的公共治理类型。协商治理之所以可以在全球范围内得到广泛的传播,并非出于协商治理的概念或理念的吸引力,而是由协商治理本身的特质以及当代治理的实践需要决定的。

首先,作为一种治理方式和技术,协商治理具有优良的可扩散性与适用性,使其不仅适用于西方民主国家,而且也适用于非西方民主国家,从而可以在全球范围内传播。这是因为,当公共协商进入治理的语境时,作为一种技术和手段,其又可以脱离民主的制度规定而成为一种相对中立的和具有普遍性的治理设计,从而可以为不同的国家所借鉴、模仿甚至移植。何包钢与马克·华伦(Mark Warren)在晚近一些时候指出,协商与民主国家、非民主国家并没有必然的对应关系,在非民主国家同样也会发生协商,他们

把后者称为"威权协商"。① 参与式预算在不同制度类型国家与地区中的应用实际上说明了这一问题。"审视参与式预算全球的传播情况,马上就可以知道,参与式预算在极其不同的政体中建立了起来。"②

其次,从治理的技术层面出发,行政理性、代议理性以及市场理性都存在着缺陷,它们都需要公民参与的协商理性的弥补与纠正。众所周知,公共机构与市场均存在理性能力不足的问题,因而也就会出现所谓的政府失灵与市场失灵,因此需要公民参与的协商理性的有效补足和平衡,公民协商理性与其他理性一起共同构成了当代治理的知识学基础。因而,协商治理的技术价值在于,它较好实现了或探索实现了间接民主与直接民主的结合以及代议制理性、行政理性与公民参与理性的相互衔接,从而使自上而下的治理与自下而上的治理的结合成为现实的可能。

再次,从实践的需要来看,协商治理的出现与发展因应了西方国家公民对治理中的民主参与的欲求。如前文所述,在公共行政百余年历史中的多数时期公民参与式民主被排斥在外,这种状况一方面引起了公共事务管理中民主性不足,另一方面也引起公众的广泛不满。"普通公民直接参与政治活动的机会是非常稀缺的。相反,公民认为政府不是他们生活中的一部分。他们不仅不时发起强烈的反政府行为,而且广泛传播'政府不是我们的'观念……尽管政府无处不在,却是抽象的和疏离的。"③全钟燮把这种状况归咎于公共行政中的管理主义取向和技术——工具理性,认为这些主流思想已经无法适应不断发展的民主潮流,因而在新的世纪

---

①② Baogang He, Mark E. Warren, Authoritarian Deliberation: The Deliberative Turn in Chinese Political Development, Perspectives on Politics, vol. 9, no. 2, June 2011, pp. 269 – 289.

③ 拉尔夫·P.赫梅尔、卡米拉·斯蒂福斯:《政府不是我们的:代议制政府中民主性知识的可能性》,谢里尔·西姆拉尔·金、卡米拉·斯蒂福斯主编:《民有政府:反政府时代的公共管理》,中央编译出版社2010版,第35页。

需要"提升与社会交互作用的管理工具和技术,发展集体的和民主的治理方式,以造就更加人性、更加美好的社会"。① 因此,协商治理的出现并不是偶然的,而与当今公共治理中对民主的需求紧密相关。

最后,协商治理同样也有助于实现非西方民主国家治理创新的需要。上述协商治理的实践表明,非西方民主国家在公共事务的管理上同样可以采用协商治理的方式进行,这与公共协商的技术中立性是分不开的,同时也表明,公共事务尤其是地方公共事务的治理民主与不同类型的政治体制具有较好的并行性与兼容性。当然,这些国家的协商治理创新可能是出于多种需要,并非一定是民主的要求使然。比如协商治理可以在一定程度上遏制腐败、解决或避免社会矛盾与冲突、推卸政府责任、规避决策风险,甚至是标新立异地创造政治"品牌"等。因此,在有些情况下,这些国家的协商治理主要是一种权宜之计。

协商治理是由其理念、价值和路径选择来标识的,这些理念、价值和路径选择也因此构成了协商治理的范式特征。总体而论,协商治理是以更合理的民主治理为理念先导,以民主真实性、更好的公共理性与公共政策的合法性等非效率性价值为取向,以公共协商为实现路径的一种治理范式,并以此区分于其他治理范式。它不仅是强民主在治理领域的体现和延续,也是强民主的一种具体形态。因此,总体上看,协商治理范式的出现是民主理念在公共事务管理领域的治理建构的结果,而不是从传统公共行政到新公共服务"官僚化—去官僚化"的范式演进路线的自然延伸。

总体而论,协商治理体现了当今社会治理中的民主转向,代表了公共治理发展中的一个前进方向,不论在理论上还是在实践上都是一个重大的具有全球意义的治理变革。正如全钟燮所言:"无

---

① [美]全钟燮:《公共行政的社会建构:解释和批判》,北京大学出版社 2008 年版,第 1 页。

论是东方国家还是西方国家,都处于伟大的变革之中,这个进程既是治理的民主化。在西方国家,尤其在美国,人们正通过推进和强化协商民主的进程的方式,努力创新民主的理想和实践。而对于那些亚洲国家,伟大的民主实验还是一个相对新生的事物,其间,由于需要政府的介入和干预复杂的社会、文化问题的解决,所以这些国家不可避免地要通过政府推进政治民主的发展。"① 协商治理顺应了当今历史发展的潮流,因而将会成为一个重要的公共治理范式,为公共治理增加一个民主的发展路径。

综合梳理关于协商治理新范式的致思理路,可以发现,协商治理不仅体现了公共治理中的民主要求,更是一种治权意义上的民主。协商治理的出现,不仅丰富与拓展了民主的理论与实践,强调了民主中的治理因素,是一种民主中的治理;而且也丰富与拓展了治理的理论与实践,强调了治理中的民主因素,是一种治理中的民主。因此,不论对于民主还是对于治理,协商治理都是一种理论与实践的范式革新,需要我们去关注。

第二节 协商治理的鲜明特征

风险无处不在,风险牵系着每一个人。一般说来,"协商式"(Deliberative)治理有别于一般式治理,即以公共利益为目标,公民通过广泛的公共讨论,各方意见互相交流、理解和妥协,寻求并达成大家都可以接受的方案或决策。协商的前提是承认社会利益多元化的现实,不同利益主体之间存在着差异和分歧。因此,协商民主的过程也是一个反映多元价值、鼓励参与和对话、促进共识的过程,而不是将自己的观点强加于人。这种治理方式有助于将个体偏好与公共利益联系起来,以探索风险社会的应对办法。"风

---

① [美]全钟燮:《公共行政的社会建构:解释和批判》,北京大学出版社2008年版,第9页。

险"是一个公共议题,应对风险的对策——"协商治理"也具有公共性和公开性。冲突和矛盾要在法律框架内,按照一定的程序处理,协商治理所达致的结果具有合法性和程序性。当代社会既是风险社会也是多元化的社会,由于人们的思想、立场、观点等方面的不同,必然导致歧见和矛盾。对此,相较于其他治理形式,协商治理具有自己的鲜明特性。

一、多元性

多元性是协商治理的社会基础和前提,它根源于社会利益和价值的分化以及其组织化的凝结。20世纪后期,不同种族、民族、宗教和社会团体逐渐形成一种多元的文化认同,社会分化进一步加剧,社会主体利益多元化,利益追求呈现出多元的取向。个人、政党、组织等对社会、政治、经济、文化的不同利益诉求导致社会分歧也逐渐扩大。多元文化社会要求政治体制、运作机制对于解决分歧作出明确回应。因此,从某种程度上来说,多元的社会现实构成了协商治理的发展动力。

由于政治协商合作的对象是公共事务,它往往在利益上牵涉多个主体。其利益调节也是相关利益主体本身无法借助市场机制加以实现的。它需要进入协商论坛,以公正程序汇集各方,以公共协商保障各利益相关方理性的有序交融,最后形成理性共识。由此可见,协商合作的参与主体从组织化的程序来看,可以是公民个人、社团、政党、公共权力机构等;从涉及的利益和价值来看,他们可以是需要决策的公共事务所牵涉的多元利益主体或价值主张者。另外,值得注意的是,多元不仅仅包括协商主体和利益、价值的多元,还包括理性的多元。随着当代社会职业分化和社会阶层的变迁,各种利益集团和社会组织相继兴起,各个社会力量为了维护自我利益而不断强化自我价值构建。这使整个社会呈现出一种社会力量多元分化、社会价值多元并存的状态。人们的价值观迥然相异,但每一种价值观又都有其社会理性做支撑,所以人类的理性的自由发挥使得理性多元成为可能。

当公民参与包括所有其能够表达的偏好并让其他人倾听的同时也倾听他人的公共讨论时,各种分歧、冲突和共同面临的问题就最有可能实现公正和明智的解决。首先,多元的视角能够促进提出要求的人表达其作为公正诉求的建议,而不仅仅是自利或偏好的表达。公共讨论中多元社会视角的存在有助于根据合法的正义要求来设计话语。所有人都可能提出自身的诉求,而集体决策必然要求作出符合公共利益的决定。其次,不同视角、利益和文化意义之间的冲突能够使其他人了解到不同的经验,尊重不同的视角。注意倾听那些不同于我、我的团体的观点,让我知道了他们眼里我的境遇,以及他们认为我与他们的关系,对于具有不同权利的团体来说,这种视角背景尤其重要。再次,表达、疑问、对话以及挑战不同境遇的知识增加了社会知识。虽然没有放弃个人的视角,但倾听不同观点的人们,能够理解建议和政策影响不同境遇的人们的方式。这种更全面的社会知识可以更好地使他们作出明智的决策,以解决集体问题。

协商治理承认差异和多元,通过对话和交流促进文化间关于冲突的共同协商。这种对话和交流可以产生不同程度的一致或共识。一方面,公共理性通过揭示被压制的文化间的紧张及其根源,促进不同文化主体对自身文化的批判性反思。当文化成员吸收他人的新理性与新正当性的时候,开放和多元的公共论坛也必然会改变他们的信仰和认同,文化团体间会达致比较深层的相互理解,从而成为建立参与持续性合作行为所需要的社会信任的基础。另一方面,在文化冲突或道德冲突较为明显时,为了在多元性的情境中维系协商,只要求在相同的公共协商过程中,公民能够持续性合作与妥协。目标和结果不是通过双方道德让步来达到平衡,而是民主协商共同框架的改变。在明显的道德妥协中,参与者并不会修正共同框架的冲突性解释,这样,每个人都能够认可其他人的道德价值和标准。框架仍然是共同的,参与各方可以继续与其他人进行合作和协商。[①] 道德妥协依然是妥协,而不是纯粹的强制。由此看来,用瓦拉德兹的话来概括,即是说,协商治理作为一种有巨大潜能的民主治理形式,能够有效回应文化间对话和多元文化社会认知的某些核心问题,它尤其强调对公共利益责任、促进政治话语的相互理解,辨别所有政治意愿,以及支持那些重视所有人需求与利益的具有集体约束力的政策。

二、公共性

我们之所以说协商治理具有公共性,是因为它关注的是公共利益或社会生活的共有特征。瓦拉德兹认为,"公共协商的主要目标不是狭隘地追求个人利益,而是利用公共理性(public reason)寻求能够最大限度地满足所有人需求和利益的政策,协商过程的参与者表达了他们对所有公民政治平等的信念"。[②] 所以,应对风险的协商机制应该是公共的。协商的议题是公共危机(社会风险),协商过程是公开而不是秘密的,正因为人们追求公共目标(风险治理),才可能受规则引导并趋向公共利益,而不仅仅只关注自身利益。公共协商的主要目标不是狭隘地追求个人利益,而是利用公共理性(Publicreason)寻求能够最大限度地满足所有公民愿望的政策。通过寻求确定那些重视所有人需求和利益的政策,协商过程的参与者表达了他们对所有公民政治平等的信念。不存在特殊成员的利益具有超越其他任何公民利益的优先性。为所有人提供平等的表达机会、消除参与公共协商的制度性障碍、形成所有公民能够自由参与协商过程的可获得性论坛,可以保证对所有公民需求和利益的系统考虑。

公共性主要在四个方面发挥作用。首先,它创造协商所必需

[①] 韩冬梅:《西方协商民主理论研究:兼论比较视野中的中国协商民主理论构想》,中国社会科学出版社2008年版,第43—44页。

[②] [美]乔治·M.瓦拉德兹:《协商治理》,何莉译,《马克思主义与现实》2004年第3期。

的社会空间:公共领域。通过语言建构起来的互动空间可以拓展到其他的情境之中,包括书写及其他媒介。同时也创造出了相应类型的听众:非同时性读者和批判者公众。总而言之,所有这些拓展了的和去情景化的交往形式都可以被概括为一个"公共领域",它对所有的交往听众来说都是开放的。① 这种开发性意味着受益者必须不被限制,每个人在协商的联合过程和影响决策的机制中的发言权是平等的,而且必须把协商的联合性活动组织起来,使得所有公民都能参与到影响他们生活的决策的协商和推理之中。其次,参与者必须为自我的利益或价值主张提出具有公共性的理由和依据。从最弱的意义上来讲,任何人必须将自己的意见主张公之于众,使人知晓。如处于弱势地位的群体以叙事的方式在公共论坛中将自己的特殊经验感受公之于众,以谋求同情、理解和尊重。从最强的意义上来讲,他必须既提出能令他人认可的理由,又对他人的理由作出公开的回应,追求达成具有公共理性的或增益"公共善"的共识。再次,指导协商治理的标准或原则和最终达成的共识结果,都应该是公共知晓、公共承认和公共阐释的。指导协商治理进行的标准、原则和成语,要么是依据协商规定框架而制定,要么是协商参与者在就公共事务进行协商前所形成的程序共识。无论是哪一种,都必须为自我的存在进行公共阐释,为参与者所公共知晓和公共承认,使得每一个参与者都拥有平等运用协商规则的能力。最后,提供判断共识的最低限度标准。协商治理最终形成的协商结果,不仅要为参与者及其所代表的人群所公共知晓,而且要对支撑协商结果的理由做出公共阐释,最终获得所有利益或价值相关者的公共承认。理想状态是:决策结果最好就是理性共识的结果,受到社会的一致认同。但是从现实层面上来说,要达到理想状态非常难,大多数情况是协商后票决的结果,利益或价

---

① [美]詹姆斯·博曼:《公共协商:多元主义、复杂性与民主》,黄相怀译,中央编译出版社 2006 年版,第 38—39 页。

值没有得到充分反映的群体基于反抗成本的考虑或未来修正的机会而给予决策结果以消极承认,这也是所谓的共识最低限度标准。

从以上关于公共性的论述可以看出,公共性和公共领域的作用是相互的。一方面,公共性创造了交往的公共空间,公共性使得协商中发言者的意图是可明言的,即可被众人知晓;另一方面,公共领域的交往或者说协商也为公共性的进一步发展创造了条件。[①]哈贝马斯指出,公共领域中主体间交往过程产生了两个实际效果。一是协商共识的普遍性降低了发言者个人的权威交往这种"私人性"的特征;二是由于对经常性解释和说明的需要,减少了具有特殊文化属性的词汇并产生了可广泛传播的公共词汇。[②]

三、公开性

协商治理的公开性,是指公民或官员需要公开地给出理由来合理证实他们的行为和决策。"协商过程所提出的各种理由应该能够为所有参与协商的公民所理解。协商是在公共空间进行的,而且,协商的内容也是公开的。我们不能用神的启示来证明某项决策的正当性,不管决策本身在本质上是神圣的还是世俗的,都是无法接受的。"[③]在协商治理的理念中,每个人都有权利知道和评判对自身具有约束力的政策或法律。一般来讲,协商治理的公开性主要体现在以下三个方面:

首先,协商议题是公开的。协商理论者认为,公民参与协商的范围主要集中于公共领域而不是私人领域,从国家和社会的治理、地方自治到社区管理,以及团体结构都是民主协商的对象。澳大

[①] [美]詹姆斯·博曼:《公共协商:多元主义、复杂性与民主》,黄相怀译,中央编译出版社2006年版,第23—24页。

[②] [美]詹姆斯·博曼:《公共协商:多元主义、复杂性与民主》,黄相怀译,中央编译出版社2006年版,第39页。

[③] Amy Guman, Dennis Thompson, Why Deliberative Democracy, Princeton University Press, 2004, p.7.

利亚学者德雷泽克强调协商治理主要发生在三个领域,即国家制度、普通公民或政治鼓吹者发起的特设论坛以及公共领域。协商议题是与公民个体密切关联的公共领域,因此协商议题首先是公开的,让公民对其内容有所知晓和把握,这是协商得以维系和继续的重要前提。

其次,协商方式是公开的。在民主协商的过程中,整个协商程序是公众所知悉的,公众知道政策的形成过程,协商不是私下的个人协商、不是秘密的个人缔约,而是协商参与者在讨论和对话过程中公开自己支持某项政策的理由和偏好,并在讨论中提出可以被公民接受的理由。对于每一个体而言,偏好无所谓好坏,它只是个体对于人生价值的一种排序与选择,它的性质是个人行为,但偏好是可以转换的。协商治理认为,在协商过程中,一方面,通过公开表明自己的立场和动机说明,公民在协商讨论的基础上可以产生彼此之间大致的认同。即使少数参与者依然不能进一步修正自己的偏好,但至少也会更加认识到群体目标形成的过程;另一方面,由于少数人的理由得到更加充分的表达而得到多数中更多成员的认可,少数的意见可以转变为真正意义上的多数人的认同。这种说服与转变是基于协商治理理论家们所弘扬的"更好的理由"基础上形成的,"更好的理由"就是指,参与者只有被他人提出的更具合理性的政策选择打动,并经过理性的分析判断,从而进行偏好的转换,"更好的理由"作为协商中提出并供讨论的信息,是唯一可以进行偏好转换的合理依据。古特曼与丹尼斯·汤普森在《民主和分歧》一书中指出:"在鼓励真正协商的民主社会中,偏好不仅会在公民获得更多关于政策选择的信息时改变,而且当他们了解到其他公民的偏好,并学会与其他人一起工作以发现其从前未曾考虑到的政策选择时,偏好也会改变。"[1]显然,公民的偏好转换是基于"更好的理由"基础上的自愿转换,而不是屈从于任何权威或强力

---

[1] 陈家刚选编:《协商民主》,上海三联书店2004年版,第289页。

作用而形成的。协商方式的公开有利于公民更好地审视协商过程,通过公开化个人的意见、立场以及公开的讨论、争辩、疑问和反思,深化公开协商的教育功能,使公民能够在公共利益的前提下尽可能地超越狭隘的自我利益而实现偏好的转换。

最后,协商结果是公开的。任何事物的过程都必然会达成一个结果,或是成功的、或是失败的,协商也必然如此。一种是协商是一个"好"的结果,这个结果有可能是所有协商参与者在相互交流的基础上实现偏好的转换,取得了共识;但也可能是大家意见分歧仍然较大,没有达成一致意见。尽管协商概念强调的是,集体选择应该是通过协商的方式做出,而不仅仅是这些选择应该令人满意地与所有公民的各种偏好相一致,但公共意志的达成仍然是协商所向往的理想结果,公开性条件能够强化这样的观念,即每个人都有权知道和批判具有集体约束力政策的理论根据。通过保证所有公民都能够参与形成一致的过程,公开性还深化了公共协商的普遍教育功能。通过观察协商参与者公民的分歧、协商与合作的过程,公民成员就能够在公共利益超越狭隘自我利益的程序中受到教育。协商的过程是公开的,使得决策的理由更理性,结果也更公正。

因此,协商治理应该首先是在一个公开协商的环境中开展,整个程序是公众知悉的。在此基础上,多个协商参与主体针对一个公开的议题进行自由平等的讨论,在讨论和对话过程中可以公开自己支持某项政策的理由和偏好,使得立法或政策建议是公开的,公众知道政策的形成过程,协商过程的公开性使决策的理由更理性,最后形成一个每个人都知道的公开结果。因为讨论中提出并最终被公民接受的理由必须首先满足公开性条件,也就是说,其理由必须让所有公民知晓并努力使他们信服。因此,协商的公开性有利于公民在参与中审视协商过程,通过公开提出各种理由来表达各种疑问抑或某种支持来促进协商结果的最终达成,以避免协商可能出现的矛盾或事实上的疏忽。

四、合法性

协商过程的合法性首先出于参与者的意愿,其次是基于集体的理性反思。经过讨论、对话形成政治决策,其合法性不是源于个人意志,而是决策的形成程序,即理想的协商程序使各种分歧最终通过讨论而达成共识。公共协商结果的合法性不仅建立在广泛考虑所有人的需求和利益的基础上,而且还建立在利用公开审视过的理性指导协商这一事实基础之上。因而,如果未经协商而作出具有约束力的决策,这不仅说明参与主体之间存在权力的不平等,而且当这些政策被真正实施的时候也缺乏足够的正当性。进一步讲,必须认识到协商的表达价值还存在着实践上的理由:协商不仅有助于制定完善的公共政策,而且还能够促进这些政策的实施。[①]尊重并且充分吸收了参与主体意愿的政策,在实施过程中会得到利益相关方的主动配合与支持,并能够保证其实施的效果。

合法性应该体现"人民意志",这种观念代表着最为朴素的民主理念。协商治理在某种程度上就是对合法性的追求。因为,从广义上讲,协商治理指的是,公正、合理的立法必须源自参与主体的公共协商。一般来说,协商治理通常被看作是一种阐释决策合法性的治理形式。它表达这样一种思想,即协商决策是合理、公开讨论支持和反对某些建议和观点的过程,目的是实现普遍接受的判断。与注重结果的一般治理形式相比,协商治理更关心的是建构一种作为过程的民主治理,它能够使治理结果具有充分的合法性。[②]根据聚合性的民主治理模式,投票者根据自身感情的强度提出对政治体制的要求,以谋求个人的利益。因此,从最根本的意义上讲,协商治理强调的是参与主体及其代表需要对其决策的正

[①] 陈家刚:《协商民主与当代中国政治》,中国人民大学出版社 2009 年版,第 26 页。

[②] 陈家刚:《协商民主与当代中国政治》,中国人民大学出版社 2009 年版,第 52 页。

当性进行证明。为了实现这种正当性,第一,协商治理首要的,也是最重要的特征就是陈述理由(reason-giving)。在立法和决策过程中,个人参与协商治理的重要途径就是陈述理由,并对他人的理由作出回应,目的是为了证明他们必须共同生活于其中的各项原则和决策。第二,保证协商过程所提出的各种理由应该能够为所有参与协商的主体所理解。第三,尽管协商的目标是证明某项决策的正当性,但它并不预先假定这种证明一定能实现,更不用说指望今天的证明在无限的未来中还能继续有效。它对继续对话的可能性保持一种开放的态度,允许参与主体对先前的决策提出批评,并在此基础上提出异议。[1] 第四,通过协商形成的意见和建议,能够对最终决策或将来如何决策产生影响力。

那么,协商过程的合法性需要如何建构呢?首先,协商过程及结果的合法性出于参与者的意愿。民主合法性的基本观点是行使权力的授权必须来自受这种权力支配的社会成员的集体决策。民主协商的基本合法性在于协商主体的有效参与,而有效参与则需要根据这些主体的认知能力和培育认知能力。相关的规范政策建议至少包括对教育的支持,为贫穷或物质匮乏的公民提供经济保证。其次,合法性源自集体的理性反思。"决策具有合法性,不只是因为它碰巧符合大多数公民未经审视的偏好,而是因为它已经经过了正当性的检验。公民应该能够认为这种方式做出的决策是合理的,除非未来的协商表明它们是恰恰相反的。"[2] 公共协商结果的政治合法性不仅建立在广泛考虑所有人的需求和利益的基础之上,而且还建立在利用公开审视过的理性指导协商这一事实的基础之上。

---

[1] 陈家刚:《协商民主与当代中国政治》,中国人民大学出版社 2009 年版,第 53 页。

[2] Christian Hunold, Corporatism, Pluralism and Democracy: Toward a Deliberative Theory of Bureaucratic Accountability. Governance: An International Journal of Policy and Administration, Blackwell Publishers vol. 14, no. 2, 2001.

因此,在协商治理理念中,合法性是其理想内核。而理解这种核心要素,不仅仅要依赖公共理性,即公众的理性讨论、反思和对话,同时还可以通过理想的政治协商程序来理解。因为在这种程序中,参与者认为彼此平等;考虑到合理多元主义的事实和其他人都是理性的假设,他们的目的是用其他人可以接受的理由来保护和批评制度与计划;他们准备按照这种讨论的结果进行合作,并视这些结果是权威的;经过讨论、审议形成最终的决策不是来源于个人意志,而是决策形成的程序,即理想的协商程序使各种分歧最终通过讨论而达成共识。

一般来说,公共协商能够改变、修正和澄清治理过程中参与主体的各种信仰与偏好。在进行立法和决策时,能够进行善意讨论和理性争论的协商过程往往会更公正,或者更好地保护自由,更具有正当性和法理性。简单地讲,产生合法结果的过程被称为理想的协商程序。这种程序是主体在特定的自由和平等条件下就关注的问题进行彼此协商的公开合理的程序。他们的目标是达成共识,而人们存在分歧的问题将仅仅根据更好的观点的力量得到解决。在缺乏共识的情况下,公民将通过多数原则作出选择。对于其参与者而言,这种过程的结果在程序上是正当的。吉登斯认为,"协商民主概念,强调的是所有观点都听得到的公开讨论过程,可以使结果(如果这种结果被看作反映了先于它的讨论)合法化的方式,而不是作为寻找正确答案的发现过程"[①]。这对于协商治理来说,同样适用。

五、程序性

协商治理是一种民主治理,这是与其他治理范式最典型与最根本的区别。"治理"与"协商"的结合,表明自 20 世纪 90 年代以

[①] [英]安东尼·吉登斯:《超越左与右》,李惠斌等译,社会科学文献出版社 2000 年版,第 117—118 页。

来公共事务管理中的民主转向,这与整个社会治理领域中愈发强调公民参与是一致的。其中程序性是协商民主的关注重点,因为满足理想程序是公民民主参与得以顺利进行的必要条件。继承协商民主核心精神的协商治理,根本实质在于要通过协商使各方面的利益得到兼顾并且实现。这就必然要求协商是通过反反复复的对话、商量、沟通,最后达成共识。因此,这就需要程序正义作为保障,通过必要的、硬性的程序规定,使协商主体涵盖方方面面,确保社会各阶层、各个社团都有自己的代表参与到关乎国计民生的重大事项和重大决策的全过程中来。如果缺乏协商民主的程序正义,就不可能确保参与者之间的平等,就不可能在对话、商量、讨论、辩论、审议和决策的全过程中有平等的话语权、表达权和申诉权,最终就很难实现各方面利益的兼顾和调和。

可以说,只有在协商民主程序正义的保障之下,才有可能让参与的多元主体平等参与协商,切实维护和实现自身的利益;才会最大限度地避免少数利益集团出于维护自身利益的需要、漠视社会大多数人利益的情况发生。因此,协商治理同样十分尊重程序,并将程序作为决策获得合法性的规范性要求。

第一,协商治理对程序性的重视体现了承认协商主体间文化多元性的前提。主体间的差异不是静态的、凝固的,协商主体之间需要通过稳定、合理和民主的程序,经过不断对话、辩论、协商、妥协的理性交往过程,以实现可理解性、可交流性,并最终在协商的结果中体现出扩展的智识。与自由主义民主怀疑公民的政治能力和政治热情不同,协商民主相信公民有足够的政治智慧来解决自己在政治参与中所面临的问题,而且公民对参与政治也是充满热情的。因此,协商治理的顺利开展是以社会中多数人积极参与为前提的,公民的参与过程涉及治理和公民参与应当如何运作。协商治理为多元社会中具有不同利益和思想的每个公民提供了超越不同社会背景和从属关系的连续的、结构性的机会。在这种直接的对话和交往背景中,每个人都有发言权,每个人都可以在表达自身利益或者倾听他人观点的协商过程中充分利用这种发言权,"因此,对于谁应该成为对话参与者这个问题的简短回答是:每个人"。① 容纳受决策影响的每个多元主体才能真正赋予决策以合法性。对于我们面临的多数公共问题而言,只有当大多数的普通公民能吐露不同的意见、愿望,并表达出热情和展现力量时,才能在寻求问题的解决上取得进展。

第二,协商治理对程序性的重视改善了制定决策的方式。协商讨论的程序化过程可以使每个人意识到所讨论事情的各个维度,通过增加考虑的维度及选项,增加选择的复杂性,避免把多维度考虑的东西粗暴地合成一个单一的投票行为和选择。但是复杂性并不等同于没有办法解决,因为,这又同时增加了达成既稳定又非专断的一致协议的可能性。另外,协商治理还倡导对决策方式的新探索。通过达成理性的协议而非投票来寻求公共选择。通过协商达成的理性协议通常被看作是共识的特征。而共识反过来又不仅仅被定位在公共选择上达成一致,而且还包括在产生公共选择的准确而规范的理由上达成一致。同时,通过非选举的方式,根据公共舆论来制定公共政策。这意味着除了通过投票来记录选民的偏好之外,还应该以其他形式对公众舆论作出反应。

第三,协商治理对程序性的重视体现了对精英主义倾向的克服。通过设计理想的协商步骤等程序环节来保证协商过程是在平等、自由的原则下进行的。同时,协商治理通过强调协商过程中理性的作用,旨在实现主导协商过程和结果的只能是理性和观点的力量,而不能是别的权力和资源的力量。另外,通过开启公共领域的意见和建议的民主渠道,并且通过公共领域的协商与国家制度内的协商互动,实现公民广泛参与,克服现代社会大规模的不平等和复杂性对民主治理的挑战。

---

① [美]詹姆斯·博曼、威廉·雷吉主编:《协商民主:论理性与政治》,陈家刚等译,中央编译出版社 2006 年版,第 303 页。

按照民主治理的精神来说,只有当决策体现每位参与主体的意志时,才能要求遵从与自治之间的一致,从而决策才会成为对每个人的合法要求。但是,在一个多元的共同体内,决策是否合法,很难达成实际意义上的一致性。因此,有必要将程序作为公正的标准,否认存在任何独立于程序之外的认识标准,从而被那些对决策结果正确性持怀疑态度的人所接受。但是正如仅仅强调合理性的观点被人们批评易于导致暴政一样,仅仅强调程序对于协商治理的正当性也是不充分的。因为既然开放的非正式的程序,如简单的轮流,不能排除策略性的操纵,就有必要考虑发言者的效果,而不仅仅是发言的机会。协商治理对程序性的高度重视虽然有时会成为批判的重要理由,但是亦构成了不断完善协商治理程序性特征的重要动力。

第三节 协商治理的价值诉求

协商治理作为一种公共治理的新范式,不仅通过广泛性、多层面、制度化的协商讨论,使各类别参与主体能够进行平等交流和坦诚对话,以此来实现有效参与社会治理的权利和机会,更是一套独特的治理理念、价值与路径选择的有机集合。按照不同的划分要求,具有不同种类的价值诉求。

一、工具价值诉求和内在价值诉求

工具价值和内在价值是哲学价值观中的传统分法。前者是指事物作为客体对于主体的有用性,是因为其所产生的功能而具有价值,因此实际上是以人为尺度来衡量某一事物带给人和其他物种的益处,看到的是一件事务的工具性价值和短期的效用价值,以及它所具有的满足人类需要的属性和功能。内在价值是指事物自身存在的价值,不因人的意志和需要而改变的非工具性的属性。因此,实际上是把所有事物都作为平等的存在,它们因自身存在的价值而存在,不因外界的改变而改变。协商治理虽然不是一个典型的客观事物,但是其作为一种民主管理范式,是作为一个有机整体系统存在的,故可以将其作为一个整体事物看待。因此,按照发挥功能与否与自身存在的属性,可以将其分为工具价值诉求和内在价值诉求。

(一)协商治理的工具价值诉求

在当代,一个社会中往往呈现出利益和价值的多元分化,这激发了处于联系中的利益主体在追求自身利益最大化的时候,往往将与自身有关的特殊利益加以社会性的凸显,如果不加避免,社会将陷入无休止的冲突之中。因此,社会共同体在接受多元主义和普遍冲突的社会现实的同时,必须寻求一种方式来消融冲突,实现多元一致。对这种目标的追求就是协商治理内在的工具价值诉求。

从工具性的角度来看待协商治理的价值,主要是其产生的结果具有三个方面的价值:第一种结果是,公民通过相互之间的协商讨论,改善和提高决策的质量;第二种结果是,公民在立法优点方面通过协商达成理性一致,从而增强社会的合法性;第三种结果是,有助于发扬公民在政治协商过程中体现的某些优良品质。这些结果之所以能够体现协商治理的工具价值,是因为合理性、正义性、共同体等价值独立于协商过程却又是在协商过程中得以实现的。[1]

首先,公共协商促进了决策的合理性和正义性。一方面,公共协商的特点之一是理性在协商过程中的公开运用。主要原因是:第一,在公共集会上开展集体讨论、交流所创造出的协商环境,有利于为社会中大量的人或团体提供所有不同人群利益的信息,使得他们有机会在实践中观察事实并检验彼此的看法,通过相互之

---

[1] [美]詹姆斯·博曼、威廉·雷吉主编:《协商治理:论理性与政治》,陈家刚等译,中央编译出版社2006年版,第185页。

间的交流与学习来扩大视野,不仅有助于纠正错误的观点,亦可以补充、完善现有的仍存不足的方案。费伦认为,这样做可以增加出现良好判断的机会。[①] 第二,所有成员都参与讨论和争论过程的社会至少能够发现那些基于脆弱偏见的政策,而且那些关于这些事物的更荒谬和更迷信的推理形式总会受到削弱。[②] 第三,基于多个视角、利益和信息而形成的公共舆论,反映了几乎所有受到影响的协商者更为广泛的要求,因此包含更广范围的意见,包括合法的反对意见,体现了更具有公共性的理性。在充分获得那些对于实现社会目标而言的重要事实的信息的基础上,通过把政治正当化(political justification)和决策置于多种备选方案中,公共协商普遍地改善了立法的质量,提高了民主政治中的决策质量。[③] 另一方面,公共协商有利于提高民主政治产生正义结果的能力。通过增强公民对其社会以及社会相关道德原则的理解,法律和社会制度的正义将通过讨论而得到加强,从而减少缺乏正当性的独断政策形式的出现,以适应社会更广泛成员的敏感利益。事实也证明,能够在所有公民中就建议的优缺点进行自由选择、善意讨论和理性争论的社会往往更加公正和自由。总之,公共协商过程将作为一种过滤装置,以防止过于忽视利益和正义。[④]

其次,公共协商增进了决策结果和政治体制的合法性。众所周知,同意(consent)是民主决策的核心,因此协商治理的合法性在于,公民对经过公正协商产生结果的同意和自愿接受。换句话说,公共协商就是公民用来证明自愿接受的、具有集体约束力的法

---

① [南非]毛里西奥·帕瑟林·登特里维斯主编:《作为公共协商的民主:新的视角》,王英津等译,中央编译出版社 2006 年版,第 104 页。
② [美]詹姆斯·博曼、威廉·雷吉主编:《协商治理:论理性与政治》,陈家刚等译,中央编译出版社 2006 年版,第 188 页。
③ [美]詹姆斯·博曼:《公共协商:多元主义、复杂性与民主》,黄相怀译,中央编译出版社 2006 年版,第 24 页。
④ [美]詹姆斯·博曼、威廉·雷吉主编:《协商治理:论理性与政治》,陈家刚等译,中央编译出版社 2006 年版,第 185、188 页。

律和政策正当性的工具。具体来说,一是公共协商增进了决策的合法性。公共协商的结果不仅广泛考虑了所有人的需求和利益,而且还是建立在公开审视过的理性指导协商的过程之上,即合法性是集多数意愿和集体理性反思过程为一体的结果。因此,所有成员有义务遵守这些规则和结果。一方面,这种集体的批判性反思是在相互理解和妥协的过程中达成一致的,因此与强制的灌输手段相比,更具真诚和自由。另一方面,协商过程性是通过在政治上平等参与和尊重所有公民道德及实践关怀的政策确定活动而完成的[1],通过这个过程,我们将更容易达到信息充分的政治共识,因此协商治理的程序为集体决策提供了合法性基础。二是它促进了政治权威体制的合法性。协商理论中的包容性和民主对话是权威的合法性基础。前者体现在每个公民都参与到政治对话中,并有被倾听和表达意见的平等权利;后者体现在通过民主商谈、对话促进并引导公民对于公众利益的表达,凸显决策理由的价值,从而超越金钱、权力或强制(包括暴力、恐吓等)对政策的影响。总的来说,包容性和民主对话促进了政治权威体制的合法性和可信度。[2]

再次,公共协商过程能够消除道德偏好、促进培育公民美德、形成公民认同。主要表现在以下三个方面:第一,公共讨论能够给各种理由以自我解释、回应挑战的机会,通过理性的讨论和交流,基于错误经验偏见的非理性偏好便很容易被消除,亦有利于消除狭隘的自我中心主义的偏好,广泛接受不同意见,从而择优作出理性判断和选择。正如米勒所说:"有很好的理由相信,协商过程可将最初的政策偏好(这些偏好可能给予私利、部门利益、偏见等)转

---

[1] [美]乔治·M.瓦拉德兹:《协商治理》,何莉编译,《马克思主义与现实》2004年第3期。

[2] [南非]毛里西奥·帕瑟林·登特里维斯主编:《作为公共协商的民主:新的视角》,王英津译,中央编译出版社2006年版,第20页。

变为对所关注事务的合乎道德的判断。"[1]第二,公共协商有助于促进公民美德的培育。密尔和阿伦特尽管在各自理论上存在较大差异,但都对参与公共事务本身表示了肯定,他们认为公民个人可以在公共事务的参与中有所收获,理性、自主、责任、尊重他人等这些政治生活中的重要品质将会在自由协商的社会中得到更大的改善。第三,公共协商过程有助于形成公民认同或共同体的意识。社群主义代表人物乔舒亚·科恩和哈贝马斯认可"共同善"的作用,并在话语的协商治理观中强调通过公共协商,能够创造或团结共同体的力量。协商治理充分尊重民众的意见表达,因此在政治参与过程中,主体间想法的相互碰撞具有转换价值观和公民偏好的潜力,大大增强了公民的自我和相互认同感。对此,本杰明·巴伯、查尔斯·泰勒、科恩、哈贝马斯等人都有类似的观点。不容忽视的是,主体间谈话的共同依据不仅具有推动形成阿伦特所谓的"交往力量"的作用,而且这种实践需要"扩展的智力"本身就是一种团结的形式。[2]

(二)协商治理的内在价值

正如开头所强调的,人们出于不同的理由提倡协商,一种是从工具性的角度看待其产生的结果是否具有价值,一种认为协商本身就是值得提倡的,就是具有价值的。后者即是协商治理的内在价值,指个人或社会在最终决策形成前的讨论协商过程本身是具有价值的。

对此主要有三种观点:第一种观点主要以共和派为代表,他们认为,参与公共协商的过程本身便构成了良善生活的基本部分,自由、平等的协商讨论本身就是实现"公共善"的重要前提和基础,能够最大限度地满足每个社会成员的利益,有利于实现公平正义的

---

[1] [南非]毛里西奥·帕瑟林·登特里维斯主编:《作为公共协商的民主:新的视角》,王英津等译,中央编译出版社2006年版,第104页。

[2] [南非]毛里西奥·帕瑟林·登特里维斯主编:《作为公共协商的民主:新的视角》,王英津等译,中央编译出版社2006年版,第17—19页。

原则，最终促进社会公共生活的发展。因此这种价值独立于协商的结果，仅关注协商过程本身。①

第二种观点主要是从社会中的公民层面出发，认为公共协商的存在体现了社会中公民之间的相互尊重。一个决策确定之后便会在实施过程中对公民产生各种各样的影响，因此在决策确定过程中进行交流讨论式的公共协商，充分尊重群体中不同的个体意见，在某种程度上体现了公民之间的相互尊重和关怀，亦是社会公平与正义的内在要求。试想，缺少广泛公共协商的民主政治，公民可能只是"选举的工具"，并不能真正参与到决策过程中来，并对决策产生些许影响，因此看起来确实表达了对没有参与到民主协商中的公民的不尊重。鉴于此，除了在政治中要给予民众以决策的投票权，更要关注那些可能受决策影响的人，要善于发现他们的观点并使他们参与讨论，做到尊重意见与发现意见并重。黑格尔认为，主体间彼此承认是存在的最高阶段，只有被证实了自我价值，其才为真正的人。这在团体中是尤为重要的价值，其核心理念是：每个人都能平等地获得那些作出良好决策——涉及其共同生活——所必需的认知条件。它包括这样一些条件，它们使个人能更好地理解决策中的分歧，以及更好地辨别正确的决策。②

第三种观点认为，协商治理阐释的民主理想与人类的本源归属，具有一致性。协商治理的理想是指公民都享有平等的机会，受到同样的鼓励，拥有对共同关心问题的公共协商机会。其核心是对各种观点进行充分讨论，允许各种支持理由的存在，以形成最具有正当性的结果。如此看来，协商的结果不是既定的，协商的原则

---

① [美]詹姆斯·博曼、威廉·雷吉主编：《协商治理：论理性与政治》，陈家刚等译，中央编译出版社 2006 年版，第 191 页。
② [美]詹姆斯·博曼、威廉·雷吉主编：《协商治理：论理性与政治》，陈家刚等译，中央编译出版社 2006 年版，第 191—192 页。

是没有什么限制的,并且具有内在的转型潜能。[①] 人类的本源归属其实就是"我们究竟是谁?"的问题,该问题主要与知识、理性、人类道德等概念相关,同时通过对这些概念的重新建构以实现自我理解和认同。其中,持支持观点的证据主要体现在以下四个方面:一是统一的权威标准并不存在,尤其是在科学、法律、政治和道德领域,超越历史和文化背景的固定标准往往是经不起实践检验的;二是理性作为人类特有的品质,在人类自我治理进程中发挥着动力源泉般的价值;三是公开性作为法律和政治学领域必不可少的原则,促进了平等与自由;四是道德个体因具有明确观点和自治能力,故在原则上应得到尊重。由此可见,自由价值、理性讨论、公开性、平等自治、道德尊重不仅契合协商治理的民主理想和精神,更是体现了作为现代西方道德行为者的公民的基本原则。

二、平等价值诉求和自由价值诉求

平等价值诉求是共和主义民主的传统,自由价值诉求是自由主义民主的传统,协商民主正是在结合两者的基础上发展而来的,并综合发展了两种民主传统。因此,由协商民主发展而来的协商治理在价值诉求方面,便在于它对共和主义和自由主义两大民主传统关于人民主权、自由、平等,以及正义价值观的扬弃和超越。

（一）协商治理的平等价值诉求

共和主义和自由主义理论都承认公民参与政治的平等和公民选择自己生活的机会或权利平等,首先,它们的区别在于二者对两种平等的顺序有着严格的要求。共和主义强调,参与政治的平等是权利平等的前提和条件,否则权利平等可能沦为奴隶的平等;而自由主义认为,权利平等是参与政治平等的前提和条件,否则政治平等就会沦为暴民政治。其次,共和主义民主的平等突出强调公

---

① [南非]毛里西奥·帕瑟林·登特里维斯主编:《作为公共协商的民主:新的视角》,王英津等译,中央编译出版社 2006 年版,第 25—27 页。

民具有直接参与立法和决策的平等权利,这种平等权利不能被代表;而自由主义则否认公民具有直接参与立法和决策的权利,立法和决策只能通过民选的代表来承担。

在协商理论中,平等依旧是基本价值诉求。在利益多样、标准不一的现代状况下,协商有可能成为精英主义式的。即那些有能力通过公共手段达到私人目的的人的统治。实际上,没有矫正不平等的措施,协商总是具有精英主义倾向,使那些具有较多文化资源(如知识和信息)即有能力将自己的利益和价值强加于他者的人受益。很多协商理论中也存在精英主义倾向。比如,在亚里士多德及一些早期启蒙思想家那里就存在这种倾向。亚里士多德将协商局限于那些具备美德、智慧且条件好的公民之间。一些启蒙思想家认为,只有那些能够做到不偏不倚地处于超然地位的人才,才可以让人放心地拥有重大决策权。考虑到持续性不平等同民主协商的不相容性,可以把协商中的政治平等作为一个判断协商民主合法性的批判性标准。换句话说,公共协商过程中的平等原则是公正的公共协商过程中的必要条件。

第一,协商治理提供了比聚合观念更有力的基本民主理念——集体行使国家权力的决策观念。这种人民授权的观点不仅反映在决策过程中,而且反映在政治理由本身的形式和内容中。正是基于"人人生而平等"的价值诉求,协商治理一直致力于创造并提供协商自治的形式:所有受集体决策支配的人——希望通过那些决策支配自身行为的人——必须找出接受这些决策的基础。

第二,它的程序性特征要求协商主体有平等参与机会,在讨论中提出的理由被平等对待,在决策中理由被平等考虑。协商主体必须自由地提出自己的观点和理由,而不受任何外在权威如权力和资源的影响,并且是出于自己的主观意愿接受协商结果的,而不是外在的强制;协商必须是在公开的公共场所通过协商辩论进行,协商过程始终是由理性和观点的力量在主导,在协商过程中一切都可提交讨论,讨论的结果是在协商过程中形成的,而不是预先设定的。而且通过对既有制度和决策过程的缺点与后果的讨论,可以矫正部分程序和制度导致的政治不平等。

第三,通过制定有利于平等协商的制度确保协商是在平等的条件下进行的。团体可以利用制度中的权力创造并强化公共协商所必须的条件,并使它相对持久地存在下去。具体地说,制度能保证可提供政治平等的程序和协商条件得到满足,如投票权立法、竞选经费改革、对公共事务谈论的管制中所体现的那样。制度变化,如竞选经费改革或对公共事务谈论的政府资助应当使协商中处境最不好的那些人的利益最大化,投票程序改革应当有利于那些在目前框架下处于不利地位的人,但采用的方式应当是使得他们更有可能参与到公共领域中,而不是保证他们的成功。这种最大化补偿策略服务于两个目的:除了本身是协商正义的一个适当原则,还能保存公共领域中交流的开放和包容的特征。

第四,最好的方式就是为协商治理中处于劣势地位的贫困团体创造一个新的公共空间,从而组合成为集体行动者,实施对决策的影响,正如非裔美国人在南部的民权运动中所做的那样。新的公共空间创造者们需要通过挖掘既存的贫困团体活动中非主流的交流网络进行社会运动。社会运动在协商中的主要作用在于使运动者的遭遇公开化,为公民在进入更大的由所有公民构成的公共领域之前,提供一个运用能力与自由的空间,通过有效参与重建一个他们置身其中的公众群体。这样一个集体行动的非制度性手段能够使贫困团体进入公共领域,可以利用它表达新的公共理性,而且能够保存范围更广的公共领域。这样新公共空间对持续性的不平等有两个影响:一是它是一种汇聚了许多个人和团体的资源、能力和体验的机制,在这些个人和团体表达他们的问候和遭遇的时候,可以用一个声音说话;二是这种非正式网络中的休戚与共的关系,使得因汇聚资源和信息而在运动中产生的公共物品能够抵消资源不平等和政治贫困的影响。[1]

(二)协商治理的自由价值诉求

自由是与平等相对应的协商治理的基本价值诉求。正因为"人人生而平等",每个人才都会有平等追求自由的权利,自由从而可以与平等相互对应,成为协商共治的重要价值诉求。

从共和主义到自由主义,从未停止过对自由观的探讨。共和主义的自由观延续了古希腊的民主自由观,通过公民参与政治生活来实现公民的自由权利。文艺复兴时期共和国自由观的核心是政治共同体的自由,对于许多共和国来说,"自由意味着摆脱暴君的专制权力,意味着公民通过政府管理起公共事务的权利"。[2] 卢梭将其发展成为"主权即公意"的理论,强调每个公民不仅要关心特殊利益,而且要关心每个成员共享的"公共利益"(公意),这也正是他的个人意志论自由论的彻底的逻辑发展。伯林把这种自由称为积极自由。按照这种观点,只有当一个人能够有效地控制自己并塑造自己的生活时,它才是自由的。自由主义在对共和主义自由观提出批评的基础上,提出自己的观点。主张自由主要是个人不受阻碍地选择的自由。这一思想是以霍布斯、洛克和约翰·密尔为代表。伯林同样对这种自由做了定性:消极自由。具有以下三个特征:一是和强制行为相反的不干涉,虽然不是唯一的善,但就它不阻碍人类欲望而言,它却是好的,这是经典形式的消极自由概念。二是这种自由是一个近代概念。个人关系领域的自由,具有神圣的隐私权的意识,来自一个晚出的自由概念。三是这个问题所涉及的主要是"控制的范围",而不是它的"来源"问题。当代共和主义和社群主义者对自由主义自由观进行了反驳,指出自由主义自由观的失误在于对积极自由和消极自由做了绝对划分。对

---

[1] [美]詹姆斯·博曼著:《公共协商:多元主义、复杂性与民主》,黄相怀译,中央编译出版社2006年版,第113—116页。

[2] [英]戴维·赫尔德:《民主的模式》,燕继荣等译,中央编译出版社2004年版,第54页。

共和主义传统来说,公民自治本身就具有积极的价值而不仅仅只有工具性的意义。消极自由主义者本身的主张忽视了每个人的自我实现形式对于他或她具有的独特的意义这种观念,一旦我们承认自由应当包括任何如根据我自身的方式自我完成、自我实现这样的因素,那么很显然,内在的原因会如同外在的障碍一样妨碍我们实现自由,而承认这一点是和自由主义观点相矛盾的。①

西方协商民主理论家哈贝马斯把自由主义和共和主义之争中包含的现代人的自由或消极自由与古代人的自由或积极自由的争论表述为私域自律和公域自律的争论。他指出,来自亚里士多德和文艺复兴时期政治人文主义的共和主义,一直强调公民的公域自律优先于私人的前政治自由,而源自洛克的自由主义则揭示了多数暴政的危险,主张个人权利的优先地位。哈贝马斯运用他的交往行动理论和话语伦理学在新的理论视野中阐明了公域自律和私域自律互为基础的关系,从而以其独特的程序主义民主观扬弃了自由主义和共和主义的两种自由观。②按照哈贝马斯的话语伦理原则,一项规则只有被其影响所及的所有人参与了理性的对话协商同意后,才可以声称其具有合法性。因此,在他看来,人民平等地参与政治和个人权利这两个观念是互相预设、互为补充的。一方面,个人的权利和自由是人民公开地参与公共舆论和意志形成过程的法律前提;另一方面,人们对这种权利和自由的理解本身也只有通过公共领域中的合理商谈才能得到合理的辩护、澄清和改进。因此,在协商民主中,起作用的是交往过程中更高水准的主体间性,而这一过程是通过议会和公共领域的非正式商谈网络实现的。③公民的自由就是按照自己的选择而生活的能力、进行社会行动的能力、参与公共活动并在其中实现自己目的的能力。④

---

①②③ 应奇:《两种自由的分与合——一个观念史的考察》,《哲学研究》1999年第11期。

④ [美]詹姆斯·博曼:《公共协商:多元主义、复杂性与民主》,黄相怀译,中央编译出版社2006年版,第111页。

所以，协商治理的正当性在于它体现了自由的价值。弗兰克·I·米歇尔曼认为，协商民主的正当性建立在"伦理—自由"观上。他说，我们这些主张协商民主的自由主义信徒，将把我们的社会看成是由个体的"人"或"主体"构成的，并由此关注和尊重他们。这就意味着，我们把自己和他人看作各自拥有思想和生命，以及各自拥有相当的——事实上是无法计量的——理性活动能力的个体，并能够在某种实质性程度上对自己的思想和生命负责，对于要做什么、为什么奋斗、什么是善，以及什么是正确的等问题作出并追求自身的判断。对于那些无法从自身发现这一点，并否认个体的现存首要性，或否认属于每个人理性力量的最高价值和尊严，或否认每个人对于同样关怀和尊重的相应的原始要求的人来说，政治正当性必定意味着每个受影响者的同意，至少原则上如此。

因此，遵循协商民主精神的协商治理，作为一种新型公共治理范式，虽然承认成员个体之间存在各自的利益，不认为共同体的公共利益必然与个人利益一致，但又不否认个人利益与公共利益达成一致的可能。协商治理强调，协商的规则是在协商主体的参与之下制定的，每一个参与者都必须遵循协商的规则，各方主体的意见、偏好得以充分展现，同时参与者享有自由的交往权，享有自由表达的权利，公民在参与公共政策协商过程中的言论自由受到法律的保护，不因其在协商过程中的言论而被追究责任。协商治理的优势之一就是通过说理和论辩，不断修正参与者最初的偏好，最终达成基本共识，为各方利益的兼顾提供平台。在这种民主形式下，秩序是协商民主得以实施的前提和基础性价值，没有秩序，处于混乱状态下的个体无从行使自己的自由权利，也就无从进行协商。协商民主所确立的秩序是一种动态平衡的和谐秩序，在这种秩序下，公民的个人自由得以发挥，得以充分保障；所确立的自由则是一种基于社会责任和参与者普遍遵守的社会秩序下的自由。

综上，风险社会中的协商治理是一种既要包容多元、又能化解冲突的政治设计。它鼓励公民参与，比较好地兼容了个人意愿与公共利益,克服了因为体制性障碍而导致的信息阻塞与政策失灵。在风险社会中,一方面,协商满足了公民的知情权与参与权,改变了以往公共决策的神秘色彩和疏离感,提高了决策过程的透明度;另一方面,公共协商也有利于弥补"有限理性"(boundedrationality)的缺陷,减少决策的失误概率。事实上,也不存在什么"全知全能"的决策者,只有通过对话协商、集思广益,才能不断提高决策的水平,最大限度地涵盖所有利益相关者的偏好,而一项政策如果是广大利益相关者参与的结果,它的交易成本就比较低,执行效率也比较高。

要想促进协商治理的运作,有赖于参与者对治理进程的共同理解。协商促使人们关注公共利益,见多识广,发掘出解决公共问题的能力,包括在对话交流中所表现出的倾听和表达技巧,以及设身处地体谅他人、寻求共识的能力,这就有利于培育一个熟练驾驭民主方式、参与公共治理的公民社会。"作为一种具有巨大潜能的民主治理形式,协商治理能够有效回应文化间对话和多元文化社会认知的某些核心问题。它尤其强调对于公共利益的责任、促进政治话语的相互理解、辨别所有政治意愿,以及支持那些重视所有人需求与利益的具有集体约束力的政策。"[1]这个治理体制涉及国家、社会与公民的关系模式,"在中国的背景下,协商是使人们转变为公民的过程。协商被视为是培养公民的机制,通过它,人们互相了解、交换意见、提高人们的公德"。[2]

---

[1] [美]乔治·M·瓦拉德兹:《协商民主》,何莉编译,《马克思主义与现实》2004年第3期。

[2] [澳]何包钢:《中国协商民主制度》,《浙江大学学报》2005年第3期。

第四章

协商治理运作：内在主体与外在制度的双重变奏

协商治理是否能够有效规避和化解风险，需要具备两个要素：一是规划和设计良好的运作机制，二是具备必要素质的协商主体。运作机制是外在制度规制，协商主体是内在能动因素。外在制度的顺畅启动和运作，需要协商主体发挥必要的能力和素质才能达到理想效果；协商主体亦是需要在制度的框架内才能发挥能动作用。所以，应对风险，还需要对协商治理的参与主体和外在制度所需要的基本条件给予关注。

第一节 协商态度——尊重 宽容

在风险社会中，文化、历史、传统、种族的差异作为一种社会现实，既是稳定的，也是随历史而变化的，并且日益产生着新的文化差异。因此，风险社会同时也是一个多元社会，不仅仅因为风险的来源是多元的，更主要的原因是风险背后的文化亦是复杂多元的。文化差异会产生普遍的、令人烦恼的冲突和分歧。而要想跨越这种文化差异，如果相互之间缺乏尊重和宽容，就难以对风险问题达成共识。随着全球化的拓展，交流的深入，这种差异导致的冲突更加频繁和严重。在多元化和异质化的大背景之下，如何缓和并解决这些冲突变得更棘手。而在解决问题之前，我们要认识和分析问题，并保持正确的态度和立场。协商治理作为一种认识、分析和解决风险问题的机制,在多元差异引起的冲突和分歧面前,它鼓励和提倡的基本态度是尊重和宽容。

一、尊重

多元性与协商治理有着非常密切的联系,是协商治理的重要前提,也是协商治理的重要特征,它规定了协商治理的问题特质和主要任务。在全球化时代,由于普遍而频繁的文化交流,多元文化的政治特征尤为明显。在一个由多元文化团体组成的社会中,不同文化团体要求其建立在种族、宗教、性别或语言之上的集体身份得到承认的过程中,因多元文化间交往、对话和理解的需要会产生、形成和发展出风险。然而面对风险时,文化的多元性容易导致个体对风险的认识和化解难以达成一致,因此,在协商的过程中,协商主体首先要尊重他人。协商治理是平等主体通过积极参与并针对共同关注的话题,群策群力、各抒己见,最终达成共识,解决问题。尊重他人是协商治理的基本前提,是协商治理得以顺利进行的基石。在风险社会中,如果缺失最起码的尊重,协商治理就无从谈起。

尊重是指敬重、重视,是对对方的体谅和理解。每个人的内心里都渴望得到他人的尊重,但尊重并不是无条件的,要想得到他人的尊重就要先懂得如何尊重他人。在协商治理的过程中,要尊重他人的身份、地位、人格、看法和权力等。尊重他人是一种高尚的美德,是个人内在修养的外在表现,是当代公民德性的重要体现,也是公民素质的现实表征。尊重他人是一个人的政治思想修养良好的表现,是一种文明的社交方式,是顺利开展工作、建立良好社交关系的基石,也是友好磋商风险问题的基本前提条件。给予他人发表自己关于风险看法的空间是尊重,即使自己不认同他人的主张但依旧维护他说话的权利同样是尊重。在风险社会中,基于多元化的背景,每个协商主体对风险的认识和理解必然会存在歧义和不同;另外,风险是指向未来可能性范畴,而不是事实范畴,这种不确定性更是加大了协商主体之间的分歧。加之,协商主体之间不同的文化背景、利益关系以及价值诉求,导致对风险的态度、看法会迥然不同。在这些差异面前,只有相互尊重彼此的判断和选择,最后达成的协议才具有合法性,并能够得到公众的自愿遵守和践行。

协商治理作为一个新型民主的实践形式和化解风险的重要机制,倡导并要求各参与主体应该尊重各种不同的利益,承认多元社会的复杂利益冲突和分歧。协商治理作为一种民主的政治实践形式,不否认政治的基础是利益;在具体的协商过程中,我们无法将协商主体的相关背景加以"悬置",以使他们以一个纯粹的、简单的甚至雷同的行为者参与进来。同时,协商在风险社会的复杂情势下,鼓励协商主体公开和转化各种利益,以维护公共利益。协商过程中的对话和讨论趋向于使参与者的偏好转向公共利益。这样,在化解风险的过程中,可以使各个协商主体在尊重彼此利益的基础上,始终以公共利益为中轴,使协商的方向始终沿着公共利益的轨道行进。

在协商解决风险的过程中,之所以需要协商主体之间的相互尊重、以公共利益为轴线,重要的原因在于使弱者可以发出他们自己的声音,公共利益就能够听到弱者的声音,保证那些最弱势的群体利益最大化。协商治理是在反思和批判代议制民主的局限中发展起来的,也是对古希腊直接民主的复兴。相较于代议制民主,协商治理主张,在解决事关大众的风险问题的时候,参与主体不应局限于政治代表、法官、媒体评论家、技术官僚和其他精英,而应由问题和决策的相关者的全面参与,尤其是弱者的参与。不论是代议制民主还是古代的直接民主,忽视弱者的诉求、淹没弱者的声音都是其内在的缺陷和疏漏。针对一项事关大众的事情进行协商,如果仅有强者的博弈,没有弱者的参与,那么,即使最终作出了决定,也只是为维护强者一己私利的决策罢了。但是在风险社会中,风险的隐蔽性和不可预测性,使得在协商解决风险问题的过程中,不存在权威、专家和强者,没有任何一方可以霸占话语权,即使弱者的建议和意见也是关系到成败与否的关键一环。所以,尊重弱者的参与权和表达权,不仅仅是因为弱者力量薄弱、能力有限,需要其他人的鼓励、关照和帮助,更重要的是无处不在、无时不有的风险已经模糊了强弱之间的界限,强者和弱者只有通过共同的努力才能克服风险、趋利避害、化险为夷。

二、宽容

风险是指向未来的不确定性状态,并具有隐蔽性、复杂性和摧毁性的特征,这就导致公众很难准确认识风险和有效化解风险。加之多元化的背景,使得在公共协商的过程中,经常会出现"仁者见仁,智者见智"的状况。为了缓解纠纷、减少分歧,就需要协商主体相互宽容。宽容有利于妥善解决争议,推进协商治理的进程,最终达到规避和化解风险的目标。

宽容,即允许别人自由行动或判断,耐心而毫无偏见地容忍与自己的观点或公认的观点不一致的意见。宽大有气量,不计较或不追究。之所以在解决风险问题的过程中需要宽容,最重要的原因是:协商主体具有理性。理性是"对思想的思想",它能对社会风险进行批判性审视,以确认风险的真正来源和可能的影响,同时对不良后果保持一种警觉。可见,理性可以产生多样的、异质的主张和见解,为公共协商提供丰富的素材。所以,正是因为每个人都具有一定的理性,协商才变得可能和必要,民主也才有实践的意义和价值。理性意味着思考、判断、选择和决定,也意味着不同的主体对同一个问题可能会有不同的见解。对于风险的认识和判断亦是如此,不同的协商主体,对于风险会有自己的看法。协商治理作为一种民主实践形式,其本身也非常重视和强调基于理性的公共协商和公民参与,强调化解风险的政治决策能够充分考虑普通公民的意见、建议,尤其是弱者的声音。公共协商就是交换理性的对话过程,目的是解决那些只有通过人际间协作与合作才能解决的问题情形。①"协商治理的一个主要优点在于,它致力于使理性在政治中凌驾于权力之上。政策之所以应该被采纳,不应该是因为最有影响力的利益取得了胜利,而应该是因为公民或其代表在倾听和审议相关的理由之后,共同认可该政策的正当性。虽然传统的共和主义存在某种精英主义的倾向,但当代的协商者认为,较之以利益为基础的民主,协商治理潜在地具有更大的包容性和平等性。"②所以,协商治理注重理性的价值,但协商治理毕竟不是利益的争斗场,也不是相互妥协的平台,诉求并不是利益的零和博弈。或许可以说,协商治理更像是一个公共论坛,通过理性的沟通和协商,最后取得符合公共利益的结果。

协商治理理论认为,多样性甚至可以促进公众利用理性,并使民主生活生机勃勃。因为不同视角、利益和文化意义的对抗使得人们相互了解对方的偏好和观点,并向他们揭示其自身作为视角价值的经验。倾听那些不同于我、我的同事的观点,让我知道了他们眼里的我的境遇,以及他们认为我与他们的关系,对于具有权力、权威和特权的团体来说尤其重要。③ 因此,协商治理鼓励包容、参与、倾听、尊重、理解的原则,为分歧和冲突的解决提供了共同合作的方法。

包容性是协商治理的一个重要特征,正是因为具有包容性,协商才具有了民主的特性,并把它与集体领导区别开来。它贯穿于协商的全过程,体现在协商的每一个方面。从主体的角度看,所有的公民或者说政治共同体的每个成员都具有平等参与决策的权

---

① [美]詹姆斯·博曼:《公共协商.多元主义、复杂性与民主》,黄相怀译,中央编译出版社 2006 年版,第 25 页。
② Iris M. Young, Communication and the Other: Beyond Deliberative Democracy, in S. Benhabib ed. Democracy and Difference: Contesting the Boundaries of the Political, Princeton University Press, 1996, pp. 120 - 135.
③ 陈家刚:《协商民主与当代中国政治》,中国人民大学出版社 2009 年版,第 107 页。

利。现代社会的多元特征要求少数派能够通过公开参与公共协商的过程,来产生具有约束力的政治决策。另外,协商主体不仅包括当代人还包括未来的几代人。所有的利益包括当代人和未来子孙后代的利益都在"协商"中得以体现。从协商决策程序上看,每个公民都可参与到政治对话中,并有表达和被倾听的平等权利。在公共协商过程中,公民通过持续的合作和讨论、交流,以预防非理性,并坚持程序的可修正性和决策的可逆性,认真考虑每个参与者的观点,以使决策结果容纳每个人的观点,特别是少数立场在形成多数结果中就能发挥重要作用,尽力达成所有人都能接受的意见。就协商所反映的内容来看,决策结果不仅要考虑到观念差异的背景,平等对待他人的利益,还要求提出他人和政治上可接受的各种观点和理由,试图包容公民的希望、计划和愿望,并找到恰当的解决办法,不能以对理由的重要性的主观判断或者团体间的利益而左右协商治理的结果。因此,我们可以看出,公共协商不仅是澄清技术和道德信念的过程,而且是人们表达自己愿望和利益的过程,其中参与者共同寻找某种路径,使不同的、有时相互冲突的利益和欲望实现融合。[①] 作为一种不同的行为主体交换信息、辩论、协调相互间的关系,共同商议以达成协议的沟通行为,公共协商具有社会功能,有助于相互理解和团队建设。在一个利益分化、文化多元的复杂社会,只有包容理性的交流,才可能形成最大限度的共识,实现社会关系的和谐。

包容性是风险社会中实现协商治理所必备的条件,具体到每一个社会里的人,保持宽容意味着对那些本身是可欲倾向的抑制。典型的情形是,人们所产生的不宽容倾向本身是适当的,因为这是对错误行为的反应,但宽容不仅仅意味着只有错误的或不好的行为才能被宽容。虽然人们不能因为他人具有某些美德而宽容他

[①] 韩冬梅:《西方协商民主理论研究:兼论比较视野中的中国协商民主理论构想》,中国社会科学出版社2008年版,第44—45页。

人,但是人们能够宽容具有美德之人的不足之处。人们能宽容他人深思熟虑的谈话方式,或者宽容他人非常迟缓但又系统、周全的思考方式,等等。在所有诸如此类的例子中,人们所宽容的行为既不是错误的,也不必然是不好的。它们只是缺少某些才能。我们这么说并不是要吹毛求疵。实际上,人们缺少某些美德或才能的原因可能是而且通常是,因为他们具有其他的并且与此不相容的美德和才能。当我们宽容他们的缺点时,我们可能意识到这是他们的美德和个人长处在另一方面的表现。这也许是我们宽容他们的真正原因。因此,宽容具体表现为如下状况:虽然这是他人的缺点或不足,但为了不打扰他人,或者为了让他人有所获益或者保全利益而抑制可能对他人所采取的冷淡的和不友好的举动,或者是抑制采取这类行动的一些倾向——尽管这些行为本身可能具有道德意义,同时它们也是基于对他人或者他人生活特征的厌恶或者敌视。①

在现代多元社会情境下,妄图排斥一切异质的东西,偏执地追求同一的价值取向是不切实际的。那么,宽容便是个人必须具备的一种德性。大致看来,宽容有两种不同的涵义。一种是在日常生活中,克制个人的情绪,原谅他人的无心之失,这与"自制"的精神相符合。美国哲学家科恩在《什么是宽容》一文中指出,"宽容行为是指在多样性情境中,行动者认为有力量去干涉而不去干涉敌对的他者及其行为的一种有意识、有原则的克制"。② 宽容是在人际交往中,个人明确自己是正确的情况下,对他人与自我信念和判断相冲突的言论和行为的宽厚、谅解和容忍。它意味着个人不纠结于他人的错误,而是努力挖掘他人的优势和价值,以获得自身更大的提升。这是宽容的个体道德之维。另一种是在公共讨论中,

---

① [英]拉兹:《自由的道德》,孙晓春译,吉林人民出版社2006年版,第413—414页。

② 刘曙光:《宽容:历史、理论与实践》,《哲学动态》2007年第7期。

第四章 协商治理运作：内在主体与外在制度的双重变奏

允许不同的意见表达，这与"协商"的精神相一致。当代英国著名学者齐斯·佛克指出："政治不能否认差异的存在。若没有分歧和利益冲突，我们就不需要政治。但是，政治的整个重点便是要寻找妥协的空间，创造共同利益，创造能够和平协调差异与冲突的统治体制。"[1]在公共论辩中，"应该考虑各自重大的意见——不是从特权者有限的视角来看，而是从整个社会的宽广视角来看"[2]，也就是保证共同体中的所有公民都拥有合法的程序或渠道以获得对其主张的申述权，并且把个人的差异转化为合作体系中积极的互补因素。这是宽容的制度伦理之维。

因此，包容性和理性、合法性一起组成协商治理必须满足的三个核心条件。"协商治理的包容性是指每一个政治共同体的成员都在平等的基础上参与决策；理性指达成的协议是由协商过程中提出的各种理由决定的，而不是投票者的利益、偏好或要求的简单聚合；合法性指每一个参与者都理解决策是如何达成及达成的原因，即使他或她个人不同意决议的观点和理由。"[3]要注意的是，协商决策之所以是合法的，正是因为它具有理性和合法性。

尊重和宽容是公民主体素质的重要体现，为协商主体在协商过程中畅所欲言提供了前提条件，也为公众齐心协力化解风险注入了可能性。在认识和化解风险的过程中，协商主体之间的歧见和差异是协商的常态，也正是相互之间存在不同，风险才真正成为风险，协商治理才具有存在的必要性。面对这种常态化的差异，仅有协商治理的程序设计还不足以成功化解风险，而需要协商主体彼此间的尊重和包容，这是贯穿协商过程始终的态度，也是关涉成功化解风险的基石。

---

[1] [英]齐斯·佛克：《公民身份》，巨流图书公司2003年版，第142页。
[2] [澳]菲利普·佩迪特：《共和主义：一种关于自由与政府的理论》，刘训练译，江苏人民出版社2006年版，第250页。
[3] [南非]毛里西奥·帕瑟林·登特里维斯：《作为公共协商的民主：新的视角》，王英津译，中央编译出版社2006年版，第81页。

第二节 协商地位——自由 平等

协商治理,简单地说,就是公民通过自由而平等的对话、讨论、审议等方式进行公共决策和公共政治生活。[①] 其本质是一种民主治理。也就是说,在公民就各种议题进行协商之前以及协商过程中,都需要各个协商主体处于自由平等的地位,否则,协商治理就会变质和流于不公。在风险社会之前,尤其是在中世纪祛魅以降,自由平等成为人类追求的宝贵价值。在自由平等的旗帜下,谱写出一篇篇震撼人心的不朽华章。即使在人类风险社会,自由平等也具有无可否认的价值,是公众解决风险难题的前提。

一、自由

自由作为一个历史悠久而又历久弥新的话题,在人类历史上特别是近代以来,是人们反对专制、追求个人独立的重要价值追求。自由是人之所以为人的核心理念和基本属性,千百年来人类为获得自由进行了持久不懈的斗争,在某种程度上说,人类的历史就是一部人不断追求自由的斗争史。

在风险社会中,我们不能低估自由的价值,因为经过历史的积淀,社会发展至风险社会,"自由"这一字眼已深入人心,任何人都无权剥夺他人的自由。况且,每一个风险的形成、发展和影响都可能涉及很多人,在这种情况下,就需要各利益主体共同面对,但联合的前提是每个人是自由自愿的联合,自由意味着不受强制和干涉,他人无权强迫他人做任何事情。另外,协商治理作为化解风险的重要手段,在其内涵、运作机制、价值诉求等部分都蕴涵着自由的要素。

[①] [美]詹姆斯·博曼、威廉·雷吉主编:《协商治理:论理性与政治》,中央编译出版社2006年版,第1页。

在人类政治思想史上,对自由的诠释最为著名和清晰的,一个是邦雅曼·贡斯当,他将自由划分为古代人的自由和现代人的自由,他在1819年出版的《古代人的自由与现代人的自由》中,十分清晰、雄辩地阐述了两种自由之间的区别:一是个人独立性的保障领域,一是参政的权利。他指出,现代人的自由是个人生活独立性的自由,古代人的自由则是参与集体决定的自由。贡斯当主要是通过这种区分,指出这种区别是现实民主自由的追求过程中人们所忽视的问题,即对公共生活的参与不应当成为限制个人私人生活领域隐私权和自由选择权的借口。而另一个对自由的剖析极为深刻的是以赛亚·柏林,以赛亚·柏林在贡斯当关于自由划分的基础上,对两种自由进行了重新定义。他将自由划分为消极自由和积极自由。这两种自由的区分就在于自由的边界不同,消极自由以个体为起点,强调个人权利和利益的保护,主张"在没有其他人或群体干涉我的行动程度之内,我是自由的。在这个意义下,政治自由只是指一个人能够不受别人阻扰而径自行动的范围"[1],所以,消极自由重在要求和保护个体的私人领域,是一种不让别人妨碍我的选择为要旨的自由。而在积极自由中,"每个人想成为自己的主人,都要自我导向、自我实现的那种愿望"[2],自由的主旨在于自己的争取,自己拓展自由的范围。所以,积极自由几乎没有边界的限制,是一种以做自己的主人为要旨的自由。

全部历史其实就是人类争取自身解放的一部自由的发展史,正如恩格斯所说的:"文化上的每一个进步,都是迈向自由的一步。"[3]人从与动物界分离的第一天起,就开始运用自我意识对自己的活动进行反思,探寻人生的意义和价值,追求自由和幸福。

---

[1] [德]柏林:《两种自由概念》,陈晓林译,转引刘军宁等编:《市场逻辑与国家观念》,三联书店1995年版,第201页。

[2] 应奇:《两种自由与分合——一个观念史的考察》,《哲学研究》1999年第11期。

[3] 《马克思恩格斯全集》(第9卷),人民出版社1971年版,第126页。

"路漫漫其修远兮,吾将上下而求索"。在世界文明史上,自由一直是人们追求的"圣物"。它既包括人类征服自然的痕迹,也包括了人类改造社会的认识成果。所有这些,都是人类思想宝库中的丰富遗产。在风险社会和协商治理的运作过程中,所推崇的自由是指一般意义上或者说是一种复合型的自由,自由"意味着个人的意志自觉、自主和自律,也就是说,每个人都是他自己的意志活动的主人,可以在不同的道德价值面前自主选择、自由作主宰、自我负责"。① 自由是人的根本权利,它源于个人的主观愿望和意志自觉,是人的主观能动力量的本质象征。"我有……的自由"这一短语通常具有两层内涵,它可能意味着我可以、我能如何。第一种意义上的自由表示一种许可,第二种意义上的自由表示一种能力,我可以和我能之间的区别,是与自由的客观范畴和主观范畴的差异相对应的。"我可以"意味着主体本身所处的环境是提倡和保障自由的,而"我能"意味着主体本身就有实现自由的能力,诸如自由意识、自由行动能力等。表示许可的自由和表示能力的自由是相互关联的,因为撇开能力的许可与未经许可的能力同样空洞无物。任何一个主体的行为自由都涉及主体的行为和客观的许可条件。只有这二者的对立统一才能真正实现主体的自由,然而它们不应该被混淆起来。为了应对风险社会中各种危机和难题,"我可以"和"我能"这两个自由的侧面都不可偏废,只有在主观和客观这两个范畴都有效保障自由,才可能使我们趋利避害。

尽管我们的文明在迅速而深刻地发展,但与此同时,特别是自第二次世界大战以来,文明也正在经受着严重的"衰落"。尽管这种论调稍显悲观,但现代性之路确实面临着后果严重的风险,现代性之隐忧悄然显现。查尔斯·泰勒在其著作《现代性的隐忧》中,提出了三个隐忧,其中一个重要的隐忧就是"自由的丧失"。现代

---

① 周国文:《自由的价值及其界限和责任——公民伦理的基本属性》,《理论与现代化》2006年第2期。

第四章 协商治理运作：内在主体与外在制度的双重变奏

性所丢失的自由与现代性所实现的自由实质上是同一个历史进程中的两个不同方面或者不同表述。在泰勒看来，现代性正经受着两种自由丧失的风险。第一种是在工具理性的主导下个体生活与社会关系的全面异化，这类自由的丧失是基于制度性和结构性的，因此是现代性本身的风险后果。第二种自由的丧失则相对隐蔽，因而也是不易察觉的风险。[①] 托克维尔在《论美国的民主》中一针见血地指出，现代政治自由的丧失表现为一种"消极的自由"，即个体沉浸于自身的舒适生活和人的兴趣之中，忽视与遗忘参与公共政治生活，这实际给一种不同于家长制的"温和的专制主义"开了方便之门。面临的风险就是我们失去了作为公民能共同运用的政治自由，"而政治自由的丧失则意味着，留下的选择不再是我们作为公民所做出的，而是由不负责任的监护权力所做出的"，由此而导致的风险就是"有组织的不负责任"，即权力不受监控导致决策的失误，许多环境灾难、生态风险、经济危机，甚至政治动荡，都与行政监控的真空或无序密切相关。[②] 查尔斯·泰勒对自由丧失的深刻诠释，实际上折射出风险社会中自由的两个意涵没有得到真正实现。就"我能"这一方面来说，在风险社会中，由于资本主义和消费主义的侵蚀，使得个体沉浸于自身的无度消费中，在满足消费欲望的快感中，享受着没有任何内容和意义的自由。至于公共生活，一味追逐消费享乐的个体已经无心参与其中，几乎已经失去了自己参与政治的意识、能力和自由。另一方面，在风险社会中，"我可以"的自由更加难以实现。因为在风险社会中，风险本身就隐含着不确定性，这种不确定性使得任何制度、组织都无法给予个体以足够的安全感，更无法提供自由的保障。

自由是协商治理的基本理想，也是协商治理的价值诉求。协

[①] ［加拿大］查尔斯·泰勒：《现代性的隐忧》，程炼译，中央编译出版社2001年版，第12页。

[②] 潘斌：《社会风险论》，中国社会科学出版社2011年版，第202页。

商治理作为民主政治的实践形式和化解风险的机制,其主张的自由是"我能"和"我可以"的主客结合。在风险社会中,风险的深度和广度也日益扩展,风险成为现代社会的重要特征,这就使我们陷入到前所未有的风险环境之中,各个领域潜藏危机。面对这种潜移默化的风险威胁,协商主体在主观上应有"我能"的自信。人类的自由自信在风险社会中反而得到了更高水平的考验和展现,使人的主观能动性得到更为淋漓尽致的发挥。人类在对风险的不断反思中,使自身对风险的意识也获得了极大的拓展。首先,为了认识和剖析风险的真实面貌,风险社会理论得以应运而生。风险社会理论的提出,标志着人们对风险的理论研究达到了一个全新高度。风险社会理论通常都将风险社会定义为充满各种风险与危机的社会,并以此来对当代存在的诸如生态风险、环境危机、核风险、疯牛病、金融危机等等各种风险进行了具体描述和概括,围绕着风险社会起源、特征、风险的作用、规避风险的路径以及风险社会的历史发展等问题,形成了理解和把握风险社会的基本立场。另外,为了减小风险的消极影响,人们努力探索规避和化解风险的途径,风险管理尤其是协商治理就是最具典型的代表。所以,面对风险的时候,在主观方面,协商主体应该具有"我能"的意识和自信。

"我能"仅仅是自由的一个方面,要实现真正的自由还需要"我可以"的辅助和推动。协商治理理论为协商主体"我可以"的自由提供了有效的外部保障。协商治理本身就是一种制度形式,是基于人民主权原则和多数原则的现代民主体制。在这种民主体制的佑护之下,自由平等的协商主体,以公共利益为共同的价值诉求,通过理性的公共协商,在达成共识的基础上解决风险问题。在协商治理的运作过程中,协商主体的参与是自愿的、非强制的,并且,协商主体主要是通过公共讨论和辩论过程参与风险决策过程。另外,通过协商治理所得到的决定,来自于自由的个人在充分了解风险背景的前提下,在认真思考、充分讨论,研究比较各种不同解决方法而作出的决定。自由既是协商主体的权利,也是协商治理的基本前提,更是风险决策合法性的重要理据。

所以,在风险社会中,协商主体只有具备了自由的主客观两个方面,才能使协商治理的运作机制顺畅运行,使所得到的化解风险的措施得到公众的认可和支持。

二、平等

自由是协商治理的基本前提,平等却是自由的前提。风险矛盾和风险危机的解决,也不能离开平等。因为一旦协商主体之间出现了地位、身份的不平等,就会导致强者霸占话语权,而弱者的呼声却被埋没。最终,使化解风险的决策遵循强者的利益导向,而使弱者承受更大的负担。这种不平等所致的结果,使协商治理蜕变为精英政治或利益集团主导的治理,使风险不能得到有效解决,而且很有可能增加新的风险。况且,不平等本身就是与协商治理格格不入的,协商治理的概念厘定中隐含了平等的前提,其运作程序中强调了平等的要求,其价值诉求中彰显了平等的价值。面对复杂多变的风险境况,如果没有自由平等的平台,协商主体无法进行有效的讨论和商谈,也无法真正践行协商治理,更无法成功规避和化解风险。

平等是人类理解或建构民主的重要理念,那么协商治理所需要的平等是一种怎样的平等呢?博曼认为,民主协商观念意味着一种规范的政治正当性理想,为使决策合法化,对每个公民的理由都必须给予同等的关注和考虑。合法决策在两种意义上需要平等:第一,公民必须是平等的;第二,他们的理由必须给予平等的重视。[1] 协商治理作为化解风险的政治机制,需要的平等是具体的、相对复杂的,主要涉及以下几个方面:首先,机会平等,即平等获得政治影响力的机会。具体地说,民主协商需要获得政治影响力的

---

[1] [美]詹姆斯·博曼、威廉·雷吉主编:《协商民主:论理性与政治》,陈家刚等译,中央编译出版社2006年版,第236页。

平等机会。影响力不仅仅体现在投票。德沃金对影响力与影响作出了有意义区分:"某个人在政治中的影响只是依靠自身通过投票或选择一种决策而放弃另外决策而表现出的差异,而某个人的影响力不仅仅是依靠自身,而且还通过引导或诱导其他人像他那样相信、投票或选择所产生的差异"。① 对这种影响力的强调表明:民主需要的机会平等具有程序与实体两个维度。其次,资源平等。这主要是确保个人同意其他人所提出的观点确实不是被强制的;而如果要提出具有说服力的观点,协商参与者还需要具有平等说服能力。托马斯·克里斯蒂安诺主张资源平等,即协商过程的参与者应该平等地占有协商所需要的各种资源,如收入、权利、资格或机会等;平等是理解协商治理的基本要素之一。② 最后,能力平等。考虑到我们对民主安排产生结果的不确定性,这种不确定性就无法要求结果的平等。因此,比较而言,机会平等是不充分的,资源平等是不现实的,所以还需要每个协商主体在能力方面的平等。博曼认为,能力平等体现着协商治理理论的根本特征,所谓能力平等,就是所有公民都必须培养那些赋予其实际参与公共领域的能力,包括有效的社会行为的能力、参与共同活动并在其中实现自己目标的能力。③ 具体体现在人们之间表达真实偏好的能力、利用文化资源的能力、认知能力等方面的平等。能力平等适合协商治理所需的社会和文化条件,它使公民能够充分利用程序所赋予的机会、利用掌握的资源,消除政治贫困,实现成功的协商,因此是协商治理平等理想的主要诉求。协商治理模式主张的政治平等原则和自由原则有着内在的联系。能力平等使公民能有效参与公共领域、有效利用公共自由,从而超越了程序机会或资源聚合而扩

---

① [美]詹姆斯·博曼、威廉·雷吉主编:《协商民主:论理性与政治》,陈家刚等译,中央编译出版社2006年版,第213—214页。
② 陈家刚:《协商民主与当代中国政治》,中国人民大学出版社2009年版,第27页。
③ 陈家刚.《协商民主》,上海三联书店2004年版,第163页。

大了政治权利和自由。在错综复杂的风险社会中,何以需要这三方面的平等,主要原因是:

第一,机会平等是协商治理的前提基础。杰克·耐特和詹姆斯·约翰森指出,民主协商需要平等获得政治影响力的机会,这种影响不仅仅通过平等公民的投票权来表现,重要的是,需要通过自身的权威、通过自身具有说服力的理由,来影响他人改变他们的选择。[①] 协商治理的核心是非强制性地提出或接受合理的观点,所以,它需要更为实质性的平等的政治影响机会。从个体参与者角度来看,它有助于保证没有人能够利用因为权力与资源分配的非对称性产生的优势来使参与者违背其自由偏好的投票或行为。在另外一层意义上说,平等的影响机会要求不能使任何人处于不公平的劣势地位。政治平等要求,当人们就某一问题作出最终决定时,权力与社会资源分配的非对称性不能在决策中发挥作用。

在实践中,协商治理的参与者如普通公民必须与政府官员、专家学者等是平等的。这就意味着所有政策协商的参与者都有确定问题、参与讨论、提供争论的证据和形成议程的同等机会。普通公民与政府官员等合作共同决策,共享政策的支配权。不过,由于在既存体制中决策过程参与者的权力是不平等的,所以上述理想状态的实现是存在困难的。因此,为了实现共同决策的理想目标,决策过程应该在实施和分析问题上为那些弱者提供受教育和准备的机会,使他们努力获取各种层次的技术和法律专业知识。

第二,拥有平等的可支配资源是协商治理顺利进行的重要保障。在传统意义上,人们力图用经济不平等理论来衡量福利或贫困。这种不平等可以用不同方式来衡量,如福利、资源、机会、基本品(primary goods)等。民主过程中的制度设计虽然足以给予公民真正的机会来影响涉及其利益的决策,但是即使在设计恰当的

---

① [美]詹姆斯·博曼、威廉·雷吉主编:《协商民主:论理性与政治》,陈家刚等译,中央编译出版社2006年版,第212—213页。

制度中，无法实现真正的协商也是可能的。因为，弱势群体可能根本无法参与适当的公共领域，他们缺乏协商所必须的基本的资源。资源的分配或者再分配很可能会不考虑或忽略增加弱势群体的效用。资源平等是保证公民参与公共协商的最为基本的保障性条件。

为了确证资源平等的意义，应该关注两个可能影响社会权力和资源分配同相关政治能力形成之间关系的机制。第一个也可能是最重要的机制，涉及物质资源与认知能力之间的关系。民主协商的基本合法性在于个体公民的有效参与，有效参与则反过来根据这些公民的认知能力而定。与培养认知能力相关的规范政策建议至少包括政府对教育的支持，尤其是为贫困或物质匮乏的公民提供经济保证。然而，尽管政府对教育的支持是必要的，但这仍然是不充分的政策反应，因为不平等收入与财富对培育认知能力过程中的非对称性影响完全超越了教育的机会。大量科学证据表明，智力的发展明显受童年的贫穷与营养不良的影响。最近有研究指出，物质资源的匮乏会影响到食物和环境，它们以各种方式危害着贫困背景中的个人的认知发展。这些研究的主要意义在于，民主协商过程的有效参与所需要的认知能力的培养，要求政府财政保证有效参与的社会经济条件。第二个政策机制的目标是避免权力和资源的社会分配同利用文化资源的偏好和能力发展之间的关系所产生的潜在困难。科恩与罗杰斯建议国家干预创造财政激励以建立和培育协商治理的次级组织。在他们看来，次级组织鼓励与协商活动相关的各种能力发展，因此也可以促进平等的影响机会。

第三，个体参与者的能力平等是协商治理取得更好发展的补充性条件。虽然资源平等是基础性的条件，但追求更好的平等理想，必然要求关注个体参与者的能力平等。人类的多样性意味着行为者具有不同的将客观条件转变成人类机能并因此选择有价值生活的能力。因此，只有基于能力的理由才能够解释对协商治理中的公民存在较高要求的政治平等理想。如果公民无法在公共领域充分发挥作用,那他就既不具有影响力,也无法实现自己的目标。协商政治为了维护民主,它就不会只偏袒那些社会强势公民。所有参与协商的公民都必须具有最低限度的能力。这些能力包括:第一,明确表达真实偏好的能力。第二,有效利用文化资源的能力。"文化资本主义"对少数民族造成了政治问题。少数民族需要用社会主导团体的语言来表达自身的观念和需求。在这个意义上,这些少数民族团体很不熟练或者极端地说完全无法利用主导团体的语言和概念,他们缺少平等机会以影响协商机构成员采纳能够表达其特殊需求的政策。第三,基本的认知能力与技能。我们将此看成是更广泛的认知能力范畴的一个方面,它是协商过程的核心。除非每个参与者都具备有效表达和维护说服性观念的认知能力和技巧,否则,将没有真正的政治影响的机会平等。

综上,协商治理作为化解风险的重要机制,需要机会平等、资源平等和能力平等的平衡和统一。这三个平等可以划归为两类:一类是程序性平等,另一类是实体性平等。程序性平等是民主协商的先决条件,也就是在确定讨论议程和决策的阶段要保证平等的参与。程序性平等要求民主协商在制度设计上不会给予特定参与者以特别的优势,而是能提供一定的程序以保证人们之间依靠公开的理性争论作为遏制权力的有效利器。在协商治理中,参与者不仅在程序上具有平等性,而且在实质上也具有平等性。它通过制度化控制程序,使参与能够保证每个人都有平等的机会参与决策、影响决策。在实质平等方面,它主要剔除权力或资源占有的不平等,在协商中的每个人都有影响结果的平等权利。在这里的平等性如同佩特曼所指的完全参与,即受决策影响的人都有权参与,最终决策权不是属于一方,而是决策中的每个人都平等地享有决策结果。[1]

　　从以上的分析中,我们看出,平等的因子折射出协商治理的优点。第一个优点是,协商治理提高了民主决策结果的质量。公共协商通常会提高结果的质量,而协商过程中的平等应该增强这种效果,因为它使得社会中所有参与者的观点和利益都尽可能地得到倾听和接纳。这在化解风险的时候,平等地参与和协商,可以使潜藏的风险和可能的风险后果尽可能多地被公众所认识和发现,而这有利于制定更为完善和健全的应对之策。第二个优点是,在协商治理的过程中能够平等地对待所有的社会成员。因为在风险社会中已经不存在绝对的权威,每个人都会受到风险的影响和困扰。所以在进行公共协商的过程中,每一个个体都是平等的参与者,都与正在应对的风险有着或多或少的联系,也都可以为化解风险之对策贡献力量。而且,讨论和协商的制度会影响公民之间理解的认知条件的分配,这是政治平等原则所产生的作用。平等制度承担着广泛分配理解的认知条件的任务,从而使人们具有各种手段来增强对自身利益的理解,并反思其政治上相关的道德信念的基础和优点,以及促进它们的最好方式。

　　但是在协商治理中,平等作为一个复杂的概念,产生着复杂的影响,这些影响也是我们在赞誉协商治理的同时,需要清醒认识和努力克服的。第一,政治平等包括程序和实质两方面要求。对协商治理来说,政治平等需要有效参与的保障,因此也需要关心个体参与者参与相互说服过程的能力。第二,评价政治平等的存在和范围比我们对政治平等的认识要困难得多。有效参与是通过复杂方式影响民主过程和结果的标准。但在协商安排中,这种影响常常是很难识别的。第三,为了保障每位公民享有平等的政治影响机会,社会必须采取必要的措施保障每位公民有能力有效参与协

---

[1] [澳]何包钢:《协商民主:理论、方法和实践》,中国社会科学出版社2008年版,第20页。

商领域。在某些条件下,这既需要权力和相关资源的再分配,也需要接受国家对公民的不平等对待。[①]

而且,风险社会带来了新的不平等与社会不公。贝克指出,风险社会的转型意味着新的矛盾与分配模式的转换。"在旧工业社会中,财富分配的原则和风险分配的原则是一致的;而在工业风险社会中,这些分配的原则并不相同。一方面,统治者继续控制着财富,而却将风险留给了社会底层。贫穷仍旧继续发挥着对肮脏、毁坏、毒品、噪声等坏作用的引力——它是全国性,尤其是国际性的——贫穷不是划时代意义变革的原因。另一方面,迄今为止,工业体制正在承受着来自那些享受其成果后的报复。"[②]因此,风险社会的到来使得阶级社会中旧的冲突并没有消失的时候,重新又产生了新的不平等。在社会阶级之间、社会阶级当中、民族国家内、民族国家之间、全球的穷人和富人之间,新的不平等正在出现。

综上所述,在风险社会的背景下,平等不论是在协商主体的条件中还是在协商治理的运作机制中都扮演着重要角色。风险信息的收集、风险情景的认识、风险原因的分析和风险决策的制定,都离不开平等的协商主体予以充分交流,离不开平等的协商程序予以外在的保障辅助,更离不开平等的协商决策予以化解风险。当然,仅仅通过协商治理的政治实践机制还不足以保障平等的完全实现,还需要经济的、文化的、社会的各方面力量予以支持,也需要每个公民的自觉奋争和孜孜以求。

[①] 陈家刚:《协商民主与当代中国政治》,中国人民大学出版社2009年版,第32页。
[②] 薛晓源、周战超:《全球化与风险社会》,社会科学文献出版社2005年版,第324页。

第三节 协商方式——公开 公正

协商治理是一种针对公共事务而展开的协商整合、合作自治或协商决策的开放的、公开的活动,牵涉多个公民或社团的利益,因此必须保证参与协商治理的主体能有效地表达自我利益或价值意见并参与公共的辩论。这就需要协商治理的程序必须遵循公平与正义的原则,对协商的参与者、参与过程和参与结果都保持中立,排斥任何权威的强迫、压制和欺骗行为。

一、公开

"协商过程所提出的各种理由应该能够为所有参与协商的公民所理解。协商是在公共空间进行的,而且,协商的内容也是公开的,我们不能用神的启示来证明某项决策的正当性,不管决策本身在本质上是神圣的还是世俗的,都是无法接受的。"[1]在协商治理的理念中,每个人都有权利知道和评判对自己具有约束力的政策或法律。因此,协商治理的公开性特征包括:首先,协商过程是公开的,整个程序是公众知悉的;其次,协商参与者在讨论和对话过程中公开自己支持某项政策的理由和偏好;再次,立法或政策建议是公开的,公众知道政策的形成过程。协商过程的公开性使决策的理由更理性,结果也更公正。讨论中提出并最终被公民接受的理由必须首先满足公开性的条件,也就是说,其理由必须让所有公民信服。[2]

参与主体的理性公开性是协商治理方式能够发挥实质作用的

---

[1] Amy Gutman and Dennis Thompson: Why Deliberative Democracy. Princeton University Press, 2004, p. 7.

[2] James Bohman & William Rehg, Deliberative Democracy: Essays on Reasons and Politics, The MIT Press, Cambridge, Massachusetts, London, England, 1997, p. 322.

前提。主体的多元性需要赋予协商之公共事务以多元的视角和多样的经验感受。为了构成该公共事务的社会知识图景和形成决策的理性共识,需要各个主体公开其利益或价值主张。所以,协商治理要顺利有效地展开,就要求参与各方都要诚实地公开自己的信息,以便他方的审视和批判。如果协商参与者基于私利或偏见而对自己的真实意见加以遮蔽,则既可能增加协商的难度,又可能导致协商结果的低效或无效。但通常而言,私利或偏见的遮蔽虽然损害公共协商,但也不会给遮蔽者带来预期的利益。因为这样达成的共识性结果,既不能反映或维护遮蔽者的利益和价值,又使遮蔽者的利益和价值由于没有经历公共理性的辩驳而无法获得社会性的理解和尊重,进而要么遭受歧视与排斥,要么受到社会的漠视,最终都难以有效伸展。

因此,协商决策参与主体的理性认知结构都是开放的,他们并不固守自己的一孔之见。在公开的理性辩驳中,那些缺乏事实证据和逻辑证明的情境化知识将被剔除,而能获得事实佐证和逻辑证明的情境化知识将获得更多参与者更大范围的心智认同。这种各方依据公共的合理性标准展开的对于决策问题的公共认知过程,就是一个去伪存真、由表及里的分析认知过程,它最终能够引导协商决策参与团体对决策问题作出客观全面的认识,把握住该问题的本质、矛盾症结和运行规律,把公共政策建立在"求真求实"和"科学理性"的基础上,实现科学决策。

第一,在协商治理过程中,公开性使参与者都拥有公共知情权与公共批判的可能。所有利益或价值都必须在公共论坛上为自己的存在作出理性的辩护,接受他人基于理性的质疑,所有的协商过程都能够被公民仔细审视。通过使支持政策的各种理由公开化,人们就能够对这些政策的前提和含义提出疑问,他们就有机会评论这种协商并指出可能的矛盾或事实上的疏忽。因此,公开性能够强化这样的观念,即每个人都有权知道和评判具有集体约束力政策的道德、法律或理论依据。

第二,公开性避免了政治资源秘密的、幕后的政策协定。因为秘密的、幕后的政策协定和交易,一方面往往是强势者之间利益均衡的结果,势必导致对弱势者的利益漠视或排斥。它不仅使弱势者的利益得不到有效充分地表达,利益也无法获得政策性体现和维护。另一方面,秘密的、幕后的交易所达成的决策共识通常只是反映了部分强势者对该社会公共问题的理性认知和道德评价。其决策依据陷入了片面化的困境,既不能反映出社会公共问题的症结所在而导致决策目标错位,又无法获得多数人的认同而功能失效。因此,协商治理对幕后交易的有效避免,从另一个方面彰显了它的公开性特征,主张协商合作参与各方进行公开的协商讨论,同时参与者们也知道,他们需要公开其理由和动机以寻求公众支持其建议。

第三,公开性明确揭示了公共政策与特定思想或意识形态的关系,使参与主体能清晰地意识到自己与公共决策之间的关系,从而增强对公共决策认同和执行的责任性。在这过程中,协商治理中各种意见主张的力量(或说服力)来源于公共理性和公共道德的支撑。不管是居于任何地位之主体的意见主张,在协商合作中都不具有丝毫的、先在的地位,都必须在公共理性和公共道德面前为自己的存在和张扬进行公开的阐释和转化。而正是由于对各方意见主张评价标准的公共性,参与协商治理的公民个体或组织团体的意见表达才获得了公开性,要接受各方参与者的审视与公共理性和公共道德的评判。这种多方参与的面对面公开表达,在保障信息传递真实性的同时,也带来了参与各方的认知完善和偏好转移。这在一定程度上克服了民意调查中存在的弊端,即将公民的心智或偏好结构加以固化,进行简单的数目聚合。

第四,协商治理的机制本身是公开、开放的。它不断地吸纳与决策所指向的社会公共问题具有相关性的新社会意见或解决方案。协商合作决策机制的公开性以它特有的方式承接并消融着这些决策压力。一方面,它不断将新的社会性议题吸纳进协商合作决策机制之中,使社会民意获得渠道化的合法表达的同时,也发掘和确定新的决策起点——新的社会公共问题;另一方面,它在针对吸纳进来的社会公共问题进行协商决策时不预设任何政策结果,以协商过程寻求政策基础或公共政策的合法性。对于这一点,哈贝马斯和卢曼都认为,在高度复杂的社会里,"政治再也无法预先设定其决策基础,它必须为自己创造这种基础。它必须在一个具体的情境下为自己创造合法性,从形成共识的机遇和追求的结果来看,这个情境是开放的,结构也处于不确定状态"。[1]

第五,公开性深化了公共协商的普遍教育功能,承担着政治社会化的重要职责。因为通过观察公民分歧、协商与合作的过程,公民就能够在公共利益超越狭隘自我利益的程序中受到教育。所以,协商治理只有满足公开性这个条件,才能真正使得决策具有合理性,保证结果更加公正,做到让所有公民信服。

由此可见,随着当代政治主体素质和能力得到极大提高,公开协商治理的过程,推动治理向公民主体的回归已是应有之义。另外,技术的发展使建立透明治理成为可能。公民普遍地参与社会民主治理,必须以公开性为前提。治理过程公开可以使公民及其社团组织与公共权威之间展开充分的信息沟通、密切的行为互动。而当代信息技术的发展和多维媒介的传播,使政治阳光运作和建立全过程参与型的公民治理成为可能。秘密决策和公民断点式的民主参与治理在治理公开性面前要么退化,要么居于次要的地位。

二、公正

协商治理是各公共治理主体通过公共协商达成交互理解而实现合作目的的交往行为。为了达到公共治理的目的,公共治理的主体和主体之间就自然要进行商讨、争论和协商。因此,民主、公

---

[1] [德]哈贝马斯:《合法化危机》,刘北成、曹卫东译,上海人民出版社2000年版,第174页。

正的话语规范的建立是必需的,而这最终将落实到公平正义的程序和规则的制定上。通过公平正义的程序和主体间自由认同的方式达成共识,排除任何特权和暴力的滥用,维护和保护每个主体的权力和自由。这样一来,协商治理要想实现公正有序地开展,必须诉诸正义原则的指导。

在罗尔斯看来,正义原则内含着两个具有层次关系的内容。第一个原则是"每个人对与其他人所拥有的最广泛的基本自由体系相容的类似自由体系都应有一种平等的权利"。第二个原则是"社会的和经济的平等应这样安排,使它们被合理地期望适合于每一个人的利益;并且依系于地位和植物向所有人开放"。① 整体审视之,会发现第一个原则优先于第二个原则。"这一次序意味着:对每一个原则所要求的平等自由制度的违反不可能因较大的社会经济利益而得到辩护或补偿。财富和收入的分配及权力的等级制,必须同时符合平等公民的自由和机会的自由。"② 也就是说,在协商合作中,罗尔斯反对以平等损害自由。除非这种不平等有利于改善社会中最少受惠者的生存境况。这样,正义原则在协商治理中的资源被采用将保证参与者在公共协商中不会因为自然和社会环境的偶然因素获得额外利益或不公正的损害。

因为"正义原则处理的是分享生活合作所带来的利益时的冲突要求,它们适用于在若干个人或若干团体之间的关系"③。从这个角度来看,正义原则就是合作利益的公共分配原则,它具有公开性且为大众所掌握和运用。但是,在正义原则作为协商合作治理系统利益的公共分配标准时,其差别原则尤其应该受到重视。具体而言,正义之中的差别原则就是"社会和经济的不平等应这样安排;使它们:适合于最少受惠者的最大利益;依系于在机会公平平

---

①② [美]罗尔斯:《正义论》,何怀宏等译,中国社会科学出版社1998年版,第60—61页。
③ [美]罗尔斯:《正义论》,何怀宏等译,中国社会科学出版社1998年版,第16页。

等的条件下职务和地位向所有人开放"。① 这一原则内含着补偿、互惠和博爱等精神原则。它们在公共协商中的运用,在极大意义上保证了协商治理能成功有序的进行。其中,"补偿原则"强调,为了平等地对待所有人、提供真正的同等的机会,社会必须更多地通过增强社会弱势者参与政治的能力和保障他们公平参与的机会,避免对那些天赋较低和出生于较不利社会地位的人们造成实际的政治排斥。"互惠原则"则强调,在公开的社会合作利益的分配中,要避免占据优势地位的群体进行零和博弈,加剧弱势群体的边缘化。不仅如此,优势群体还应该改善弱势群体的地位,提高他们的福利,有时甚至不惜牺牲自己的部分利益。这样,互惠精神使公共协商中的参与各方将补偿原则置于重要地位,在协商的过程中实现利益的互长与和谐。"博爱原则"更是进一步改善了社会弱势群体在利益分配格局中的地位,吸引着社会各个群体参与协商治理。对弱势群体的补偿、利益的互惠和对弱势群体的博爱,将适度地纠正自由竞争所产生的政治不平等现实,吸引和鼓励弱势群体的参与,照顾弱势群体的利益。这在扩大公共协商参与基础上,将更有利于消除公共协商中的价值分歧和利益矛盾,推动内含公平正义之良好社会秩序的逐步建立。

内含着公平的正义原则的公共道德在协商合作决策活动中的贯彻和运用,将在两个方面潜移默化地推动协商决策具有适度的伦理性。它将"把道德思考融入决策的全部过程之中,在决策的每一个环节都要运用相应的方法进行伦理分析和道德判断"②,以内含着公平的正义原则的公共道德平衡着各方对自我利益和价值的诉求。

首先,它将消除协商治理当中出现的社会性伦理问题。这里的社会性伦理问题是指在协商性决策过程中存在的违背社会公共

---

① [美]罗尔斯:《正义论》,何怀宏等译,中国社会科学出版社1998年版,第16页。
② 许淑萍编著:《决策伦理学》,黑龙江人民出版社2005年版,第15页。

道德规范(如正大光明、公平公正等)要求的不道德行为,如欺骗、歧视等。它们的出现会扰乱决策主体的道德意志,改变决策的正确选择。而贯彻在协商决策行为当中的内含着"公平的正义"原则的公共道德,则能有效地消除这些伦理问题。其中,欺骗行为在公共协商中既经不住公共理性的公开检视而终将暴露,也因得不到公共道德的支持而付出丧失个人诚信的成本。而歧视行为,在公平的正义原则中更缺乏公共道德的维护。因为内含着公平正义的协商道德及其制度化产物——如协商体制、协商程序等,都主张维护参与者在参与协商机会的协商过程中的平等性。

其次,它将引导协商决策追求内含着公正的协商共识。公平的正义原则及以其为核心的协商公共道德在协商决策行为中的贯彻,一方面将调节参与各方对各自利益的谋求,促使最终产生的协商共识内含着公正的性质,因为"公平的正义"的第一原则要求所有参与协商的主体都具有平等的自由权利。协商决策过程中,任何参与主体都拥有平等的机会参与协商决策,表达自我的利益和价值诉求,不受任何非理性的或外在于协商体制的强制或胁迫。这样,遵循公平的正义原则所达成的协商共识,将依据参与各方的意见主张获得公共论证的情况而不同程度地反映着他们的诉求,保证协商共识内含着公正性。另一方面,公平的正义原则及以其为核心的协商公共道德,将平衡建立在公共理性基础上的理性共识,促使协商共识在公共理性的基础上也具有伦理道德方面的公正性。公共理性,以求真、求实为目标,在决策行为中追求以效率为中心的最佳决策。而内含着公正原则的公共道德则以求善、求美为目标,赋予决策结果一个公正性。"公平的正义"的第二原则要求协商中不平衡的安排要有利于社会最不利者。这在一定程度上赋予公平理性追求的最佳决策以道德的均衡。因为在各方利益和价值诉求的最终体现和维护上,协商共识可能基于社会正义的考量,牺牲部分源于科学理性带来的效率,而追求效率和平等能够有效兼顾的协商共识。要在求真、求实的基础上求善、求美。所以,公共理性和内含着公正原则的公共道德,作用于协商过程并内化在协商共识中。它最终将保证协商合作决策的结果不仅能经受住理性事实的考察,而且能经受着道德情感的检视,获得更大的社会认同和更高的执行效率。

因此,要想保证协商治理能够公正地开展,正义原则是一个不可或缺的重要因素。这不仅能够获得人们的自愿忠诚和广泛应用,以差别原则所内涵的精神消除了公共协商中的不公正现象,而且它会赋予公民合作精神,提供合作治理的框架,成为社会协商治理的共同基础。

第四节 协商结果——共识 责任

风险社会是一个利益分化、阶层分化乃至意义价值分化的多元社会。协商治理作为化解风险的重要机制,其目的不只在于体现民主精神和勾勒共同讨论的氛围,更不是无休止的讨价还价和无谓争吵。协商治理要追求的目标是使参与各方达成共识、分清责任。通过协商治理机制的有效运作,以及自由平等的协商主体在经过理性协商、尊重宽容彼此的基础上达成共识、厘定责任,共同面对风险带来的困难和危机。

一、共识

为了应对风险社会的复杂状况,变挑战为机遇,协商主体之间最终能否达成共识,成为关系协商治理成与败的关键一环。协商治理的结果能否取得基本共识,使得社会成员和平共处已经成为现代风险社会的一项重要任务。基本共识就如同粘合剂一样,把分化的个人和组织凝聚在同一个机体当中,成为维系社会的一个关键要素,以共同应对各种风险。而一个没有共识基础的风险社会,不可能是一个具有凝聚力的社会,更不可能是一个和谐的社会。因而,协商的结果能否在各个参与者中达成共识就是一个富有意义和迫切性的话题。

共识原本指主体间理解的协调、通约和一致,一个社会不同阶层、不同利益的人所寻求的共同认识、价值、理想和想法。共识并不是要抹平差异、追求同质意见的达成,而是要通过充分的讨论,使公众形成个人意见,将意见分类、梳理、归纳、总结,然后进行系统化和精致化的表述,这一过程,不是对公众意见的同一化过程,而是对公众意见的凝练和提升过程。所以,共识并不等于所有社会成员就所有问题或大多数关键问题达成一致意见,而意味着我们要养成人际互动、讨论、争辩、协商和妥协的习惯,要容忍异议的存在,甚至要克制自己、时刻保持冷静。"达成共识"即指达成理解的一致意见。在协商理论中,共识是协商希望达致的目标和结果,是政治过程参与者在充分协商基础上形成的对所讨论的问题表现出的一致性。科恩将达成共识看成是协商治理的一个关键特征。理想协商的目标是实现理性推动的共识——发现对所有承诺其行为依据在于平等公民对各种选择所做的自由、理性评估结果的参与者具有说服力的理由。

但是,即使在理想的条件下,保证实现共识的理由也不会是现成的,共识也可能无法达成。那么,如果无法形成达成共识的理由,寻求合法决策的协商最终还是需要通过投票,即遵守多数原则的某些形式来实现决策。当然,通过协商共识实现集体选择与通过多数原则投票聚合非协商偏好,这两种情况,其结果可能是不同的。因此,在协商治理那里,共识是合法决策的基础。在风险社会中,之所以强调要达成共识,最主要的原因是当前社会是一个多元化的社会。与几乎同质的传统社会不同,现代社会是一个异质的多元社会。有学者从四个方面概括了多元社会的几个主要表现,即职业与身份的多元化、文化与价值的多元化、利益与冲突的多元化、社团与组织的多元化。[①] 这说明人们之间的差异存在于多个

---

① 郭定平:《从多元社会谈及政治共识》,《社会科学》1993年第8期。

领域、多个层面,多元异质社会已经成为一种常态社会。但是,风险社会需要一些共识性和一致性,以使公众能够同心协力克服风险的威胁。那么,在相互冲突的多元社会中是否存在一些基本共识,使得各利益主体能够团结一致、彼此合作就成为现代多元社会不可绕过的一个根本问题,也成为事关人们能否应对风险社会的一个重大挑战。因为倘若公众之间没有一定的社会共识,风险社会中的风险将会无以抵挡、肆意扩散,最终导致各种危机、动乱、分裂甚至崩溃的爆发。而对于是否能够达成共识这一问题,如果我们换一个视角来看,就会发现在多元异质的基础上包含着达成共识的可能。由于每个主体都处于多元利益格局当中,社会分工的日益拓展,使得各利益主体单靠自己的力量实现自己的利益的社会已经一去不复返了。因而,从某种程度上而言,现代多元社会是一个紧密的合作系统,这个系统为各利益主体达成共识提供了一个商谈的平台。它使各利益主体认识到,虽然多元社会里充满着利益与价值的冲突和竞争,但是多元社会决定了各利益主体之间是一种互惠共享、相互依存的关系。因而,只有通过与他人合作才能实现自身利益出于自律的理性,各利益主体间有可能也必须进行对话与合作,以达成某种共识。由此来看,在多元社会里有可能达成某种基本共识。另外,从风险社会的层面上看,在全球化和一体化的驱动下,风险的涉及面和影响范围已经扩展至全世界,渗透到日常生活的方方面面,风险威胁着每一个个体的生存和发展。因此,基于对自身利益和权利的理性考虑,每个人都会意识到,为了化解和避免风险,谁都无法置身事外。

协商治理之所以能够作为规避和化解风险的有效方式,重要的原因就在于协商治理致力于共识的达成。努力形成共识是协商治理对协商主体的一个内在规定性,是衡量协商治理是否有效的一个参照系。但是,协商治理并不要求全体公民在相同或所有理由上保持共识,因为对于解决现代社会特有的各种普遍道德冲突来说,全体一致很明显是无法实现的要求。博曼使用"多元一致"

来描绘民主合法性的概念。"多元一致只是要求公共协商过程中的持续性合作,即使是持续的不一致。在多元社会中,不是说单一一致无法通过公开的正当性而实现;相反,融合不是公共理性或讨论的必然要求,而是民主公民的理想。这种理想并不要求所有公民出于相同理由而同意,它只要求在相同的公共协商过程中,公民能够持续合作与妥协。"①

为了寻求应对公共挑战的路径,政治过程的参与者必然会在恰当的行为路径上达成一致。当不同团体的人们利用协商对话考虑关于公共问题的各种观点时,他们就能够完善公共判断,并能够形成实现有效公共政策和持续性共同体行动的共同基础。因此,共识是一种更成熟的、经过深思熟虑的舆论。当人们完全了解自己、自己的目标和精神价值,以及了解他人、他人的目标和追求时,他们就会在判断时重视这些事实。协商对话是帮助人们就复杂问题形成公共判断最理想的方式。通过这种方式,人们可以将其个人经验与问题联系起来,增加相互理解,探究问题的价值和假设,并利用理性观念和分析以实现恰当的公共政策方向。

二、责任

责任对人类来说是最基本的道德规范,无论是个人还是复数以上的个人组织的协作行为,都承担着相应的责任,否则人类社会就难以存在。责任是社会成员根据社会需要和个人能力确认的自己应当承担的社会任务。每个社会成员,根据所处经济关系和社会关系,经过理性思考和自由选择,自觉自愿地承担和履行的任务,就是承担责任。因此,责任是行为主体对在特定社会关系中社会任务的自由确认和自觉服从。② 人之所以能够进行选择并承担

---

① 转引陈家刚:《协商民主:概念、要素与价值》,《中共天津市委党校党报》2005年第3期。

② 程东峰:《责任论》,中国林业出版社1994年版,第14页。

相应的责任,主要在于人的自由。因此,人的责任范围和责任限度是与人类的自由选择能力紧密相连的。历史证明,随着科学技术的突飞猛进和人类的实践活动的重大飞跃,人们的自由度越来越大,人的自由选择能力也不断提高。因此,人的社会责任变得比以往任何时候都更为尖锐。

政治生活渗透性的加强和公共事务的增加,要求公民的普遍政治参与。经济和社会的发展,导致超越个人利益和管辖权的范围拓宽和事务增加。公民与公共权威在原有的政治互动之外,又在这些新的领域中就不断产生的带有公共性和私人性相交融的新事务展开新的互动。而治理作为一个社会资源分配的有力方式,也吸引着公民参与其中来保护私人利益和推进公共利益。公共事务的增加客观上为公民提供了更多的参与机会。治理在资源分配中的地位与作用又吸引着公民的政治参与。因此,协商治理的过程并非是某一协商主体单独行使权力的过程,各个协商主体之间存在着权力的依赖和互动,通过公共自由平等的讨论、协商和决策,共同承担着协商治理的责任。这种责任只存在于参与者之间,对参与者之外的人来说并无责任,在社会的协商民主治理中主要是公民群体。因此,协商治理的公共性使得参与协商的主体不仅应该在协商合作的框架中进行公共事务的决策,而且要求参与协商治理的主体必须为自我的利益或价值做出公共辩护。

在协商过程中,参与者首先应该提供理由说服所有其他参与者。按照协商治理的规范概念,协商过程的参与者不仅要提供理由,而且要提供可以说服所有参与者的理由。因为协商过程的参与者都同等重要,都是平等的,并不存在高低优劣之分,如果仅仅有部分认同,那么就会侵犯少数人的权利。正如乔舒亚·科恩所说,协商的目的是寻求"说服所有参与者承诺根据协商结果行动的理由",协商参与者都有责任提供他们真诚希望说服其他参与者的非强制、非暴力的理由。当然,要提供使所有人都信服的论点是困难的,甚至是不可能的。但是,这并不意味着这一责任是无效的。

这里主要是要求协商参与者要抱着这样一种心态去参与协商,要尽最大努力去说服他人,至于具体的结果如何,则不是说服者可以控制的。因此,从被说服一方来看,也就具有了参与者的第二个责任。其次,参与者都有责任对他人的理由和观点作出回应。在协商中,应该是更好的观点的说服力而不是权力决定自己的提议的命运。这就在协商过程中发挥了平等化的功能。这种责任意味着即使是弱者的各种观点也必须得到重视,如果没有这种责任,那么有些人的论点就会被忽视,尤其是那些社会资源比较少的弱势群体,而握有较多资源的人则会从中受益。即在协商过程中发挥作用的不是讨价还价的权力,而是更好的观点的力量。因此,这就形成了协商治理责任性特征的两个内容:一是公共决策自身隐含的公共责任。换言之,公共决策源于公民的协商政治参与,要向公众负责。正如博曼所强调的:"就最低限度而言,公共责任要求在任何制度中都得有个政治性的公共领域,在那里,政策能变得对公众负责。"[①]因为在协商框架里,通过所有利益相关者的公开理性参与,公共决策可以为自己找到决策的根据,成为较为科学的公共决策;同时,它也在公共领域中为自我的存在找到了政治正当性,受到社会普遍承认。这就避免了强势利益或价值之间就公共决策进行幕后交易。二是在协商框架中,参与公共事务的利益相关者,公民或其组织的公民责任性。作为需要决策的公共事务的利益相关者,公民或其组织对社会秩序的维护和自我利益或价值的扩展,具有就公共事务的解决提供理由的责任和在理性交融后自觉履行公共决策的责任。提供理由的责任,根源于公民或组织对协商正当性的认可。这不仅将形成他们协商解决政治问题的责任,真诚地表达自我的信息、偏好和信念,降低对信息遮蔽的自利动机;而且,它还将形成他们追求真理性认知和"公共善"的责任,为自我的利

[①] [美]詹姆斯·博曼:《公共协商:多元主义、复杂性与民主》,黄相怀译,中央编译出版社2006年版,第49页。

益或价值作出公共辩护(即提供能让其他参与者认可的理由)。当我的理由缺乏公共说服力时,参与者可能转而放弃或改变自我的偏好。提供公共理由的责任性改变着参与者的动机。参与各方公共的理性辩驳和交融,促成了公共决策。参与各方就被赋予了履行公共决策的责任。因为公共决策来源于参与各方的理性交融,最终体现或蕴涵着公共理性和正义精神。参与各方在履行公共决策问题上受到自我理性认知和社会道德伦理的双重规范。最后,为了形成一个共同接受的建议,有责任根据协商进程中提出的论点修改建议。公共协商不能纯粹被理解为交流、并过滤不恰当理由的过程,而是认真考虑每个参与者观点的论坛。但是,在这种环境中认真考虑人们的观点并不是耐心地听讲,然后向他解释错误的原因,因为其观点缺少充分的理由。相反,结果应该容纳每个人的观点。通常来说,这是不可能的,但它是协商治理努力的方向,与参与者的目标应该相互融合。

因此,应对风险的协商机制是负责任的。协商使每个行为主体明确自身与他人的责任,明确公共利益的决策来自各方的共识。在风险社会中,没有人能够逃避休戚相关的责任。"协商民主赋予协商参与者'特定责任',即参与者彼此负责,而不是对协商过程之外的人承担责任。它们包括:提供协商过程中所有人都能接受的理由;倾听并真诚地回应他人的理由和观点;尽力达成所有人都能接受的意见。"[1]"因为其对于公共利益和系统检视政策选择后果的责任,使公民得以看到个人行为与较大共同体利益之间有时不太清楚的联系。作为协商民主的核心,协商过程是对当代自由民主中流行的个人主义和自利道德的矫正。……协商民主将使人们清楚地看到,政治共同体的每个人都是更大社会的一部分,其福利

---

[1] [英]马修·费斯廷斯泰因:《协商、公民权与认同》,王勇兵编译,《马克思主义与现实》2004年第3期。

有赖于其承担属于自身的那份集体责任的意愿。"[1]协商结果不仅充分考虑了参与者的需求和利益,而且这种考虑又建立在经过公开审视的责任分担基础之上,反映了可以抵御"有组织地不负责任",体现出更高程度的集体理性和道德责任。

总之,在风险社会中,人类理性的有限性尤为突出,人的预见能力是极为有限的,我们的行动常常导致无法控制的结果。因此,我们必须不断加强对自身行为的反思,责任伦理在风险社会中显得尤为重要。由于责任伦理是实践的,它不是专注于"良知",而是更强调行动及其后果。我们的活动创造着现在,也创造着自己的未来,应该对自然、自身及子孙后代负责。因此,在协商治理中,协商主体需要担负一定的责任。不仅要提出有说服力的观点,而且要耐心倾听他人的观点,最终还要能根据别人的建议修改自己的观点。这要求协商主体不仅要有较高的认知和表达能力,还要在对待自己和群体意见上具有灵活性,内心拥有愿意与人沟通交流以寻求共识的愿望,必须公开并且愿意根据提出的各种观点来重新考虑其利益,保持开放、包容的心态。即使协商最终并不能达成共识,而只能通过投票来进行决策,但是因为彼此有了充分的理解与了解,对于最终决策的形成过程,在每个个体内心也更能接受与认同,这些都赋予协商的结果以合法性的基础。

---

[1] [美]乔治·M·瓦拉德兹:《协商民主》,何莉编译,《马克思主义与现实》2004年第3期。

第五章

协商治理：应对和化解社会风险的有效路径

第一节 转型期的中国社会风险治理

伴随着改革开放的深入推进，我国目前已经进入了经济和社会急剧变革和巨大转型的时期。在这一时期，一方面，我国的经济和社会取得了巨大的进步，尤其以经济成就最为瞩目，当前我国已经成为世界第二大经济体，同时社会转型也在稳步推进。另一方面，与成就相对应的是，我国也进入了被称为经济和社会发展的敏感阶段，即在这一阶段，人均 GDP 超过 6 700 美元，也就是从发展中国家向中等发达国家过渡的阶段。所以，这一阶段也是社会矛盾频发、社会问题集中的高风险时代，按照德国社会学家贝克的解释，就是进入了"风险社会"。

一、转型期中国社会风险的表现

当前，中国社会正经历着一场前所未有的波澜壮阔的社会转型，即从一个以农业经济为基础的传统社会转向一个以工业经济、信息经济为基础的现代社会；从一个集聚性社会转向一个多元化社会。这种转型是一个长期的、步履维艰的过程。在这个过程中，社会必定会面临着比以往任何时代都复杂的不确定因素或始料未及的风险，社会结构经历着剧烈的、整体的根本性变化，社会竞争加剧、社会流动加快、社会分化加速、社会风险丛生。加之中国的社会转型不同于资本主义早期的社会转型,由于全球化的嵌入,中国社会转型呈现出显著特征。

(一)制度性风险

现阶段中国社会面临的诸多风险,更核心的来源是社会制度结构层面。关于制度性风险,目前学界通常理解是由于制度变化太快,所产生的不确定性导致了人们行为的不确定性,这实际上并非制度性风险而是人们的行为风险。真正意义上的制度性风险是指制度自身被预期的功能缺失或发生偏差而导致社会不稳定的可能性,它具体表现为现有制度的不公正、缺乏新的制度应对风险、制度规则运转失灵所带来的社会风险,如贫富差距、社会保障滞后、腐败问题等。

贫富差距拉大。收入差距是市场机制的产物,但可以通过合理的制度设置来调节收入差距,避免贫富差距的扩大。然而,在现阶段中国,制度安排的不公正或缺失造成了贫富差距的进一步拉大,如利益协调机制的缺失。目前我国贫富差距拉大的风险主要表现在以下几个方面:一是基尼系数依然较大。国家统计局发布的数据显示,自 2003 年以来,我国基尼系数一直处在全球平均水平 0.44 之上,2008 年达到最高点 0.491,之后基尼系数呈回落态势。[1] 按照联合国有关组织规定:基尼系数若低于 0.2 表示收入绝对平均;0.2—0.3 表示比较平均;0.3—0.4 表示相对合理;0.4—0.5 表示收入差距较大;0.5 以上表示收入差距悬殊。[2] 现阶段中国社会的贫富差距已经突破了 0.4 的国际警戒线,这一点需要引起高度的重视,尤其是 2016 年的基尼系数较 2015 年有所上升。二是城乡差距依然偏大。城乡差距具体表现为城乡居民收

---

[1]《2015 年中国基尼系数为 0.462 创 12 年来最低》,中国经济网 2016 年 1 月 19 日,http://www.ce.cn/xwzx/gnsz/gdxw/201601/19/t20160119_8372526.shtml.

[2]《基尼系数》,http://wiki.mbalib.com/wiki/%E5%9F%BA%E5%B0%BC%E7%B3%BB%E6%95%B0.

入差距。虽然城乡居民收入差距近年有所缩小,但3∶1的差距在世界上仍然偏大。如果考虑到城市公共产品和服务供给水平远超农村,城乡居民收入的实际差距还要大。① 三是区域差距明显。近年来,各地区的经济发展得到较快发展。但区域间的收入差距也相当明显。2015年城镇居民人均可支配收入最高的是上海,达52 962元,为甘肃23 000元的2倍多。再看2015年农村居民人均收入,上海为23 205元,为甘肃6 900元的3倍多。如何建立城乡居民增收的长效机制、缩小收入差距需要进一步努力。② 四是社会财富日益集聚。《中国民生发展报告(2015)》显示,中国目前的收入和财产不平等状况正在日趋严重。顶端的1%的家庭占有全国约三分之一的财产,底端的25%的家庭拥有的财产总量仅在1%左右。③

这种不断拉大的贫富差距引起了广大公众的强烈不满。据经济日报社中国经济趋势研究院编制的《中国家庭财富调查报告》发布的数据,2015年我国家庭人均财富为144 197元,其中城镇家庭和农村家庭的人均财富分别为208 317元和64 780元。城镇家庭的人均财富是农村家庭人均财富的3.22倍。除了城乡差异以外,家庭财富也存在着一定的地区差异。东部地区的家庭人均财富水平最高,中部地区次之,西部地区最低。④ 对目前社会贫富差距的现象,公众表示难以接受。贫富差距扩大的另一直接后果便是制约了中低收入者的消费,导致经济内需的不足,阻碍了经济的发

---

① 姚景源:《中国城乡居民收入差距要高于统计数据3∶1》,《人民日报》,2016年8月9日,http://money.163.com/16/0809/16/BU1R9UNC00253B0H.html。

② 《12省城镇居民收入"跑赢"GDP京沪人均8 000美元》,《光明日报》,2016年1月29日,http://www.ce.cn/xwzx/gnsz/gdxw/201601/29/t20160129_8626213.shtml。

③ 北大:《中国民生发展报告2015:1%家庭占全国1/3财产》,中商情报网,2016年1月19日,http://www.askci.com/news/chanye/2016/01/19/14422vp2i.shtml。

④ 《中国家庭财富调查报告(2016)发布》,新华社,2016年4月28日,http://news.xinhuanet.com/2016-04/28/c_1118765095.htm。

展。总之,贫富差距问题已成为引发各类社会矛盾和冲突的重要因素,它削弱了社会成员对于经济增长的认同,容易引起心理不平衡,潜伏着社会动荡的危险。

社会保障滞后。社会保障作为现代社会中的一个重要制度安排,是一个社会的稳定器和减振器。它可以保障每个公民最基本平等的生存权,消除或缓解现代社会每个社会成员所面临的各种风险,从而维护社会的稳定。然而,在改革开放后的一段时期内,由于我国重经济政策而轻社会政策,过度追求经济效益而忽视人的基本权利的发展状况,我国在社会保障方面的公共投入比例过小。近几年我国社会保障支出在不断增加,但社会保障的总量依然不足,且还存在不公平之处。中国社会科学院在2013年发布的《2012社会保障绿皮书》和《中国社会保障收入再分配状况调查》的报告中显示,近四成人认为养老金过少,甚至不能满足生活需要。不同养老保险制度的养老金最低200元,最高10 000元,最高与最低相差近50倍。[1] 这种社会保障的过大差距会使得民众的基本需求无法得到满足,民众容易产生对社会的不满情绪,从而损害党和政府执政的社会基础,进而引发社会矛盾和冲突。可见,社会保障问题已成为严重影响我国社会经济发展和社会稳定的重要因素。

腐败问题严重。制度的缺陷和规则的失效往往为腐败留下了可乘之机,正如习近平总书记所指出的:"没有健全的制度,权力没有关进制度的笼子里,腐败现象就控制不住。"在社会转型过程中,腐败已成为重要的社会问题,它给社会造成了严重的危害。一是造成巨大的经济损失。据公布的数字显示,这些省部级腐败问题官员涉案金额多在几百万元、几千万元。比如,中国石油化工集团

---

[1] 《中国社科院调查报告指内地养老金待遇最高差50倍》,《北京晨报》,2013年2月23日,http://365jia.cn/news/2013-02-23/33A38EC7A8D390B6.html。

公司原总经理陈同海受贿金额高达1.957 3亿元,被判死缓。[①] 二是加剧了社会的不公平。目前因权力所造成的不公平现象却越来越严重,造成了人们的极大不满。人民论坛《千人问卷》调查显示:96.11%的受调查者表示"由权力造成的不公平"是当前社会不公平现象最为突出的表现。[②] 可见,腐败问题如果不能真正从制度上加以妥善解决,就有可能成为社会危机的重要诱因,危及社会的稳定。

(二) 阶层性风险

一个公正、合理、开放的社会阶层结构是现代社会稳定与发展的前提条件。合理、适当的社会分层和差距既可以激发社会的活力,又可以维持社会的稳定。但如果社会阶层结构出现畸形化趋势,就会影响竞争的公平,进而影响社会的稳定。所谓阶层性风险是指由于不公正、不合理的社会阶层结构引发社会不稳定的可能性。现阶段中国的社会阶层性风险主要表现在以下三个方面:

社会主要群体弱势化。当前中国社会面临的一个突出的社会风险就是社会主要群体弱势化,这些群体主要包括农业劳动者、产业工人、城乡无业失业和半失业者等。据估算,当前全国居民低收入者以及中低收入者约占全部居民的80%多。[③] 他们经济上处于不利地位,生活状况不容乐观;政治上话语权越来越少,参与社会事务管理的渠道有限,对社会的影响力也越来越小;他们的政治文化素质普遍不高,民主权利意识较为缺乏。社会主要群体的弱势化意味着三大严重后果:削弱党和政府执政的社会基础,增加政治风险;大多数社会成员不能共享社会发展成果;削弱经济发展的拉动力。根据"短板效应"理论,一个社会的稳定与否并不取决于经济发展的增长速度和社会财富总量增加的状况,而是最终取决于

---

① 尤放:《陈同海案落定》,《中国石油石化》2009年第15期。
② 《民众最不认同何种不公——公众公平感调查》,《人民论坛》,2008年11月6日,http://paper.people.com.cn/rmlt/html/2008 - 11/01/content_132311.htm。
③ 吴忠民:《走向公正的中国社会》,山东人民出版社2008年版,第268页。

社会底层群体的风险承受力和生活改善状况。这些群体对经济下行、生活水平下降的承受能力最为敏感脆弱,容易产生消极、失望等不满情绪,一旦受到特定情景、特殊事件的刺激,就可能爆发较大的社会危机。

中间阶层发育缓慢。在社会冲突理论中,中间阶层是最稳定的社会力量,是社会的缓冲带。首先,当中间阶层成为社会主体,可以缓解社会高层与低层之间的冲突;其次,中间阶层代表社会温和的意识形态,在中产阶层中极端的、激进的思想和冲突论就很难有市场;再次,中间阶层也是引导社会消费的最主要群体,它能够保证社会庞大稳定的消费市场。社会中间阶层的比例越高,社会也就越稳定。但从现阶段中国的实际来看,这一阶层主要包括经理层、专业技术人员层及私营企业主层等群体,所占比例还很小,规模大约占就业人口的15%,今后每年将以1个百分点的速度增长。① 而在西方发达国家,这一比例则高达80%左右。对于中间阶层稳定社会的作用,亨廷顿曾有过形象的比喻:"中间阶级与稳定的关系,颇似富裕与稳定的关系一样,一支庞大的中间阶级犹如普遍富裕一样,是政治上的一支节制力量"。② 可见,中间阶层发育缓慢是现阶段中国社会阶层结构面临的又一重要风险。

精英群体的结盟。精英群体主要包括政治精英、经济精英和知识精英三大群体。具体来说,它主要包括国家与社会管理者、经理人员和私营企业主、高级专业技术人员等人群,所占比例为4.7%左右。③ 当前,精英群体利益结盟的风险已经日益凸显,"学而优则仕"、"商而优则仕"和"官员博士化"都是利益结盟的一些具体表象。一项调查显示,有28.8%的私营企业主人为"争取当人

---

① 张婉丽等:《现阶段中国社会新中间阶层的构成特征》,《江苏社会科学》2004年第6期。

② [美]塞缪尔·亨廷顿:《变化社会中的政治秩序》,王冠华等译,上海人民出版社2008年版,第239页。

③ 陆学艺:《当代社会流动》,社会科学文献出版社2004年版,第13页。

大代表、政协委员"最为迫切。[①] 精英群体结盟的后果之一就是降低社会的流动。改革之初社会各阶层之间的流动相当频繁,"精英循环"的可能性较高。但到了20世纪90年代中后期,情况发生了变化。其中变化之一就是权力阶层的优势依然保持,新兴的经济精英要么来自于"再分配"时期的权力阶层,要么与权力阶层有着这样或那样的关联,即出现精英的再生产。而一旦社会成员在体制内得不到正常的向上流动,就可能寻求体制外的渠道,甚至用非和平手段来达致目的。正如亨廷顿所言,"由于缺少流动机会而政治制度化水平又低,社会挫折同政治不稳定之间便产生了联系"。[②] 精英群体结盟的另一严重后果,就是导致垄断利益和以权谋私利益的出现,并形成对社会资源和机会的垄断。这些会直接损害为数众多的社会成员的利益,容易产生"相对剥夺感",引发广泛的公愤,造成极大的社会危害。

(三)文化心理性风险

文化心理性风险主要是由于经济增长的短视效应、社会主义核心价值的缺失和社会多元文化的冲突等多重原因所造成的文化的混乱和心理的扭曲,从而形成各种社会不稳定的因素。不可否认,当前中国的经济获得了巨大发展,同时也带来了文化心理层面的各种风险。亨廷顿曾指出,"经济增长不仅会用某一速度改善着人们的物质福利,同时还会以更高的速度增加着人们的社会挫折感"。[③] 换言之,经济的增长并未带来人们生活水平的提高,相反的贫富差距逐步拉大,极易使民众心理产生极大的反差,对社会不满、不信任,隔阂和焦虑情绪就会与日俱增,导致仇富心理的出现

---

① 中国私营企业研究课题组:《2006年中国第七次私营企业抽样调查数据分析综合报告(节选)》,《中华工商时报》,2007年2月16日。
② [美]塞缪尔·亨廷顿:《变化社会中的政治秩序》,王冠华等译,上海人民出版社2008年版,第42页。
③ [美]塞缪尔·亨廷顿:《变化社会中的政治秩序》,王冠华等译,上海人民出版社2008年版,第39页。

和平均主义心态的复发,从而增加社会动荡的风险。

平均主义心态。经济社会发展的不均衡导致贫富差距拉大,而发展落后的地区和获益较小的社会群体不满改革现状,甚至否认改革的成就。特别是对资源的差异性拥有,社会基础阶层具有较强的不平等感,这就会加剧他们的平均主义心态,尤其是一些社会弱势群体和受害者,其平均主义倾向更浓。平均主义追求结果上的绝对平等,要求不同素质、不同能力的社会成员得到相似或一致的回报。平均主义的实质是一种"劫富济贫",但与一般的剥夺现象有所不同,它是多数人对少数能力强、贡献大的社会成员的一种剥夺。也即是说,平均主义具有很大的社会危害。首先,平均主义缺乏有效的激励机制,"干多干少一个样"、"干好干坏一个样",容易抹杀个人的主动性、创造性和积极性,从而使得整个经济和社会的发展丧失活力。其次,它过分强调社会财富分配的绝对平均,而不考虑劳动者的成果和贡献。这样既使得缺乏竞争的氛围,无法达到资源的优化配置;也使"才不能尽其用",从而影响劳动生产率的提高,阻碍经济的发展。再次,平均并非等于公平、平等,其本身就是一种最大的不公平,"削高平低"、"劫富济贫",剥夺能力强、贡献大的社会成员,导致新的不公,引发社会的动荡。可见,平均主义已成为影响中国改革与发展的最重要的负面拉力之一。

社会信任危机。社会信任结构包括组织信任和个人信任两个层面。每一个社会得以良性运行都需要这两种不可或缺的信任,它们也是社会经济发展最根本的动力和保障。相比较而言,组织信任对社会影响更大,其实质是对社会秩序的信任,而以强凌弱、社会暴力和寡头垄断,都是信任结构缺失之后形成的社会秩序混乱的不可避免的组成部分。[①] 目前,信任危机是中国社会面临的又一重大风险,具体表现为政府组织和企业组织两个层面。一是

---

① 孙立平:《断裂:20世纪90年代以来的中国社会》,社会科学出版社2003年版,第137页。

政府信用危机。具体来说,政府的诚信危机表现在四个方面:首先政府部门寻求各自政绩的最大化,政策朝令夕改;导致政策缺乏连续性和稳定性;一些政府部门践诺能力缺失,推卸责任,无法兑现其对公众的承诺,难以取信于民;一些政府工作人员整体素质欠缺,知法犯法、欺压群众现象时有发生,导致政府形象的下降;政府信息不公开,政策的制定和执行等政务不透明。中国社会科学院发布的《中国社会发展年度报告(2013)》结果显示,在政府信任度方面,中央政府明显高于地方政府,地市以上政府明显高于县区以下基层政府,与群众关系相对松散的部门明显高于与群众关系密切的部门,东部地区政府明显高于中西部地区政府。[①] 二是企业诚信危机。首先表现为社会责任的缺失,如拖欠工资、违约、制假、虚开发票、偷逃税款、污染环境等,由此也造成了中国企业的公众信任度不断下滑。据调查,76.2%的企业存在"拖欠货款、贷款、税款"现象,63.2%的企业曾经"违约",42.4%的企业有过"制售假冒伪劣产品"的现象。[②] 2008年震惊全国的"三聚氰胺事件"便是"诚信缺失"的极端表现。其次,表现为行业垄断,损害民众利益。近年来,一些行业景象联合提价凸显了这一问题。如在2014年,重庆市物价局称,申通、圆通、中通、汇通、天天、韵达等6家快递公司调价前多次共同召开价格协调会议,并于2014年8月1日起统一提高了快递收费标准,存在相互串通、操纵市场价格的行为。随后,重庆市物价局也对上述6家快递公司下发责令整改通知书,要求立即停止违法行为,否则将会受到严厉的价格行政处罚。[③] 总之,社会信任的缺失既会严重削弱经济内需拉动力,极大地影响社

[①] 《政府信任度调查结果倒逼职能转变》,中国网,2013年12月31日,http://opinion.china.com.cn/opinion_87_89787.html。

[②] 《小康》研究中心:《脆弱的中国信用:2007—2008中国信用小康指数》,《小康》2008年第9期。

[③] 《快递联合涨价背后:电商亲密盟友关系破裂》,中国智能制造网,2014年8月15日,http://www.gkzhan.com/News/Detail/46314.html。

会经济健康有序的发展,也会造成政府公信力下降,严重削弱政府执政的社会基础,进而引发社会的冲突。

社会焦虑加剧。社会焦虑(social suspense),有学者称之为"社会紧张"或"社会挫折感",是指由社会中不确定因素在民众中产生的压抑、不满、非理性冲动等紧张心理,这一紧张心理集聚到一定程度就会形成社会张力,最终以社会冲突或其他方式释放出来。社会焦虑出现的背后就是社会价值观念的混乱和冲突。《中国青年报》社会调查中心的一项调查显示(2 134人参与),焦虑已经成为现代人的一种生活常态:34.0%的受访者经常产生焦虑情绪,62.9%的人偶尔焦虑,只有0.8%的人表示从来没有焦虑过;与5年前相比,有47.8%的人"更焦虑了",[1]而高学历者、穷人、领导干部和城里人被认为是更易产生焦虑情绪的人群。许多社会成员经济位置往往在较短的时间内就会出现一种此起彼伏、沉浮不定的状况,这使得他们对于自己的未来前景往往具有一种不确定的感觉,进而整个社会弥漫着一种焦虑不安的情绪和浮躁的社会氛围,使社会焦虑成为一个比较明显的时代特征。社会焦虑如若处理不当,会具有很大的社会危害性。首先,它容易导致社会成员的关系紧张,不利于社会人群的心理健康并可能促使社会问题的产生和恶化。其次,社会焦虑容易造成社会内聚力的下降,社会转型可能因内聚力不足而出现动荡。再次,社会焦虑对社会风险的承受力小,一旦出现一些特定情境和事件,社会焦虑就极易转化为狂热的冲动情绪,且极易受情绪感染,从而致使社会成员的非理性行为,形成连锁反应,演化为社会危机,引发大的社会动荡。正如美国社会学家戴维斯在"J曲线模型"中所指出的,当期待满足与实际满足之间的差距超过公众所能容忍的范围时,就可能爆发社会运动。

社会隔阂加深。随着中国社会阶层结构的逐步形成,社会各

---

[1] 林金芳:《缓解社会焦虑应有制度化渠道》,《中国青年报》,2006年12月5日。

阶层的隔阂也不断加深,这种隔阂最突出表现就是社会认同感低和阶层之间的对立。这种社会隔阂映射在地理空间上,表现为不同阶层和群体的居住区域的隔离,使得群体之间缺乏可供交流的社会空间,交往活动被限制在各自居住社区之内的空间中。这样的社会日益被肢解为多个具有不同时代特征的生活空间,形成一个断裂的社会。这种社会隔阂在心理层面上,表现为社会成员的社会认同感低和各个阶层间的对立情绪强烈。特别是泾渭分明的"贫富分居"容易造成穷人对富人的仇视和富人对穷人的歧视,放大阶层之间的不平等状态,导致各种社会问题的产生,不利于社会整体的和谐发展。总之,社会各个部分之间的猜忌与隔阂,极大地妨碍着社会信任的确立,刺激着各种纯粹自利的短期行为。很明显,这种情形是非常不利于防范社会风险或控制风险危害的。[①] 此外,在中国还有一个特殊的现象,就是农民工群体长期被拒之于城市主流社会之外。他们为城市建设和发展做出巨大贡献却不能享有城市居民的同等待遇,这极大地加深了社会的隔阂。

二、转型期中国风险的特征

风险来源多元性。中国社会属于内生型后发展社会,随着"总体性社会"向多元社会的转变,传统社会的社会结构和价值体系纷纷解组,而新的制度体系和价值规范尚未建立和完善,出现社会解组现象。伴随着政府主导的市场化改革的加强,我国社会面临的风险源具有多元化的特征,表现为自然风险、经济风险、政治风险、文化风险和社会风险等大量出现。

风险类型多样性。由于我国社会转型的特殊性,处于"非纯粹传统、非纯粹现代的混合型社会形态",社会"碎片化"和流动性增

[①] 郑杭生、洪大用:《中国转型期的社会安全隐患与对策》,《中国人民大学学报》2004年第2期。

强,使得存在于不同社会形态的风险共时态存在,贝克所说的前工业时代、古典工业社会和晚期工业社会的风险和灾难都程度不同地有所表现,而且各种风险互相叠加、交错复杂,加大了风险治理的难度。

风险放大可能性。当前,随着我国社会转型加速和全球化的不断推进,各种风险的大量涌现,存在着风险放大的趋势,而风险的扩散易引发失控的危险。当前,中国社会面临着风险放大的诸多可能要素,如人口规模巨大而人口整体素质偏低、各种社会要素(人口、资源、信息等)流动急剧增加、社会信任缺失、社会自组织不发育和国家权力过于集中、现代化发展的不均衡性等。诚然,风险增加和放大是风险本身的不确定性和潜在性使然,风险治理上的单极思维则是产生这些社会风险的更加主要的原因。"毫无疑问,我们不能消极地对待风险"[①],不能一味地采取技术和制度设计进行消极防控,因为"风险是致力于变化的社会的推动力"。

风险呈现全面性。我国转型期社会风险的范围包括经济风险、政治风险、社会风险、文化风险与自然生态风险等各种类型。同时,由于我国转型加速的特殊背景,必然会出现收入差距拉大、阶层划分明显、社会矛盾和利益冲突增加等负面效应。这些消极影响会渗透到社会生活的各个方面,每个社会成员都会面临着社会风险的威胁和考验。因此,我国社会风险的能量还会进一步释放,同时会伴随着其他类型的风险威胁,社会转型期的风险范围、风险主体、风险形式和内容将会呈现出全面化、整体化的特征。

风险走势潜在性。吉登斯认为,"风险概念与可能性和不确定概念是分不开的",面对"被制造出来的风险"的扩张,我们完全不

[①] [英]安东尼·吉登斯:《失控的世界》,周红云译,江西人民出版社2001年版,第32页。

知道将要发生的风险的大小和程度。但是"它们的不可见并不证明它们不会发生"①。

三、转型期社会风险的原因分析

（一）外部原因

社会快速转型的负面影响。风险社会是与工业现代化相伴而生的,西方发达国家花费了几百年才走过的工业化道路,而中国却试图在较短时间迎头赶上,期间的快速度既带来了经济的发展、人民生活的改善,同时也伴随着诸多潜在消极因素。从根本上讲,中国还处在工业化和城市化的进程之中,依据贝克对社会历史的分期,中国处于工业社会阶段。工业化和城市化是这一时期的主要目标。尽管中国在十几年前就提出以人为本的科学发展观,主张全面、协调、可持续发展。但事实上,资源浪费和环境污染的恶化,频发的群体性事件,日趋紧张的医患关系,令人担忧的食品安全问题等,都用事实表明社会转型的急剧和快速,使得诸多矛盾和风险在短期内爆发。尽管风险在蔓延,但是无论是地方政府还是普通民众,都尚未把环境风险和社会风险当作经济发展中需要考虑的首要因素。相反,"发展是硬道理"被错误地理解为"没有污染就没有发展"、"先污染后治理"等支配性观念。譬如,在转基因技术等问题上,对技术风险后果的思考往往停留在学术讨论和内部话题领域,其影响力远比"解决中国人吃饭问题"这一当务之急所释放的力量弱得多;在环境保护与就业、技术风险与经济增长之间,大多数地方政府和民众都会选择后者而非前者。前几年一个关于煤矿工人的调查,所得出的"贫困比死亡更可怕"的结论,在当下中国特别是贫困地区和社会底层是有代表意义的,其彰显了当下中国民众对于现代技术—经济发展的风险的感知、意识和定位。即使

---

① ［英］安东尼·吉登斯:《失控的世界》,周红云译,江西人民出版社 2001 年版,第 32 页。

有一些环境保护政策出台,在很大程度上也是看中其拉动经济的后果而非取决于其降低环境风险的功能。换言之,在中国,财富分配远远要重于风险分配,或者说,财富分配逻辑完全支配着风险分配逻辑。

功利心理的推波助澜。今天中国各种技术风险和社会风险的扩大再生产,主要是由于功利主义、利己主义同 GDP 主义的政策安排合谋的结果。与西方启蒙运动所形成的人类可以依据理性让自然臣服于人的需求的理念不相关,我国今天掌握经济权力、技术权力和政治权力的利益群体虽然已经认识到"人定胜天"观念的荒谬性,但未能改变他们大规模破坏自然环境的初衷和行动,也未能改变他们生产各种有害于人体健康物质的努力。譬如,不法商贩有意识地、疯狂地、大规模地生产有毒食品;虽然已经有相对成熟的节能减排技术和防护手段,但许多工厂和矿厂为节省成本,拒绝采取任何防护和处理措施,肆意地排污和破坏生态;地方政府从税收最大化的角度出发,降低环境评价标准,对各种制造环境污染的生产和开矿活动听之任之;缺乏公众监督的少数政府官员与上述社会风险的制造者沆瀣一气,助长了上述各种风险的生产和蔓延等。这些现象都不能直接地从风险社会理论的角度得到有效分析,而完全是功利主义和利己主义驱动的结果,其目的是以最小的代价获取最大的利益,以个别利益牺牲公众利益,以自然和社会风险换取私人利益和地方利益。同时,一些风险生产也是经济落后、制度安排不合理、政府行政能力弱的结果。譬如,地震虽然属于不可抗拒的自然灾害范畴,但如果有足够的经济支持以及恰当的防护和处理措施,其对于社会、经济、政治和文化的破坏性在很大程度上是可控的;高铁之类的科技风险从风险社会角度来看是不可规避的,但其发生的频率、破坏性等在一定程度上也是可控的,事故发生后的各种后续风险只要处理得当,就可以控制甚至规避。但在我国,受经济发展水平、政府管理能力、技术发展水平等因素的影响,其后续风险或者说连锁性风险,恰恰变成了不可控制的持续再生产。一言以蔽之,中国的风险社会从环境和能源角度看,更是高能耗、高污染、贪大求全的经济发展模式以及政府能力过弱的结果,而不能完全从风险社会理论角度分析。

中国式的个体化影响。化解和应对风险需要宽容、理性、平等、公正等公民素质,而在中国,具有独立人格、公共感怀和理性精神的公民并没有普遍形成。中国受传统儒家思想的影响,主张家国同构,集体利益高于个人利益,尽管中国有着悠久的国家中心传统,社会服从国家权威,却没有一个早期的个性化历史作为基础。随着西方民主思潮的涌入、国家政治体制的不断完善,公民的个人权利意识不断觉醒。但是这种利益博弈引发的对自身权利的追求,会导致特权主义、利己主义和小团体现象。例如,单位制时代的工人对单位制时代的怀念,城市居民对农民工的排斥,特殊利益集团对"个人权利是挣得的,而不是天赋的"强调,这些现象的本质就是特权主义和利己主义而非尊重人人平等的个人主义。这种畸形的"个体化"在很大程度上表现为风险生产和规避的部落主义,即不是从全球或者全国的风险规避出发,而是从个体或者小集团的利益出发,来选择风险生产和规避的路径。

没有真正的"个体化"的公民就很难形成社会理性,即以个体化和个性化为基础的,是具有公民权利和反思理性的个体,参与到把握自身生平或者说自我价值实现和超越风险的社会而展开的公共性和集体性行动等生活政治意义上的新社会运动中。

(二) 内部根源

转型期中国的社会风险事件的发生还与风险事件的治理方式密切相关。深究其原因,政府治理理念及治理模式未能与风险事件的风险特性相互适应与匹配。具体来说,政府在治理理念上将公众们所持有的社会理性排除于治理理念之外,表现出唯科学理性的一面;政府的治理模式是控制导向的,未能充分考虑当前风险事件的不可控制性。

1. 治理理念的唯科学理性

政府在治理过程中,从治理理念上一直是唯科学理性的。治理理念的唯科学理性,在于政府希望通过科学研究的结论、大量的分析数据以及实证的研究方式,做出完全客观的决策,从而规避风险,并以此来说服公众。在这样的理念之下,政府必须剔除任何带有价值色彩的因素,因为价值是"不可证实的知识",它所具有的主观性和相对主义的特征会让决策结果产生偏好与倾向性。政府总是以诸如"专家"、"权威论证"、"科学表明"等字样,希望能够赢得公众的信赖、稳定公众的情绪,然而,却往往事与愿违。究其原因,一方面,单一的科学理性已经不能完全指导风险事件的治理;另一方面,排除社会价值的举动会造成封闭的决策体系,让公众质疑决策的公共性。

细说起来,单一的科学理性是无法指导风险事件治理的。因为政府忽略了风险事件本身就不是一项单纯的科学实践活动,它本身就带有丰富的价值色彩,单一的科学理性根本无法解决风险事件的治理问题。工业社会中,日益细化的分工合作以及科技的发展使得工具理性占据了主导地位。人的类本质在每日重复而又单调的工作中被驱除。马克思曾在《1844年经济学哲学手稿》中特别指出了异化劳动的存在,这种异化劳动是一种"外在的劳动,人在其中使自己外化的劳动,是一种自我牺牲、自我折磨的劳动"。[1] 风险社会的来临,工具理性依然占据主导地位:工具理性依然泛滥,价值理性依旧匮乏,现代人的生活还是充满着风险和焦虑,人们依然无法从事"自由自觉的活动"。现代人实际上处在一种不自由的状态,人们无法寻求生活的意义感,导致矛盾重重、焦虑深重,使生活失去了理性和方向感,增加了社会的不确定性和风险性。马克斯·韦伯在《经济与社会》中曾经指出:"'理性化'可以朝着不同的方向变化:它可以积极地朝向有意识的'价值理性化',

---

[1] [德]马克思:《1844年经济学哲学手稿》,人民出版社2000年版,第56页。

消极地却也可以朝着牺牲风俗习惯、牺牲情感式行动甚至最后不利于价值理性式的行动,而只为了成全一种弃绝任何价值信念的纯粹目的理性式行动的方向前进。"[①]也就是说,理性化被分裂成价值理性与工具理性,贝克沿着这一路径,继续深入,进一步指出了逐步加深的分裂,即工具理性内部的分裂——科学理性与社会理性的分裂。贝克指出:"这里存在着本质的和重要的结果:在风险的界定中,科学对理性的垄断被打破了,总是存在各种现代性主体和受影响群体的竞争和冲突的要求、利益和观点,它们共同被推动,以原因和结果、策动者和受害者的方式去界定风险。关于风险,不存在什么专家。"[②]事实上,科学理性在某种程度上已经显现出了它的弱点。"换言之,在风险论证中变得却是清晰的,是在处理文明的危险可能性的问题上科学理性和社会理性之间的断裂和缺口、双方都是在绕开对方谈论问题。社会运动提出的问题都不会得到风险专家的回答,而专家回答的问题也没有切中要害,不能安抚民众的焦虑。"[③]公众关心的问题更多地停留在社会价值层面,他们关注的不是在哪里建设设施,经济成本最低、得到收益最高,而是为什么选在我家后院,是否有违环境正义;他们关注的不是社会风险事件经历了怎样的科学论证,符合怎样的国际化标准,而是在发生灾害的情况下,对我的影响有多大;他们关注的不是咨询了多少的行内专家,而是为何决策过程我全然不知,却最终要去承受成本……

另外,治理理念上唯科学理性,排除社会价值,最终反而会导致政府公共决策结果受到偏离公共性的指责。对社会价值的排

[①] [德]马克斯·韦伯:《韦伯作品集:社会学的基本概念》,顾忠华译,广西师范大学出版社2005年版,第40—41页。
[②] [德]乌尔里希·贝克:《风险社会》,何博文译,译林出版社2004年版,第28页。
[③] [德]乌尔里希·贝克:《风险社会》,何博文译,译林出版社2004年版,第28—30页。

除,实际上就是对公众话语权力的排除,从本质上说,这将导致一个封闭的治理决策体系,只能有单向性地对外输出。同时,以科学作为治理决策的唯一标准,并不能达到真正的价值中立。在建构主义看来,任何的科学知识都会受到个人所处的社会关系的影响,因此,科学知识与事实之间实际上已经存在一种偏差,这种偏差主要表现在潜在性地服务于某种权力。唯科学理性的治理理念和封闭性的治理决策体系又将助长这种权力的独占性。"现行公共权力体系是一个相对封闭的权力系统,即通过权力体系的封闭性才得以实现的权力占有。"[①]封闭的权力体系所作出的决定,往往让公众认为,政府在公共政策制定的过程中,会更多地考虑自身的利益,也即所谓"独特利益视角"。政府的利益视角应该由如下三部分组成:作为"公共人"所具备的公共利益最大化的利益视角;出于"系统维持"目标形成的对组织和上级领导忠诚的政治升迁利益视角;作为"经济人"的个人功利最大化的利益视角。[②]而在公众看来,通过排除社会价值,政府形成一个封闭的决策权力体系,归根到底是为了舍弃公共利益视角,而更多地关注政治升迁的利益视角以及个人功利最大化的视角,这将造成政府行为的不合理性,包括对信息的解释裹挟政府利益以及政府行为的失当性。另一方面,形成封闭的决策权力系统意味着政府可以占用更多的资源与信息,政府拥有第一手的信息资源,而这些信息资源只可能通过自上而下的方式传递到公众那里,这样,政府就可以任意按照符合自己利益的方式解释这些信息,换言之,公众却认为自己获取的信息是失真的。公众的参与也仅仅限于被动地接受信息,没有参与的平台,没有对话的场所,没有得到承认的权利,单向性的参与让公众的心声无法传达至政府,政府所作出的决策必然是一元利益结

[①] 张康之:《公共管理伦理学》,中国人民大学出版社2007年版,第70页。
[②] 金太军:《政府公共危机管理失灵:内在机理与消解路径——基于风险社会视域》,《学术月刊》2011年第9期。

构下的决策,与现实中的多元利益结构根本上是相悖的。除此之外,排除社会理性意味着政府将得到更大的权力,而与权力对等的责任也是政府在应然层面上需要主动承担的。但事实总是很残酷,政府并没有主动承担起这些责任,根本原因还是在于对社会理性的排除,使得公众的监督无法进行,责任的履行如果缺乏有效的监督机制而只是将希望寄托于政府的道德性上,似乎有乌托邦之嫌。公众的集体失声与政府的行为失范,如此恶性循环,让决策的结果愈加偏离公共性。

因此,政府在治理风险事件的过程中,如果人为地将科学理性与社会价值相剥离,不将风险事件相关的社会价值纳入自己的治理理念中,而一味地以科学理性去决定一切,对化解公众的恐慌与破除谣言,并未起到作用;相反,社会价值的排除,还将导致决策体系的封闭,其结果必然是决策结果偏离公共性。最终将导致政府权威的消解以及公众对其信任度的下降。

2. 治理模式的控制导向

众所周知,政府对风险事件的治理目的无非是希望为社会提供秩序,而就目前而言,政府提供秩序的手段往往表现为控制与压制,政府希冀通过高强度的压制和控制手段,消除不确定性,走向确定,从而控制社会,重新建立起秩序。因此,整个风险事件的治理过程,政府的治理模式表现出了权力的高度集中以及控制力。这种治理过程与韦伯所提出的"官僚制"有某种契合。"命令—服从"是其基本手段,而效率与责任的完美结合本应该是其根本特征。然而,反讽的是,风险事件的高度不确定性、高度复杂性以及社会建构性的特征却摧毁了政府的高效率。政府在将这种模式运用于风险事件的治理上的同时,由于风险事件的这些特征让政府不得不再引入高科技、新知识来增强自身的控制能力,或是建立起更加庞杂的系统来为公众提供更好的服务。然而,政府没有意识到,这不过是南辕北辙的努力,只会让自己走得越来越远,越是想控制社会,却发现社会越难以被驾驭,最终反而将治理过程带入了一种相反的状态:责任的分散和互相推诿、高行政成本低效率、政府信任的下降等。

传统治理模式的控制倾向将推动控制的升级,但最终只会导致失控局面。这表现在,控制导向的治理模式,放大了政府作为单一治理主体在治理过程中可能的一些弊端。

治理模式的控制导向,源于政府期待消除不确定性,渴望将一切掌控于自己手中,然而控制的对象已经不再可控。汤普森认为:"广泛存在于行政过程的局限性是对于确定性的偏爱。这以各种形式表现出来,包括偏好短期而非长期考虑、偏好定量数据而非定性数据,以及偏好先例而非创新。"①因此,为了消除不确定性,政府往往要给予公众一些确定性的话语,例如:"以往的经验告诉我们",而事实上社会风险事件的不确定性,让我们无经验可言;"我们一定会",而事实上高度的不确定性,让谁也没有权力说一定;"目前几年内,是一定无害的",而事实上,这里却无法告知长久的危害程度以及给予长久的承诺;同时数据也是惯常语言方式,然而,数据可能告知的是发生的概率,即便这个概率小到可怜,但社会风险事件的高危险性决定了它一旦发生危害,危害程度不容小觑,危害也绝对是不可逆的,更何况社会风险事件的风险往往是不可计算的。社会风险事件的高度不确定性往往拒绝走向确定性的道路。因此,一旦现实与政府的话语相悖,一系列的涟漪效应必然要发生,政府面临的将是更大的失控局面。

另外,垄断信息也是政府控制导向的重要体现,认为"信息是一种权力"。②当政府强势地控制信息资源时,公众相应地就处于劣势地位,这表现在信息获取量的减少,也表现在获取的信息内容都是经过过滤的。政府企图通过这样的控制手段,减少舆论影响,

---

① [美]詹姆斯·汤普森:《行动中的组织——行政理论的社会科学基础》,敬乂嘉译,上海人民出版社2007年版,第148页。

② [美]简·E·芳汀:《构建虚拟政府——信息技术与制度创新》,邵国松译,中国人民大学出版社2010年版,第30页。

从而减少不确定性。事实上,互联网的普及已经为打破这种信息垄断的局面打开了缺口。"设计韦伯式官僚系统未曾出现的传播流和信息流,以及在人们接触互联网的任何地方可以找到所需要的信息,诸如此类的能力标志着权力的重要转移。就全球任何一个地方的网络信息来说,目前的传播和搜索成本几乎为零。"①

同时,治理模式的控制导向还会使得治理过程行政成本提升以及效率的降低。一方面,由于治理能力的局限,政府不得不通过增加专业性的机构来提升治理效能。面对高度不确定的社会风险事件,政府往往也表现得"力不从心"。"在现代社会,任何一个行动者,不论是公共的还是私人的,都没有解决复杂多样、不断变动的问题的知识和信息:没有一个行动者有足够的能力有效地利用所需要的工具,没有一个行为者有充分的行动潜力区单独地主导(一种特定的管理活动)。"②政府作为其中一员,自然也没有足够的能力利用自己的知识完成治理。政府不得不增加机构和人员,引入新的技术和知识,提升自己的治理能力。另一方面,由于政府很容易面临失控的局面,那么政府自身对于安全性的渴求,也会加大政府机构的复杂程度。政府希望控制社会,那么,所面临的社会管理事务也会相应增加。而这些,都将导致机构愈发庞杂,当机构的规模达到一定程度后,机构膨胀、人浮于事的状况便会发生,"金字塔上升"③的现象便会发生,政府的行政效率和行政成本必将受到严重的影响,"有组织地不负责任"现象也随之产生。

---

① [美]简·E·芳汀:《构建虚拟政府——信息技术与制度创新》,邵国松译,中国人民大学出版社2010年版,第30页。

② Kooiman J, Bavinck M, "Governance Perspective", in Kooiman et al(eds.), *Fish for Life: Interactive Governance for Fisheries*, Amsterdam: Amsterdam University Press, 2005, p.18

③ "金字塔上升"现象是指:在行政管理中行政机构会像金字塔一样不断增多,行政人员会不断膨胀,每个人都很忙,但组织效率越来越低下。

第二节　协商治理与化解社会风险的内在逻辑

当前,风险事件频发,基于风险事件的特性,风险事件的治理也遇到了前所未有的挑战:风险事件治理过程当中,分散的风险责任导致政府内部出现"有组织地不负责任"现象;风险所具有的社会建构性加速了风险的社会放大,谣言四起占据了真相的空间,政府信任也随之一步步流失;风险的高度不确定性和复杂性打破了科学理性的垄断局面,消解了政府权威性。而这些现象根源于风险事件治理的理念、模式与风险事件的特征不相匹配,应对与化解风险的诉求都指向了协商治理。

一、应对和化解风险的协商诉求

风险事件中,政府将群众的社会价值排除于决策体系之外,但无力独自应对高度不确定性和复杂性的风险的挑战,自身治理失灵,在这个过程中,政府与公众是一种相对立的竞争关系。在这种竞争关系中,往往是两败俱伤。因此,要寻找一条超越竞争的路径,这种路径可以将公众的社会价值纳入治理决策体系之中,同时,可以有效提升政府的治理能力和行政效率,降低行政成本,克服"有组织地不负责任"局面的出现,实现共赢。而这条路径就是协商治理。协商治理是指政府与公众之间相互平等,共同作为治理风险事件的主体,通过沟通的方式而达成共识的过程。它意味着政府应该将民间的力量引入,并能够与民间产生一种良性的互动,这种互动过程是一种深层次的互动,是结构上的融合,是过程上的互动以及行为上的互助。只有通过协商治理,才能实现科学理性与社会价值的整合,才能应对政府治理模式失灵的困局。

(一)协商治理的平等合作指向

协商治理的最终结果指向公共利益的实现。"公共利益是公共行政的目标而不是副产品,公共利益的形成是各种利益通过反复的对话产生。"[①]平等地参与决策就是要杜绝在最终决策意见形成与筛选的过程中,每一利益主体都能平等地表达自己的意见,并且所表达的意见都能得到平等的关注与倾听。传统的决策机制下,政府实际上扮演着"把关者"(gatekeeper)的角色,通过制度性或非制度性的手段,将专家或对政府有利的意见放在主导位置与优先地位,而异见却受到无情的压制与扭曲;再或者,通过隐蔽的手段,塑造人们的偏好,影响公众的判断与认识,这样,最终的决策结果依然是偏离公共性的。而公共性的实现必须依赖平等的对话,只有开放决策过程,以协商的方式完成决策,才能消解权力精英操控最终决策的局面。

协商治理的平等合作指向有利于达成公共理性与政治共识。公众参与治理,实际上以公共理性的方式来改善与引导人们的思想和行动的过程。因为,公众在对话过程中,必然要表达自身利益偏好。不同群体对风险事件信息的需求不同、对风险事件信息的解读差异,本质上是体现了不同群体之间利益诉求上的分歧。政府与专家的意见从根本上来说,只是嵌入了他们实际偏好的结果;与此相似,公众们也应当享有这样平等的权利。在自身并未同意的情况下,被发声、被代表,将很容易激起公众们的怨恨的情绪。协商的过程还必须重视分歧。因为,分歧是通向"最好的可接受的政策"的必由之路。不同利益主体基于自身教育背景、利益偏好表达出的观点,自然会出现分歧,但是,表达自己观点时,利益主体将会思考,自己如何表达,才能使他人不会合理地予以拒绝。换而言之,在对话之中,人们必然要审慎思辨:"一个论点的价值不会因其提出者的动机不具有足够的美德而贬低其真正的价值。同样,一个站不住脚的论点也不会因为其提出者的真诚、诚实或美德而增

[①] 陈华:《协商治理视野下的政府信任关系研究》,《学术论坛》2011年第3期。

加其价值。"[1]唯一的评判标准在于提出的论点本身,因而在提出前,提出者必然会仔细慎重地思考自己的想法是否会遭到否决,遭到否决的根源在哪里,观点的提出与自己的行为是否一致,是否会遭到别人的质疑。这样,不同利益主体在对话时,便形成了一种隐性的标准,基于这一标准所表达的观点,是他人所愿意认可的。尽管分歧是必然的,但是最终达成政治共识才是协商的终极目标。公众参与对话,是转换偏好、形成共识的过程。公众在协商过程中一方面表达自己的偏好,另一方面公众也会受到理性的影响,自身的偏好会在关于公共利益的讨论中得以调整,去除一些自私的观点,留下理性的愿望,从而产生一致性的偏好。"协商过程的政治合法性不仅仅出于多数的意愿,而且还基于集体的理性反思结果,这种反思是通过在政治上平等参与尊重所有公民道德和实践关怀的政策确定活动而完成的。"[2]协商治理的过程应该与"强制"、"命令"绝缘,罗尔斯指出:"首先协商治理的演进与'命令'与'强制'因素无关,任何积极进步的协商治理,应该是在没有强制的背景下展开的。"[3]因此,协商治理主体参与的过程应该表现出自愿的态度,包括参与的自愿性,表达意愿的自愿性以及达成共识的自愿性。同时,达成共识还需要包容性的态度。卡蓝默指出了公共权力进入协商治理伙伴关系流程的三大方面:渐入清晰、进入对话和导入方案。[4] 这三大方面的顺利进行无一不依赖于相互之间的包容。渐入清晰是指治理主体对问题的明确看法或者界定。这个过程中,既是要求自己表达观点,同时又要以包容性的态度,接受他人

---

[1] 转引李强彬:《协商民主:民主决策的逻辑及其实现》,《浙江学刊》2013年第3期。

[2] [美]乔治·M·瓦拉德兹:《协商民主》,何莉译,《马克思主义与现实》2004年第3期。

[3] [美]约翰·罗尔斯:《作为公平的正义——正义新论》,姚大志译,上海三联书店2002年版,第11页。

[4] [法]皮埃尔·卡蓝默:《破碎的民主:试论治理的革命》,高凌瀚译,上海三联书店2005年版,第167—170页。

提供的信息,并影响自己的原有观点。进入对话的过程更是需要包容的态度,没有包容的态度,对话就不可能真诚,对话者就不可能相互尊重,对话自然只能留于形式,而无法达到应有的效果。导入方案是制定可能的解决方案,这个过程中的包容态度决定了导入方案的可行性与可接受程度。这样的观点表达—观点评论—观点修正的过程,事实上正是造就了决策的民主性和科学性。

协商治理的过程中,"各种偏好间的分歧减少,偏好转化为共识,利用公共理性形成能最大程度满足所有公民愿望、相关各方都能接受的方案,提高决策的合法性和执行的有效性"[1]。

协商治理的平等合作指向决定了在这种模式下形成的决策结果是公共理性的体现。

(二)协商治理是整合科学理性与社会价值的理念要求

协商治理将从根本上消除政府的唯科学理性的治理理念,从而将公众所持有的社会价值纳入治理理念之中,这是实现科学理性与社会价值整合的必然要求,有利于对风险事件形成一个整体认知;同时,科学理性与社会价值的整合并非简单地相加,而是在科学理性和社会价值博弈的基础上形成公共理性,让决策结果重回公共性。

通过协商治理,公众有关社会价值的声音才能传达,才能整合科学理性和社会价值,实现对风险事件的整体认知。风险事件具有高度复杂性、不确定性以及主客观统一的特性,因此,政府的唯科学理性的治理理念在风险事件治理之中就显现出了这样的失误:"技术专家统治论与其说是知识发展的产物,毋宁说是由知识的封闭与方向错误而导致的。唯有开放知识的世界,才能找到正确的途径,让科学得到更有效的发展,并减少技术专家统治的危

---

[1] 吴翠丽:《风险事件的治理困境与协商化解》,《城市问题》2014年第2期。

险。"①开放知识的世界,就是强调政府在理念上更多关注与风险事件相关的社会价值,克服狭隘的科学理性至上的观念,融合事实与价值,才能整合科学理性与社会价值,体现决策和治理方式的公正性和公益性。需要强调的是,这种治理的理念并非舍弃科学理性,而是要在科学分析的基础上,将风险事件置于具体的社会背景中,通过作为利益相关者的公众们的意见表达,从而融入更多的社会价值因素。

在此基础之上,让公众作为治理主体参与到治理过程中,实现科学理性与社会理性的整合,将更加有利于让决策结果获得公共理性。协商治理实质上是一种超越支配—服从的新型关系。在这种关系中,政府与公众是平等的,都是治理风险事件的主体。政府拥有丰富的资源以及国家机器的强力支持,可以强有力地推进政策方针的执行;公众作为公共利益的直接享有者,他们更为清楚自己需要什么。然而,主体却各自有着缺陷:政府作为唯一治理主体的失灵,根源于控制导向和唯科学理性;而公众是个体组成,对分散力量的整合是十分棘手的问题,化解集体行动和"搭便车"的困境更是一大难题。同时,"在风险社会,国家中心的危机治理会以结构性失效、制度性失效以及政策性失效三种形式表现出来,直接或间接地动摇或冲击既有的社会秩序,影响着社会安全。事实上,无论是国家、市场还是被许多人寄予厚望的民间社会组织都无法单独承担起应对风险的重责"。② 风险事件的治理也一样具有如此问题,任何单一的一方都无法独立承担风险责任。如此看来,选择任何一方单独作为风险事件的治理主体是不可行的,这就决定了必须进行协商治理。

科学理性与社会价值的整合并不是简单的相加,而是博弈后

---

① [法]米歇尔·克罗齐耶:《法令不能改变社会》,张月译,格致出版社、上海人民出版社 2007 年版,第 152 页。
② 杨雪冬:《全球化、风险社会与复合治理》,《马克思主义与现实》2004 年第 4 期。

形成的共识,是一种公共理性的建构过程。"它是公民的理性,是那些共享平等公民身份的人的理性。他们的理性目标是公共善,此乃政治正义观念对社会之基本制度结构的要求所在,也是这些制度所服务的目标和目的所在。"[1]不同类型的公众的参与,也有利于不同的价值需求的表达。通过这种反思性的博弈,公共理性得到建构。而公共理性的建构又将促成决策的公共性和合法性,提升政府的权威度。"公民参与可以促进决策的有效性,并会带来决策的有效信息增多、决策质量提高、公民对决策的接受程度提高、公共部门服务的效率和效益提高、减轻人们对政府机构的批评等诸多好处,更加有力的公民参与促进了公民对政府决策的接受性,这就为政府提供了合法性基础。"[2]一方面,公共理性作为一种重叠性的共识,是在整合各利益方信息的基础之上获得的,它让决策结果更加具有公共性,更加科学化;另一方面,二者的整合也决定了决策结果更容易被接受,克服了诸多施行过程中可能出现的阻力问题,合法性基础便由此获得,政府的权威性由此重建。

(三)协商治理是应对传统治理模式失灵的现实需求

传统的控制导向的治理模式使得政府和公众之间产生一道天然的鸿沟,而协商治理则有利于充分保障公众的知情权和话语权;有利于提升政府治理的效能;有利于重建责任机制。这是弥合政府和公众间鸿沟的必由之路,是克服传统治理模式缺陷的必然选择。

首先,协商治理有利于充分保障公众的知情权和话语权,这对遏制谣言传播、提升政府信任度作用极大。在传统治理模式的封闭的体系中,公众对于信息的获取受到了阻碍,即便获得信息,也表现出鱼龙混杂的、真假难辨的状态,政府也无法真正了解公众的

---

[1] [美]约翰·罗尔斯:《政治自由主义》,万俊人译,译林出版社2000年版,第225—226页。

[2] [美]约翰·克莱顿·托马斯:《公共决策中的公民参与:公共管理者的新技能与新策略》,孙柏瑛译,中国人民大学出版社2005年版,第153页。

想法。而政府与公众之间的协商治理,将会疏通这一梗阻。一方面,协商治理畅通了正常的沟通渠道,经过沟通,抑制了各种"小道消息"的出现,抑制了风险放大现象的出现,杜绝事态前景扑朔迷离难以把握的现象。另一方面,有利于政府部门获取更多有效信息,避免政府在信息采集过程当中难辨真伪,忽略有价值的信息的情况出现。政府和公众充分掌握信息,还有利于政府与公众信任关系的提升。目前较多研究都表明,信息的公开透明度是影响对政府信任的关键因素。政府信任是一项双向的互动关系,既表现为政府对公众的信任,同时也表现为公众对政府的信任,是一种互相的期望与期望满足的过程。具体到风险事件中,这种期望与期望满足就表现为:公众最需要真相,政府最需要民气。① 公众期待政府能够及时公布真相,能拥有畅通的信息渠道;而政府期待能够获得公众的理解与支持,而非公众一味地从自身角度出发,伸张私利。

其次,协商治理有利于提升政府的治理效能,有效改进政府行政效率低下的问题。风险事件的特征决定了政府作为单一的治理主体无法独自面对风险事件,因此,协商治理有利于引进更多有专业知识以及实践经验的公众组织和个人,无形中便提高了政府的治理能力。同时,协商治理意味着更加开放的体系,政府没有必要再通过增加自身组织机构和人员的方式来增强自己的能力,在机构得到精简的同时,反而是行政效率得到了提升。另外,协商治理也省去了政府的控制成本,如封锁消息、维护稳定等。

再次,协商治理有利于重建责任机制,克服"有组织地不负责任"现象。协商治理治理风险事件,作为治理主体,政府与公众都拥有治理的权力,与之相对,他们也成为责任主体,都要为最终决策及其后果承担相应的责任。协商治理方式的"这种齐心协力的协商治理责任机制不仅可以使政府以指导代替领导,协助民间建

---

① 王秀山:《社会危机管理中的心理契约》,《理论月刊》2005年第2期。

立自我服务于提高治理能力,还可以从中塑造风险分配的认知与意愿、责任伦理、'伙伴文化'等"。① 同时,二者的以"共识与相互责任"为导向的协商治理方式,还将有力地增强政府的道德责任感以及公众的互利理念,在承担责任方面会纳入更多的信任、团结与公平的因子。

二、协商治理：破解政治信任危机

（一）政治信任的基本涵义

严格来说,"政治信任"并不是一个概念,而是一种现象。它是发生在政治生活中的各种信任关系的总称。广义上的政治信任包括公众对政府及其代理人的信任、公众对其他公共部门的信任、公众对政治制度的信任、政府对公众的信任、政府内部的信任、多党制体制下公众对不同政党和政治派别的信任。狭义上的政治信任主要是指公众对政府的信任。在这里,首先需要厘清相关概念：

1. 政府公信力

政府公信力是指政府机构及其工作人员通过展示政府的目的和通过实际作为赢得公民的普遍性信任而拥有的一种权威性资源。这种信任是一种弥散性的信任,是一种总体性的信任,而不是一时一事的信任。政府公信力是从政府角度出发,它强调政府在这种信任关系中的主动性。公民对政府的信任,是从公民出发,是公民对政府及其工作人员的期待,政府公信力强调公民对政府的信任是政府积极争取来的,政府做得好,就可以赢得公民的信任,是一个"拉"的过程。而公民对政府的信任强调公民的主动付出,是一个"推"的过程。但是"拉"和"推"并不是完全契合的,这是因为公民对政府的信任不仅受到政府实际绩效的影响,还会受到其他因素的影响,而有些因素是政府不能控制的,比如普遍的怀疑文化和后物质主义价值观的出现。因此,对政府来讲,要想赢得公信

---

① 钱亚梅：《风险社会的责任分配初探》,复旦大学出版社2014年版,第143页。

力,只有不断做得更好,满足公民的期望,保持可信性和可依赖性。总之,在政府与公民的信任关系中,政府不可能要求公民的信任,只能使自己变得更加值得信任,因此,政府的所作所为是决定政府公信力高低的重要因素。假如不考虑影响公民对政府信任的其他因素,可以把公民对政府的信任和政府公信力看作是一体两面。

政府作为国家权力的执行机关,它的公信力来源包括两部分:一部分是先赋的,另一部分是自致的。先赋的公信力是一个政府的初始公信力;自致的公信力是政府通过后天作为取得的,且是政府公信力最重要的来源。先赋的公信力来自国家的职能,一个政府的存在本身就代表了一定的公信力。这种先赋的公信力有四个要素。[1] 国家是公共权力的代表。尽管国家本质是阶级性的,但它总是以社会代表的形象出现,尤其是在现代社会,通过大众选举产生的政府具有了更广泛的合法性和更明确的公共性。国家对暴力工具的垄断性决定了国家在制度设计上具有终极性,在规则执行上具有强制性,尤其是国家意志通过法律来体现,保障了国家行为的连续性,为社会行为者提供了相对稳定的预期。国家对税收的垄断保障了国家具有最终的担保能力,这是国家可以有效地运用制度引导投机行为的经济支持。国家具有的道德意义和意识形态生产功能为国家行为提供了合理的论证,塑造和引导着社会的观念,培养着社会对国家的信任。每一个国家的政府都具有这种先赋公信力,这是由国家的最基本的职能所决定的。但是,先赋公信力的作用是有限的,从时间上来讲其影响往往是短暂的,政府公信力更多的是靠政府通过后天的作为争取来的。

2. 合法性

合法性指的是服从政府权威的人对权威的认同[2],是一种在

---

[1] 杨雪冬:《风险与社会秩序》,社会科学文献出版社 2006 年版,第 76 页。
[2] [英]安东尼·吉登斯《社会学》,赵旭东等译,北京大学出版社 2003 年版,第 402 页。

认同基础上的自愿服从。在半个多世纪的理论社会学和政治学的讨论中,合法性问题是个热点问题。合法性是政治领域的特有概念,"只有政治秩序才拥有着或丧失着合法性,只有他们才需要合法化"[①]。一般来讲,合法性的概念包括合乎法律性和合乎社会规范两个维度,前一个维度强调形式合法性,后一个维度强调实质合法性。马克斯·韦伯和哈贝马斯分别是形式合法性理论和实质合法性理论的典型代表。合法性问题伴随政治社会的始终,但是,真正系统地讨论合法性问题却是新近的事情,这个工作是由马克斯·韦伯开创的。

韦伯认为,任何一个由命令和服从构成的社会活动系统的存在,都依赖于它是否有能力建立和培养对其存在意义的普遍信念,也就是对其合法性的信仰。韦伯把视线转移到如何赢得合法性的手段上来,而没有去揭示合法性本身,这也是他被后人诟病的原因之一。张康之认为,韦伯的合法性概念中包含两重含义,"统治的正当性与对统治的认同的总和就构成了统治的合法性"[②]。简言之,统治的合法性就是统治的资格,被统治者要追问统治者的资格问题。统治者则想方设法为自己的资格问题辩护,要让被统治者明白,他们是有"正当的"理由享有统治资格的。当被统治者认同这种正当的理由,进而支配自己的行动的时候,统治者的统治就具备了合法性,政治不稳定的现实威胁就消除了。为此,韦伯引申出了三种权威类型与正当性联系起来,分别是传统型权威、魅力型权威和法理型权威。法理型权威主要存在于现代社会当中,它是现代社会分工高度发达、社会日益组织化、专门化的产物,是一种建立在遵守正式制定的非个人专断的法规基础上的权威,相对于传统型权威和魅力型权威来讲,法理型权威是一种建立在合理性基

[①] [德]尤尔根·哈贝马斯:《交往与社会进化》,张博树译,重庆出版社1989年版,第184页。

[②] 张康之:《合法性的思维历程 从韦伯到哈贝马斯》,《教学与研究》2002年第3期。

础上的合法的统治类型。总的来讲,韦伯的合法性概念是一种形式化的、工具性的合法性,是一种抽去了任何实质性内容的合法性。韦伯的合法性概念一方面很容易让人得出一个结论,即为了获得合法性的目的,可以使用一切手段,包括不道德的手段。殊不知,利用不道德手段获得的合法性不可能是真正的合法性。正如约翰·基恩所言,如果被统治群体的信念是由统治者所强加在他身上的话,那么这种信念本身处在带有欺骗性的或意识形态的地位。[①] 通过欺骗等手段积累的合法性无疑是一种虚假的合法性,如果说这也算一种信任的话,这种信任只能是消极的信任、虚假的信任,而不是现代意义上的体现主体性的主动的信任类型。一旦被统治者从欺骗性的谎言中醒来,这种表面上合法的统治就会立刻陷入危机之中。另一方面,韦伯的合法性概念转移了问题的实质,把被统治者的注意力转移到统治者是否遵守传统、法律等外在形式上,而无视此种统治类型是否在本质上值得信任,应不应该得到信任,这就解除了被统治者追问统治类型正当性的威胁,依靠这样一种合法性的统治体制也必然是僵化的体制。

哈贝马斯特别重视合法性所包含的价值维度,在他看来,"合法性意味着某种政治秩序被认可的价值"[②]。一种统治秩序是否具有合法性不在于其是否得到了被统治者的承认,而在于其自身的性质:"统治者的合法性要求是否有效并非决定于群众的忠诚程度,或者是根据这一要求是否符合现存的权力关系,而是根据一种设定的中性标准或原则,这种原则的客观性被看作是不受现有舆论或命令与服从关系支配的。"[③]

[①] 张康之:《合法性的思维历程——从韦伯到哈贝马斯》,《教学与研究》2002年第3期。

[②] [德]尤尔根·哈贝马斯:《交往与社会进化》,张博树译,重庆出版社1989年版,第184页。

[③] 胡伟:《在经验与规范之间:合法性理论的二元取向及意义》,《学术月刊》1999年第12期。

尽管很多研究者把合法性等同于政府公信力或者政治信任,两者还是有显著区别的,两者不是一回事。首先,合法性主要是针对政治秩序而言的,它的对象是抽象体系;而政治信任主要是针对执政当局和政治行动者而言的,它的对象是具体的。现代意义上的政治信任的核心理念是"信托",作为受托人的执政当局和政治行动者要为维护和实现委托人的利益而行动,而抽象的政治秩序不符合这个条件,不是一个人格主体,不具有能动性。其次,被统治者对合法性只能是信仰,因为普通人无法理解庞杂的政治体系,从而对政治秩序只能怀有一种缺少理性认知基础的信仰。但是,合法性与信任仍然是密切相关的,政府通过不断取得公民的信任积累起来的合法性才是真正的合法性,这种信任越多,合法性就越高,政治制度就越稳定,政府也更容易成功。

3. 政治支持

政治支持是另外一个经常与政治信任相混淆的概念。卢曼认为,政治信任"这一古老的主题,在过去,特别是在宗教内战结束之后的岁月里,一度起着相当重要的作用,却在当代的政治理论中几近于消失殆尽了。在目前的政治系统理论中,它作为一种概念范畴的地位已为支持所取代"[1]。然而,政治支持并不能笼统地等同于政治信任或者政府公信力。戴维·伊斯顿提出了政治支持的概念,他将"支持"定义为一个人对于一个标的物喜欢或不喜欢、正面或是负面的态度,而这个态度也可能会导致特定的行为产生。政治支持的对象包括三个部分:政治共同体、典则和当局。从性质上,政治支持又可以区分为散布性支持(diffuse support)以及特定支持(specific support)。特定支持是由权威当局的特定政治结果以及表现而引发的,是由某种特定诱因引起的,往往是不断波动的。这种特定的支持是针对特定对象的(object-specific),是目标

---

[1] [德]尼克拉斯·卢曼:《信任:一个社会复杂性的简化机制》,翟铁鹏等译,上海人民出版社2005年版,第71页。

取向的。而散布性支持与特定的诱因无关,"这种对政治对象的正的和散布性的情感可能是在个人成熟的早期阶段逐渐灌输而成的"①,它一旦形成就比较稳定,构成了一个友好态度或者善意的蓄积池,它将帮助成员承认或容忍那些他们反对的或认为会损害其愿望的输出。② 散布性支持是政治合法性的重要来源,政治统治者都在努力争取来自被统治者的这种散布性支持。特定支持通常针对的是权威当局,而散布性支持针对的是典则和政治共同体,而不太可能是当局。由于伊斯顿的政治支持概念包含有信念和行动两部分内容,结合对散布性支持和特定支持的区分,我们认为,特定支持类似于政治信任。

(二)政治信任的必要性

来自公众的对政府的信任对政府和政治至关重要。当人们对政治权力机构的信任程度不断下降时,就会发生"权力紧缩"。这种"信任的丧失"会导致权力机构日益依赖暴力来维系政治整合。而一个集团持续地依靠使用暴力来保证人们服从它的命令,它的权力地位通常是虚弱而不稳固的。③ 对政府来讲,垄断暴力的使用是必须的,这是由其当初成立时的目的所决定了的。抵御外敌要靠暴力,防止内部的侵害同样需要一些有能力对不法分子和扰乱分子施以暴力的机构,如警察、军队、法庭和监狱。但是,完全依赖暴力实现统治的国家是不会长久的,也是代价高昂的。即使是国家在成立时完全靠暴力,其成立后也会努力争取公民的信任,以维持更长久的统治。暴力机构的象征意义大于其实质意义。事实上,一个国家的政府总是寻求尽可能少用暴力手段达成政府目的。

---

① [美]戴维·伊斯顿:《政治生活的系统分析》,王浦劬译,华夏出版社1999年版,第328页。

② [美]戴维·伊斯顿:《政治生活的系统分析》,王浦劬译,华夏出版社1999年版,第329页。

③ 吴惕安、俞可平:《当代西方国家理论评析》,陕西人民出版社1994年版,第309页。

一个暴力用得最少的国家,是一个成本最低的国家,也是一个公民与国家关系最和谐的国家,也往往是一个政治上更加稳定的国家。暴力所造就的秩序是被动的秩序,并不能造成公民对政府的积极认同,它的作用是消极的。所以,暴力的使用必须是有限度的,止于提供安全保障。除了暴力之外,现代国家还必须拥有其他的促成公民积极认同的手段。利用市场交换同样可以起到协调和维护社会秩序的作用,但是市场的协调往往是无意识的。"当其他手段——尤其是国家通过惩罚性规则进行管理以及市场的无意识的协调——完成必要的和适宜的社会工作受其能力限制时,信任就能充当令人满意的社会协调手段。一个能够促进牢固信任关系的社会,也很可能是这样一个社会:它能够给予更少的管理和更多的自由,能够应付更多的意外事件,激发其公民的活力和创造性,限制以规则为基础的协调手段的低效率,并提供更强的生存安全感和满足感。"[①]现代政府都非常重视公民的信任,当一个政府拥有较高的公信力的时候,它就为自己赢得了更大的施政空间,公众愿意把更多的权力交给政府来使用,支持政府的预算计划,授予政府更大的自由裁量权。不仅如此,在这种情形下,政府探索的失败也会得到公众的宽容,政策失败对任何国家、对任何形式的政府来说都是不可避免的,尤其是对一些正在进行改革的发展中国家而言,公民对政府的信任尤为重要。正如林肯的那句名言:"公众的感情就是一切,如果有了它,没有事情会失败,如果没了它,没有事情会成功。"

具体来讲,政治信任的存在有以下必要性:第一,政治信任有助于政治的稳定和政府的成功。政治信任或者不信任是公民对政府表达满意或者不满意的方式,一个政治信任水平高的政府,公民对政府是满意的,这往往使他们能够自愿顺从法律,积极纳税,积极服兵役等。对政府的满意会增强更高层次的对政治制度的满意

[①] [美]马克·沃伦:《民主与信任》,吴辉译,华夏出版社2004年版,第2页。

度,从而增加政治制度的稳定性和连续性。第二,政治信任也使公民更加积极地响应政府的号召,参与到各种集体活动中,使政府的目标更容易成功。反之,一个政治信任水平过低的国家,不仅会使公民对政府提出质疑,也可能引发对制度有效性和正当性的追问,这可能是政治不稳定的潜在威胁。低水平的政治信任也无法鼓励公民更加积极地参与,从而对政府目标的实现造成压力。第三,政治信任有助于社会信任水平的提升。现代社会是个陌生人社会,大多数人际信任的形式不再以血缘、地缘、业缘等身份特征为纽带,交换把人们联系到了一起,身份特征开始隐去,一种建立在普遍世界观基础上的社会信任出现。这种社会信任要依赖于作为第三方的政府的有效性,进一步讲,是依赖于现代制度的有效性。一个有着较高公信力的政府能够使人们走出小圈子,积极参与到与陌生人的交往中,参与社区事务,在集体行动中协商治理,促成公民社会的健康发展,从而为大规模的普遍的社会信任的出现铺平道路。第四,较高的政治信任水平能够促进市场经济的健康运行。货币作为经济系统的媒介,它依赖的是政府公信力,如果没有了政府公信力的支撑,它就是一张废纸,彩票的发行也是如此。市场经济是契约经济,经济活动中大量的契约离不开政府的监督,政府一方面要制定与契约相关的法律,另一方面要实施法律,监督契约的履行,救济违约行为。这需要政府有着较高的公信力,如果政府具有这种权威,能够"止争",就能够更好地促进市场经济的健康发展。除此之外,政府规范自己的行为也特别重要,如果政府的权力太大,短期行为大量存在,政府本身就可能不值得信任,长此以往,市场信任也就无法建立起来。[①] 第五,较高的政府公信力能够有效地降低政府成本。成本是"生产某一产品所耗费的全部费用",政府的职能在于提供公共服务和公共产品,也是要耗费成本的。从经济学角度划分,"政府成本分为长期成本与短期成本。长期成

---

① 张维迎:《信息、信任与法律》,三联书店2003年版,第21页。

本是指由政府行为引起的影响社会经济发展,或者造成政府和社会直接间接负担,并且影响周期超过本届政府任期的政府成本。短期成本是指政府在管理为服务社会的活动中所发生的可在本届政府任期内完全消化的成本"。[①] 如果有较高的公信力,政府就能够得到公众的情感的支持,提高效率,减少了为推行新政策所需的宣传和解释成本。同时,高水平的信任能够鼓励公民积极地参与政策的制定过程,增强政策的针对性和适应性,从而减少了政策失败的可能性。从控制角度来讲,如果政府公信力高的话,就可以减少警察和监狱的数量,减少监督和控制的成本,公民的违法和不顺从行为就会减少,使政府的各种执行成本减少。

我们还可以反面来分析政治信任下降的后果。从政治信任的信托性质看,信任的弱化可能导致三种后果。第一,信任的下降减少了受托人从事某种活动的可能性。第二,受托人获得成功的能力有赖于他得到多大程度的信任,这意味着信任的下降会减低受托人获得成功的能力,同时将导致信任程度的进一步下降。第三,对一些精英信任程度的普遍下降,将促使人们信任另一些精英人物。[②] 信任对象发生转移。受托人成功履行诺言的必要资源来自委托人,一旦有了委托人的信任,政治领导人就有了处置问题的权力,而且不会遭到他人责问。假如许多人同时撤回信任,即出现信任的普遍减弱,受托人的行动将受到重大影响,从而减少了受托人获取成功所必须的资源。例如美国公众对政府在越战中的政策持不信任态度,因此,政府在寻求战争胜利时,丧失了部分行动自由。这进一步引起公众信任水平的下降,如此恶性循环使政府完全没

---

① 王攀:《市民参与是减少政府成本的关键》,《中华工商时报》2007年4月12日。
② [美]詹姆斯·科尔曼:《社会理论的基础》,邓方译,社会科学文献出版社1999年版,第229页。

有能力赢得战争。①

总之,一个有着公民高度信任的政府,就为自己争取到了更多的施政空间和时间,公民会把更多的事务交给政府来处理,更少去质疑政府的意图,积极支持政府的政策,从而有助于提高政府的效率。政府的公共政策从开始实施到完全实现效果往往存在着一段时间差,一些出于长远考虑做出的决策往往要在很多年之后才能收到成效,如果公民信任政府,他们会容忍这种时间差,而不会仅仅着眼于短期利益和眼前利益。总之,信任在政治生活中的地位越来越重要,现代政府重视利用公民的信任来达成自己的目的。大多政府已经认识到要把赢得公民的信任作为实现自己执政目标的重要内容,同时依赖公民的信任取得更大的政府绩效。公民对政府的信任程度直接决定着政府成就的大小,甚至决定着政府的前途命运。

(三) 风险事件与政治信任的内在关联

政府信任的存在与否对风险事件的发展将起到关键的影响作用,如果政府信任存在,那么,将提供一种秩序,对风险事件起到缓解的作用;相反,不信任将成为风险事件升级的催化剂。

有关风险的话语让公众处于"本体性焦虑"之中,为风险事件的治理提出了特殊的要求:高度的不确定性和不可逆的危害结果,使政府丧失了绝对的权威性;多方参与共造的、具有高度复杂性的风险事件,政府作为唯一治理主体,往往无力招架;集客观性与建构性于一身的风险事件,客观上要求达成对风险认识的共识是对其进行治理的前提。无论是政府单一治理模式的失灵还是对共识的呼唤,都需要协商治理。

政府信任的建设将会带来一系列的正向功能的实现,从而构建出协商治理的秩序。如提升政治的合法性,提高政治的绩效,形

---

① [美]詹姆斯·科尔曼:《社会理论的基础》,邓方译,社会科学文献出版社1999年版,第228页。

塑政治文化等。但从根本上而言,政府信任的这些功能最终都可以提供一种政治秩序。良好的政府信任关系能够促进协商治理,从而提高绩效。政府信任的在场,可以使得政府与公众之间的交往成为相互尊重、相互理解的交往;而政府信任一旦缺场,这样的交往将会幻化为无止境的猜忌,协商治理秩序破裂,无形中增加了交往的成本。

相反,不信任将会导致公众与政府之间的关系恶化,从而催化风险事件的爆发。风险事件的发展过程实质上也是公众与政府之间的互动过程。政府信任的缺场,让这场互动愈发艰难,就仿佛催化剂般,让公众不满情绪一再发酵,最终让风险事件爆发。而催化的过程体现在以下三个阶段:一是公众质疑政府推卸风险责任,相关风险事件的焦躁情绪在不断被酝酿;二是加速了风险信息的社会放大效果,引发更多的不公平感,风险事件的能量在集聚;三是涟漪效应下"塔西陀陷阱"的产生,不满情绪被扩大化,风险事件得以产生。这样,风险事件在政府信任缺场的催化下,一触即发。

政府信任的确立是协商治理施行的基础。政府信任可以促进公众与政府积极地介入到协商治理之中。信任的在场,政府和公众便会形成相互理解、相互尊重的关系,为协商治理提供基础。反之,信任的缺场,则会使交往关系成为相互猜忌的关系,并会在共同行动中增加行为成本。政府信任是协商治理的基础,主要表现在:首先,政府信任为协商治理铺设了道路。信任在卢曼那里被诠释为一种简化机制,政府信任作为基于政府与公众之间的信任关系,也具有简化复杂性的功能。风险事件由于是基于风险的抗争,因此风险的高度不确定性和结果的不可计算性加大了风险事件治理的复杂程度,而协商治理在应对高度的不确定性和复杂性时展现了极大的优越性。因为政府与公众之间的信任关系,减少了治理过程中不必要的解释,以及不断的博弈过程,这样可以简化流程,减少人力资源成本,减少谈判时间,从而为协商治理铺设道路,提升双方达成协商治理意愿的速度,为协商治理提高了效率。其次,政府信任有力地推进了协商治理的实行。政府信任关系的发展,让政府与公众之间的认可度有了显著的提高,政府与公众乐于与对方沟通,乐于接受对方的信息,"从社会引导的心理学模式来看,政策目标群体对政策执行者的信任程度是影响政策能否被认同乃至被接受的关键性因素。政策目标群体对于政策执行者的不信任,可能会诱发其非常规性质的逆向反应,从而可能会导致他们拒绝接受本来可以接受的政策信息"。① 因此,只有公众与政府之间的相互信任,双方才能更好地接受彼此的意见与建议,政府的引导职能才能较大限度地发挥作用,才能激发公众积极参与到治理之中,推进协商治理的进行,增强治理的能力。最后,政府信任可以为协商治理排除干扰因素。协商治理过程中最大的干扰因素莫过于谣言的传播,这将激起协商治理主体间的怀疑与焦虑不安,对协商治理秩序有极强的破坏力。而政府信任则是破除谣言的有力工具。谣言更容易在紧张、不安的心理状态下进行传播,没有政府信任,对于谣言的解释与辟谣会陷入无止境的恶性循环之中,即越是辟谣,谣言却越加盛行,愈加盛行的谣言,又让辟谣难度上升。

协商治理将促进政府信任的生成。协商治理意味着相互的承认,意味着开放的体系,意味着共享的信息,意味着平等的交流,而这些都将促进政府信任的增强。开放的体系让公众能够更多地了解政府运作的规则,同时能够实施对政府行为的监督。协商治理为公众的参与提供了平等的机会,也必然要求信息的透明。这将有利于公众正确认识政府的行政过程。而对政府行政过程的认识有利于政府信任的生成。"关于群体、联合会、机构、组织和政权制度的功能、效率、成就水平,以及失败与病态的信息的可获得性提供了一种安全和可预测的感觉。如果它们的构造、存在的目的和理由、运行原理、能力及成效是高度可见的——被公开报道、容易

---

① 丁煌:《浅谈政策有效执行的信任基础》,《理论探讨》2003 年第 5 期。

检查、容易理解，人们倾向于把他们与信任连接起来。"[1]因为，开放的体系，处于眼皮底下的运作过程，总给人一种安全感。这种安全感来源于可控性，因为公众觉得切实看到政府如何运作的过程，就好似一切尽在自己掌握之中，至少不会被打个措手不及。相反，封闭的体系只会为行政过程蒙上一层神秘的面纱，面纱下的面容总会引起人们的好奇；同时，模糊的认知状态，也将促成谣言的生发，引起更多的有关暗箱操作、阴谋论的猜忌，这将导致与政府信任的远离。另一方面，协商治理模式中开放的体系使得权力的运作处于公众的监督之下，这将有效规范政府可能的失范行为，去除政府行为的随意性以及杜绝政府明目张胆地追求自身利益的境况。这将促进政府政策的合公共性，提升政府的合法性。政府信任的形成也便理所当然。

三、共担风险责任

（一）风险责任

风险事件的风险责任是指承担风险事件可能产生的危险或是强制性的义务。风险责任分配的前提在于对风险的定义。贝克曾经比照马克思主义学说中的"生产关系"，指出了"风险的定义关系"（Relation of Definition）。"它们包括确定和评估风险的规则、制度和能力；它们是法律、认识论和文化矩阵，在矩阵中操作风险政治。"[2]

这样，对于风险责任的分配就牵扯到这样几个问题束：第一，责任主体是谁？责任主体是一方还是多方。第二，责任主体该承担多少责任？每一责任主体分别该承担多少责任，这一标准该如何计算，标准何在，谁才有权分配这一责任。第三，风险的承担者

---

[1] ［波兰］彼得·什托姆普卡：《信任：一种社会学理论》，程胜利译，中华书局2004年版，第165—166页。
[2] ［德］乌尔里希·贝克：《风险社会政治学》，刘宁宁、沈天霄编译，《马克思主义与现实》2005年第3期。

该如何向责任主体追责？风险的实际承担者面对风险的责任主体，又该如何追责，如何提供合理有效的证据，怎样的证据才够充分，赔偿方式和多少怎样才算是合理和公平，这都将成为问题。

细细反思上述几个问题，不难发现，"充斥于风险社会中的各种威胁的物质性/非物质性以及可见性/不可见性都意味着所有关于它的知识都是媒介性(mediated)的，都依赖于解释"。[①] 当前产生的风险事件往往专业性较强，因此，在对其风险性解释方面，不同群体的话语权便自然有了差别。因为教育背景的不同，在这一方面有着系统知识的专家更具有解释权，被视为科学理性的化身。这样，专家利用专业性知识对风险产生的因果关系链做出解释的同时，也是对风险责任分配的过程。在这种意义上，谁拥有风险的解释权谁就拥有了风险责任的分配权。

但是，残酷的事实在于，人们总是会设法回避责任。因为只有这些拥有风险责任分配权的专家们才有能力孕育出那些可能会产生某种风险的高科技设施。换言之，这些专家们"既有'能力'(酝酿风险伤害的科技能力)的意义，更有'权力'(解释因果并确定责任的话语权力)的意义"。[②] "能力"与"权力"的重叠无疑将造成专家们自我的辩护。越来越多的证据表明，风险的制造源于政府、企业以及专家的结盟，这样为自己开脱的主体便扩展为政府、企业和专家。那么谁还能为风险负责？更为重要的是，官僚体制下，组织分明的科层制以及看似合理的程序规章，却成为人们完美逃脱责任的掩护工具。不同群体依照自身的利益与标准对风险责任进行界定，这种界定必然带有自我开脱与责任推诿的色彩，而事实上，并没有有效的制度与规则对责任进行明确厘清。这种现象，正如贝克所指出的，是"有组织地不负责任"(organized irresponsibility)。即是

[①] [英]芭芭拉·亚当、[德]乌尔里希·贝克等：《风险社会及其超越社会理论的关键议题》，赵延东、马婴译，北京出版社2005年版，第5页。

[②] 郁乐：《风险社会视野中的环境问题及其多重效应》，《哲学动态》2012年第12期。

说人们很难"通过科学的、合法的和政治上的方法来确定其证据、归因和补偿"。①《风险社会》发表两年后,贝克又发表了一本以"有组织的不负责任"为副标题的书《解毒剂》(Gegengifte)。"有组织地不负责任"揭示了"现代社会的制度为什么和如何必须承认潜在的实际灾难,但同时否认他们的存在,掩盖其产生的原因,取消补偿和控制"。②而另一方面,风险结果的不确定性,使得所谓的专家实际上也无法确切地计算出将要面临的风险及其后果,更不要说确定风险的责任主体并对这些责任进行真实有效的分配了。

处于弱者地位的广泛公众,在对风险的因果解释方面,完全没有话语权;同时,在风险追责方面,他们也无法提供专业有效的证据,也无法证明自己提供的证据就是充分的。因为往往风险事件所造成的伤害看不见摸不着,抑或短期内无法见到,只有在长期积累之后,才会得到不可逆转的恶劣结果,但那时的追责已经为时晚矣。

面对这样悬殊的话语权力结构,面对国家权威出于自我辩护以及稳定思维而做出的风险隐瞒和转移的行为,处于弱势地位的广泛公众自然会产生一种怀疑心理,他们不得不质疑当前制度的合法性基础。同时,无法确定的风险的责任主体,也将激发公众强烈的自我保护意识,抵触心理也会相应强化,加之过往记忆中,类似惨剧的发生,为公众的抵触心理提供有力的支撑。而这种质疑、抵触心理的对象必然是政府。原因在于,在公众看来,很多风险事件的主导者是政府,政府才是风险的最大制造者;另外,在公众心目中,保障公众的安全是政府的重要职能之一,而自己生活在这种焦虑恐惧中,政府必须为此承担责任并有效解决问题。但此时的

---

① [德]乌尔里希·贝克:《风险社会再思考》,郗卫东编译,《马克思主义与现实》2002年第4期。
② Ulrich Beck, *The Reinvention of Politics: Rethinking Modernity in the Global Social Order*, Cambridge: Polity Press, 1997, p. 28.

政府却利用现有制度相互推诿责任,这造成了公众极大的不满。正如贝克所说的:"风险被理解为社会建造并生产的'准主体',它是强有力的无法控制的'参与者',由于国家制度承担着控制污染的责任,尤其是承担着公众安全的责任,风险使国家制度失去合法性并动摇了其稳定基础。"①对政府合法性基础的质疑为政府处置风险事件增加了一定难度。

(二) 共担责任的前提:风险的定义权

对风险的定义是一种权力,这种权力的获取是协商治理的前提。风险定义权的提出,其实隐含了这样的理论前提:风险是客观实在与社会建构的统一。"基于因果解释,而且最初仅仅是以有关它们的(科学的或反科学的)知识这样的形式而存在。因而,它们在知识里可以被改变、夸大、转化或者削弱,并就此而言,它们是可以随意被社会界定和建构的。"②

在以往,专家作为科学的化身专享风险的定义权。因为只有科学才能为公众解释风险,"文明的风险一般是不被感知的,并且只出现在物理和化学的方程式中"③,风险是具有高度的知识依赖性的。然而,科学在风险面前却一再地失败。专家所确定无害的垃圾焚烧设备,却带来了癌病的多发;专家一再承诺安全清洁的核电站,却发生了核泄漏事件。因为,风险事件所带来的风险是隐蔽的和危险的,这种隐蔽与危险性表现在不确定性与复杂性增加,科学的计算也难以确切地评估风险的大小以及危害性。

同时,专家独享风险定义权是具有一定局限性的。专家与普通公众之间的对于风险认知是存在一定差异性的。传统的决策模

---

① [德]乌尔里希·贝克:《风险社会政治学》,刘宁宁、沈天霄编译,《马克思主义与现实》2005年第3期。

② [德]乌尔希里·贝克:《风险社会》,何博文译,译林出版社2004年版,第20页。

③ [德]乌尔希里·贝克:《风险社会》,何博文译,译林出版社2004年版,第18页。

式是以政府—专家为二元主体的,在这种决策模式中,公众的角色往往被定义为科学家前面的"空容器"。换言之,由于对科学知识的缺乏,风险信息往往只需要单向度地由科学家向公众灌输即可,公众不能接受的唯一解释在于公众科学理性的缺乏,因此,通过科学普及的方式,让公众增长科学知识,是填平专家与公众之间鸿沟的唯一方式。这时,"仍然维持着科学天然合理正确的神话"[①]。然而,现代社会中公众与专家之间的风险认知差异不再仅仅指向于公众一方,专家自身也需要"反省"。"科学家的问题主要是在两个方面:一方面与政府共谋,向公众隐瞒一些不利于政府的事实;另一方面是科学家不愿意承认科学理论在面对具体实践时表现出来的局限,进而主观忽略公众的地方性知识。"[②]从这个意义上说,专家完全依靠科技理性所做出的风险界定是具有局限性的。

既然专家独享风险定义权的模式具有局限性,那么探索超越专家独享风险定义权模式的路径便显得十分必要。风险社会理论就此提出了"第二次启蒙"的方案和口号。第一次启蒙运动是一场发生在欧洲的轰轰烈烈的思想运动,在这场运动之中,理性的光辉被高扬,宗教神话黯然失色。然而,随着科学技术的发展,在工业社会之中,科技的理性替代了宗教神话,重新走上了神坛,科技理性在祛魅之后又走上了返魅之途。因此,"第二次启蒙"就是针对科技自身的祛魅。"激活并调动在科学中沉寂的理性来反对它的希望仍然存在。科学可以改变自身,并通过对自己历史上的自我概念的批判而在理论和实践上复兴启蒙。"[③]由于风险事件中专家与普通公众之间基于同一风险的认知差异主要源自科学理性与社

[①] 蒋劲松:《从科学走向民主——读〈在理解与信赖之间〉》,《民主与科学》2006年第1期。

[②] Wynne, B, "Misunderstood Misunderstanding: Social Identities and Public Uptake of Science". *Public Understanding of Science*, vol.1, No.3, 1992, p.12.

[③] [德]乌尔希里·贝克:《风险社会》,何博文译,译林出版社2004年版,第223页。

会价值之间的区别。"在风险的界定中,科学对理性的垄断被打破了。总是存在各种现代性主体和受影响群体的竞争和冲突的要求、利益和观点,它们共同被推动,以原因和结果、策动者和受害者的方式去界定风险。关于风险,不存在什么专家。"① 由于科技理性不再具有绝对权威,风险专家也就不再是风险定义的唯一主体。贝克认为,"没有社会理性的科学理性是空洞的,但没有科学理性的社会理性是盲目的"。② 专家基于科学理性对风险进行界定,而公众则夹杂着更多的社会价值,会将风险事件信息与公正等政治、社会词汇相联系,风险事件本身就具有建构性,因此,公众对于风险的界定并没有错。在与公众的风险沟通过程中,必须充分尊重公众对风险事件的界定,将对风险事件的界定权力真正赋予风险的各个利益相关者,将价值理性纳入对风险的界定之中,克服有限理性的缺陷,将关于社会生活的知识、"地方性知识"输入到社会行动之中,增强与公众的特殊需要相关的行为合理化程度。

(三) 共担责任的关键:风险沟通

共担风险责任始于公众拥有风险定义权,而关键在于风险沟通。由于知识背景的区别,地方性知识的嵌入,对于风险的定义必然会与专家或政府产生一定差异,而这种意见的不一致,最终很容易酿成群体性事件。这时就需要风险沟通作为二者之间的桥梁,用以交换信息和相关看法,从而最终达成一致意见。

美国国家科学院对风险沟通做过如下定义:风险沟通是个体、群体及机构之间交换信息和看法的相互作用过程;这一过程涉及多侧面的风险性质及其相关信息,它不仅直接传递与风险有关的信息,也包括表达对风险事件的关注意见,以及相应的反映或者发

---

① [德]乌尔希里·贝克:《风险社会》,何博文译,译林出版社 2004 年版,第 31 页。

② [德]乌尔希里·贝克:《风险社会》,何博文译,译林出版社 2004 年版,第 30 页。

布国家或机构在风险管理方面的法规和措施等。①

风险沟通中包含着信息的交互与分享,但又不局限于此,"从根本上来说,沟通过程的实质是不同利益诉求的主体去定义风险、建构风险的过程,这个过程包含着对社会对权威的重新认识、对权力的重新认定"。② 由此可见,风险沟通的前提是尊重公众对风险的理解,赋予公众解释风险的权力;它所强调的是不同主体基于风险信息的交流以及基于风险决策的协商。

因此,风险沟通必须是双向性的。在风险沟通中,专家需要向公众普及有关专业知识和风险评估的结果,公众通过这些信息,将形成客观认识,公众理性将逐步建立;与此同时,公众要向专家和政府提供一些"地方性知识",并提出自己相关的疑问与质询。在接下来的沟通中,政府、专家与相关企业在了解公众的关切内容和相关要求后,要有针对性地做出解答,并进行信息反馈,从而有效地消弭不一致的意见。

风险沟通还需及早开始。尽早开放风险对话,实质上是在帮助公众形成对风险事件的看法。帮助人们形成看法远远比改变人们的看法容易得多,政府应该尽早开放有关风险信息的对话。全球化与信息化时代的到来,让各种风险信息可以通过一些非正式渠道传播,但是面对庞杂且真假难辨的信息,公众往往会选择其中看起来更为"危险"的信息加以接受,这样,更具备"戏剧化"因素的风险信息更易于传播和放大。Baruch Fischhoff(1995)通过总结风险沟通的研究发现,如果风险沟通部门在风险事件发生之前,没有向民众们宣传风险的相关信息,一旦风险事件发生,并且给民众

---

① National Research Council, "Florida Fresh-market Vegetable Production: Integrated pest Management", *In Alternative agriculture*. Washington, DC, National Academy Press, 1989, pp. 336-349.

② 强新月、余建清:《风险沟通:研究谱系与模型重构》,《武汉大学学报》2008年第7期。

造成伤害,那么沟通者们先前的沉默就会引起公众的质疑。[1] 因为面对已然的毁灭性后果,公众们会对先前政府沉默的行为产生质疑,认为沉默实际是政府在隐瞒相关的信息。所以,政府应当要在谣言被肆意传播之前,主动和尽早地建立信息发布平台,了解公众实际需求,并及时作出回应,以体现政府解决问题的诚意。尽早开放对话的好处显而易见:一方面,政府通过对话平台,向公众及时传播相关信息与必要的知识,有利于公众更加理性地对待风险事件;另一方面,政府也可以从公众那里了解到公众对于风险事件的态度与要求的线索,从而调整下一步的风险沟通计划,让计划更加贴近实际。

及时有效公布风险信息,实质上是调整公众对风险事件的看法。当风险事件问题爆发并吸引公众、媒体的视线之时,公众已经对风险事件有了自己的看法,此时如及时有效地公布风险信息并对其反馈做出有效回应,以调整公众对风险事件的看法就显得十分重要了。在这个阶段,沟通需遵循"7C 原则":credibility,可信赖性,沟通双方要有基本的信赖;context:一致性,沟通必须与环境相协调;content:内容的可接受性;clarity:表达的明确性,简洁明了,易于被公众所接受;channels:沟通渠道的多样性;continuity and consistentcy:持续性与连贯性;capability of audience:受众能力的差异性。[2] 一方面,通过联系媒体召开新闻发布会、开通官方微博等方式,主动将对风险事件的评估结果以及规避的方法与原则等公之于众。在公布的方式上还要根据受众的接受特点,使用较为通俗的语言、图表等对风险事件的来源、评估结果以及相关依据进行阐释,阐释要尽量简洁明了。另一方面,在发布信息的同时,政府还必须及时倾听公众的反馈。政府在风险沟通的过程中

---

[1] Baruch, Fischhoff" Risk perception and communication Unplugged: Twenty Years of Process", *Risk Analysis*, Vol. 15, 1995, pp. 137 – 145.

[2] [美]格伦·布鲁姆、艾伦·森特、斯科特·卡特里普:《有效的公共关系》,明安香译,华夏出版社 2002 年版,第 353—354 页。

需要时刻关注新闻、网络等媒介,及时了解公众的质疑与问询,并作出回应,如有暂时难以回答的情况,也必须要在适宜的时间予以回应。回应需要避免绝对性,客观地介绍风险的不确定性,但一定要有依据。沟通必须要有始有终,信息要保持连贯性。

四、协商治理的实现

协商治理是化解社会风险事件治理困境的关键,实现协商治理还需协商治理主体的共同努力。这种努力是指共同协商治理的主体都需要改变各自的理念价值,使自身包含更多的"他在性"。

协商治理的主体主要指涉政府和公众两个方面,要使二者具有更多的"他在性",政府必须重新定位自己的公共责任,关注的焦点也应该从对经济、效率、绩效和压制冲突上,转移到提供方向性的指导上,转移到如何凝聚社会和公众的力量上。政府仍然要起到引导性的作用,引导社会各方力量的凝聚,引导最终治理目标的制定,引导各方力量使用的方向,引导构建协商治理体制的原则,引导建立协商治理体制的制度。而公众则需要培养公共精神,培养风险理性,公众只有意识到风险的存在,同时将风险作为重要的议题加以讨论,主动承担风险责任,积极参与到社会治理之中,主动建立起与政府的相互连接的关系,才能促进协商治理的展开。同时,二者之间要建立起良好的政府信任关系,才能更加有利于政府与公众之间协商治理的展开。

一是重新定位政府的公共责任。政治学对于政府的公共责任的关注主要集中在政治代表性与回应性以及不违反政策、计划和法律的国家责任。公共伦理学家库珀将政府的行政责任划分为客观责任与主观责任。客观责任根源于法律、组织机构、社会对行政人员的角色期待,主要包括:公共行政人员最为直接地对他们的上级组织负责,贯彻上级的指示或相互之间业已达成一致的目标任务,以及对下级的行为负责;通过法律对民选的官员负责,把他们的意志当作公共政策的具体表现来贯彻;对公共利益的负责,洞察、理解和权衡公民的喜好、要求和其他利益。主观责任根植于行政人员对忠诚、良知、认同的信仰,对责任的感受与信赖,为自己的良好行为提供内在的驱动力,主要表现为良好的职业道德。① 要通过协商治理化解社会风险事件的治理困境,必须对政府的公共责任重新定位。

传统的政府责任主要集中于对绩效提升的关注,以及政府对公众需求的回应力。评价一个政府好坏的关键在于该政府所创造出的绩效水平高低以及对公众需求的实现程度如何。然而,单纯看绩效无疑有着功利主义的倾向,片面追求GDP而牺牲环境以及公众利益的事件是其必然的逻辑结果。而将"好政府"定位于对公众需求的实现程度,在当前却让政府自身陷入到一种困境之中。当前社会的不确定性和复杂性极大的提升,公众的需求也是千变万化,期待不断提升,使政府往往倾注全力满足公众当前的需求,然而瞬息万变的情况却又使得公众产生了新的需求与期待,政府应接不暇。因此,重新定位政府公共责任势在必行。对政府的公共责任的定位应该基于政府行为对与公民的期待之间的关系的改变:对公民期待的满足应该更加具有前瞻性,要求公共行政不仅要有效率和回应力,更要具备推动社会变迁,主导政治、经济、文化发展的能力。②

"前瞻性"是对政府公共责任属性的定位,而"引导"则主要是对政府公共责任内容的定位。政府的"引导"责任主要发挥在:"其一,政府需要在社会治理结构的变革中发挥引导功能,促进多元治理主体协商治理治理模式的建构;其二,政府在多元治理主体的协商治理治理过程中,着重于战略方向的把握,通过'元战略'的确立而实现对治理过程的总体引导。"③

---

① [美]特里·L.库珀:《行政伦理学:实现行政责任的途径》,张秀琴译,中国人民大学出版社2001年版,第63—79页。
② 吴琼恩:《行政学(增订第二版)》,台湾三民书局2001年版,第3页。
③ 张康之:《社会治理的历史叙事》,北京大学出版社2004年版,第69页。

事实上,政府的"引导"责任,是基于服务型政府类型提出的。"保护"以及"干预"的政府责任是管理型政府类型下的职能模式。服务型政府类型是对管理型政府类型的扬弃,管理型政府自身合法性的危机问题愈加凸显。管理型政府类型中,政府作为唯一的社会治理主体,由于自身的有限性很难满足对公众的承诺,繁杂的科层制组织模式,让政府不得不花更多的精力在自身的运转之中,造成行政成本过高以及行政效率低下等问题,而这些问题的出现,直接削弱了政府的合法性。服务型政府则更加关注公共性,关注社会和公众的需求与利益,在行为模式上也转变为服务型行为模式。

因此,政府的公共责任应当以"前瞻性"为主要特征,以"引导"为主要内容。政府责任的转变,让治理成为一个更加开放的体系,社会治理的过程不再是以政府为单一主体,而是引入了第三方力量——社会资源,社团的参与,将提升政府的治理能力;同时,为政府分担公共责任,这将有利于政府行政效率的提高:第一,更好实现公众的需求和期待。拥有更多专业知识的社团的参与使得政府政策的科学性会有明显提升,同时,前瞻性的行政理念定位,也会让政府不跟着公众需求跑,而是能够引领社会的方向。第二,保障公众的知情权。从单一治理主体到多主体的改变,整个治理体系将变得更为开放,这为公众知晓政府的行动目的、模式提供了很好的平台与契机。

二是积极培育公众的公共精神。协商治理关系的建设对于公众也会提出相应要求。因为,公众与政府之间协商治理的可能性不仅仅局限于政府的作用,公众能否自觉维护公共秩序,分担公共责任,关切公共利益,富有公共精神,也是公众与政府之间的一个协商治理和支持的关键因素。因此,公众的角色转变至关重要,而公众角色的转变依赖于对公众公共精神的增长。

公共精神是指"公民具有超越个人狭隘眼界和个人直接功利目的,关怀公共事务、事业和利益的思想境界和行为态度。公共精神是现代社会对公民提出的一种最基本、最重要的美德要求"。[①]由此看来,公共精神对于公众而言是参与公共生活的一种责任意识和德行要求,而非权利。缺少这种责任意识,将会出现两种情况:第一,完全臣服于政府的臣民式的公众,这种状态下,政府信任关系不会是现代意义上的政府信任。第二,自私自利的公众,这种状态下,公众的个人主义泛滥,公众的着眼点只是自己,只关注权利,而丝毫没有公共情怀,没有自律,公众的需求趋向于毫无理性、毫无原则的无理要求,自然与政府也难以产生良好的互动关系。因此,培养公众的公共精神对于政府信任的建设而言是前提条件。这种公共精神应当包括责任、守法、协商、宽容、爱国、批判等要素。公共精神的培养需要公众首先能了解公共精神,体认实践公共精神。

公众了解公共精神离不开教育。只有通过对公众的知识、观念以及技能的引导才能让公众了解公共精神,提升公众的权利意识。公众权利意识的提升包括公众知道自身的权利有哪些,还包括当自己的权利受到侵害时,能够通过正当的渠道捍卫自己的权利。提升公众的守法精神:通过法制教育提升公众的守法精神首先要让公众学习法律、懂得法律,具有较为系统的法律常识。其次,公众应当能自觉遵守法律,内心拥有法律信仰。最后,要能使用法律武器保障自己合法权益,自觉维护法律的尊严。协商精神:通过参与公共政策的制定过程提升公众的协商精神,前提在于公众必须认识到每一个公民都是平等的权利个体,因此,在社会生活中,应该尊重他人意见,善待每一个个体,对于异见要有包容的、理解的心,要尊重每一个人参与公共事务讨论的权利。要通过思想道德建设提升公众的爱国精神等。要能够认识到自己的命运与国家的命运息息相关、紧密相连,因此要主动参与公共事务,促进公共利益的实现,关心国家命运。

[①] 龙兴海:《大力培育公民的公共精神》,《光明日报》2007年9月12日。

对公共精神的体认与实践。公众认识了公共精神,而要真正内化于心,还必须有一个体认的过程,使其成为内在的伦理自主性。公共精神的体认必须通过公众进入公共领域,参与政治生活实现。要逐步扩大公共空间,为公众提供更多参与公共生活的机会。公众参与到公共生活中意味着可以表达更多公共的意见,切身体验平等的协商对话,协调各种利益诉求,最终形成一致意见的过程。当公众意识到公共利益的实现也是对自身权利的实现时,如此激励之下将有助于公众体认公共精神,内化公共精神,在公共生活中实践公共精神,公民还应当能够承担起个人的道德责任,能在他人权益受到侵害的时候奋起反抗。同时,还要能够容忍和宽容。"公民需要宽容,在宽容中,人们不会通过道德对话来压制观念的表达,而在行为中禁止任何损害协商治理体制价值的行为。品德崇高的公民应该尊重、关心和爱护公共服务。"[1]

同时,在当前,公众公共精神还表现在公众风险责任意识上。面对日益复杂和不确定性的风险,公众风险理性的提升就显得尤为重要。这种风险理性主要表现为引导公众正确地看待风险,面对风险时,避免不必要的恐慌,对于风险信息要有基本的辨别能力,不随意夸大传播风险信息,正确认识风险信息对危机事件发生的激化作用等。否则,个人不负责任的行为方式往往会放大风险,促成危机事件的发生。

第三节 协商治理对中国风险治理的现实意义

民之所望,政之所向。协商治理在我国的社会改革与政治实践中的绩效令人振奋,协商治理的内涵品质对我国风险社会治理的积极意义也值得深化。中共十八大报告首次提出"社会

---

[1] [美]乔治·弗雷德里克森:《公共行政的精神》,张成福译,中国人民大学出版社2003年版,第40—41页。

主义协商民主是我国人民民主的重要形式",要求健全社会主义协商民主制度,推进协商民主广泛、多层、制度化发展。把协商民主正式写进党代会报告,是十八大的重要历史贡献,也是重大理论创新。

一、中国社会风险治理中的协商治理诉求

(一)由"一元管理"到"多元治理":协商治理是改善社会风险治理方式的有效探索

在基层社会风险治理中,党领导基层组织的传统方式是自上而下的"一元制"单向管理,更多的是"集中力量办大事",主要依靠行政命令来解决问题。这种方式在碰到矛盾时,突出的表现是大包大揽,甚至容易出现"政府买单、群众不买账"、老百姓"端起碗来吃肉,放下碗来骂娘"的现象。当前,随着人民群众利益诉求的日益多元化、碎片化,这种方式越来越难以适应形势需要,也越来越难以收到满意成效。为此,在社会风险治理中改善党的领导方式,必须把由老百姓自己解决的事交还给老百姓。而开展基层协商治理,就是改善党的领导方式和社会治理方式的有效探索,它不仅可以找到群众利益的最大公约数,达成共识,更可以将这种共识转化为共为,使党领导基层真正实现从"一元管理"向"多元治理"的转变。

在群众利益日益多元、社会结构日益多变、思想观念日益多样的新形势下,创新社会风险治理的关键在于要让治理过程更加民主、公开、包容,让不同社会阶层实现有序政治参与,不同群众利益诉求得到充分表达。要坚持把协商治理贯穿于风险治理的全过程,积极搭建平台,完善制度规范,加强基层协商和社会协商,切实解决人民群众实际问题;要坚持把法治理念落实在社会风险治理的各方面,推动科学立法、严格执法、公正司法、全民守法,引导和支持群众利用法治渠道表达利益诉求,运用法治方式维护合法权益;要坚持把创新城乡结合部快速城市化地区的社会风险治理放在突出位置,对重点地区的实际问题深入调研,提出有针对性的、长效的对策措施。政协要充分发挥协商治理的重要渠道作用,持续关注创新社会风险治理进程中的重点难点,积极谋策建言,为科学决策提供参考。

(二)由"被动接受"到"互动参与":协商治理是政府适应民意,不断提升风险治理能力的迫切要求

社会风险治理体系和治理能力的现代化,落实到基层社会治理中,就是要改变行政命令式、家长式的做法,更多地呈现平等性、多元性、互动性。而平等、多元、互动,正是基层协商治理所具备的"社会治理"的典型特征。平等,即每个参与者都是平等协商的主体,都有平等的话语权和决策权;多元,即利益相关者都是协商主体,既可以是自然人,也可以是法人;互动,即参与主体之间通过理性表达、彼此说服,最终相互妥协、达成共识,决不是由某一个群体或某一种意见说了算。所以,协商治理不仅是社会风险治理体系和治理能力现代化的迫切要求,也是社会风险治理体系和治理能力现代化的应有之义。

二、协商治理在中国社会风险治理中的重要作用

(一)协商治理扩大了公民参与社会风险治理的渠道

协商治理在中国社会风险治理中的重要作用,首先体现为公民政治参与渠道的扩大。协商治理形式的广泛化、多样化为规避和化解风险提供了更加灵活的公民参与形式。2015年中央出台的《关于加强社会主义协商民主建设的意见》大幅扩充了协商民主的范围,涵盖了政党协商、人大协商、政府协商、政协协商、人民团体协商、基层协商、社会组织协商等多元多样的协商民主形式和渠道,为广大公民和社会组织表达意见和诉求,参与社会风险治理过程提供了广阔的制度通道。现代社会风险治理,是以开放环境下的人民参与为基础,人民参与不仅是人民主权的现实体现,也是社会风险治理的动力源泉。现代民主政治,是以民意的表达和取向

为指针的"共识型民主"。相对于以竞争性选举为基础的"多数型民主",协商民主是扎根于中国传统文化、富有中国特色的民主实现形式。广大人民群众可以在各个领域和各个层次,通过协商民主的丰富形式,表达自己的意见和诉求。

(二)协商治理为中国社会风险治理构建了共治平台

在全球化时代的开放社会,协商治理为社会风险治理构建了共治平台。现代国家风险治理形态,需要适应和顺应多元主体的利益诉求和意见表达,形成国家与社会多方力量的合作共治,这就需要构建多方沟通、协商合作的制度支撑。而现代形态的民主协商,为协同共治的社会风险治理提供了制度路径。新时期的协商治理形式,正在不断拓展领域、提升绩效。在社区、社团、街道、乡镇、政府、人大、政协、人民团体等各个层次的民主协商,为广大人民参与不同层次的公共生活和国家风险治理,提供了表达意见、沟通协商、合作共治的制度平台,为凝聚民意提供了畅通的制度渠道,为推进国家治理现代化奠定了强大的民意基础。

(三)协商治理制度是对社会风险治理制度体系的补充和完善

作为制度形态的协商治理,还对社会风险治理制度体系进行了补充和完善。现代社会风险治理,是法治化的规则一体化治理,需要整体协调、统一配套的制度体系作为支撑。民主体系和法治体系即为现代社会风险治理的两大制度体系。民主体系为国家治理提供民意基础和正当性保证,法治体系为国家治理划定规则架构和权责边界。民主体系和法治体系愈成熟巩固,社会风险治理的制度体系则愈成熟巩固,作为社会风险治理体系制度绩效的国家治理能力则愈强大有效,而这都离不开协商民主制度的有效发挥。

随着我国城市化、现代化进程的不断加快,社会风险问题的发生呈现逐渐上升的趋势。风险问题因其自身的不确定性、建构性和成本——收益的非对称性,对习惯于自上而下发布命令、单向控制、自我封闭式的传统决策模式形成了极大的影响和冲击,使其越来越难以有效应对层出不穷的问题与事件。为此,应当借助于多元协商的治理机制,使所有相关和受影响的群体和个人都能参与到充分的讨论与沟通中来,着力建设资源、信息交流与互补的公共平台,重构政治家、专家和大众之间的风险决策权力关系,构筑起共同治理风险的网络联系和信任关系,最终提出能被各方广泛接受的决策方案。这将有助于化解当前风险带来的治理困境,提高决策的有效性和执行力,确保城市化进程的顺利推进和社会秩序的和谐稳定。

结 语
协商治理在当代中国风险应对中的实践探索

风险社会的出现赋予人类加深和拓展民主的机会,即建构基于民主参与、理性审视、公开讨论基础上的协商民主。风险社会中的政治转型需要尊重、参与、合法性等基本原则,民主政治不能局限于自由民主的常规政治体制中,而要体现在由更广泛的社会民主所搭建的协商讨论中。面对复杂多变的风险境况,针对日益频繁的突发性事件和群体性事件,协商民主正在发挥越来越重要的作用。中国政府及各主体在充分认识、认真研究协商民主的必要性和重要性的基础上,积极探索适应中国国情、体现中国特色的风险社会应对之策——建立健全社会主义协商民主制度。习近平总书记在《关于〈中共中央关于全面深化改革开放若干重大问题的决定〉的说明》中明确指出,在党的领导下,以经济社会发展重大问题和涉及群众切身利益的实际问题为内容……构建程序合理、环节完整的协商民主体系,拓宽国家政权机关、政协组织、党派团体、基层群众、社会组织的协商渠道;深入开展立法协商、行政协商、民主协商、参政协商、社会协商。这正表明,伴随着民众民主意识的增强,中国政府对推进协商民主的进程已经从蓝图设计逐渐走向制度规范,中国的协商民主正日益完善,形成了一套独具中国特色的社会主义协商民主制度体系。

党的十八大报告首次提出"社会主义协商民主是我国人民民主的重要形式",并在此基础上确立"社会主义协商民主制度"概念,进而对"健全社会主义协商民主制度"进行规划和部署,集中体现了中国共产党对社会主义民主政治的实践创新、理论创新和制度创新。党的十九大报告进一步明确指出,要"发挥社会主义协商民主重要作用。有事好商量,众人的事情由众人商量,是人民民主的真谛。协商民主是实现党的领导的重要方式,是我国社会主义民主政治的特有形式和独特优势。要推动协商民主广泛、多层、制度化发展,统筹推进政党协商、人大协商、政府协商、政协协商、人民团体协商、基层协商以及社会组织协商。加强协商民主制度建设,形成完整的制度程序和参与实践,保证人民在日常政治生活中有广泛持续深入参与的权利"。同时,"要提高保障和改善民生水平,加强和创新社会治理"①。

目前,协商民主已经广泛渗透到国家政治社会生活中,呈现出广泛性、多层次和制度化的特点,并且在不断丰富和发展。主要包括三个层面:一是中国共产党领导的多党协商治理和政治协商制度;二是国家政权机关的立法、决策协商制度;三是基层民主协商制度。就风险社会中的协商治理而言,基层民主协商制度更加具有参考和借鉴意义。

第一节 基层民主协商是我国协商民主建设的重中之重

有学者曾从协商的渠道出发,将我国的协商民主细分为五类:中共与各民主党派、无党派人士的党际协商;人大的立法协商;政府的决策协商;人民政协的政治协商;基层民主协商。相比较而言,其中党际协商和人民政协的政治协商是中国特色协商民主中发育最为成熟的两种形式;而基层民主协商的实践则最为丰富、最为鲜活、最为生动;人大立法协商和政府决策协商的发展,都有赖

---

① 习近平:《决胜全面建成小康社会夺取新时代中国特色社会主义伟大胜利——在中国共产党第十九次全国代表大会上的报告》,人民出版社2017年版,第37、38页。

于基层民主协商的发展而发展。基层是问题、矛盾、诉求的集聚地、源发地、高涨地。财权上移,事权下移,加上基层是熟人社会,易发生群体性事件。习近平总书记在庆祝人民政协成立65周年大会上的讲话中强调:"涉及人民群众利益的大量决策和工作,主要发生在基层。要按照协商于民、协商为民的要求,大力发展基层协商民主,重点在基层群众中开展协商。凡是涉及群众切身利益的决策都要充分听取群众意见,通过各种方式、在各个层级、各个方面同群众进行协商。"[1]

民主协商的根在基层,基层民主协商制度的创新与实践,最能够体现社会主义协商于民、协商为民的本质要求。在社会结构多元化、利益诉求多样化的今天,切实加强基层协商民主的制度建设,能有效促进公民有序的政治参与,让各种意见得以充分表达和交流,最大限度地调动民众的积极性、化解消极因素、整合社会各界的力量和资源,更有效地推进国家治理现代化。因此,基层民主协商制度是当前我国健全社会主义协商民主制度的着力点和主战场,是我国协商民主建设的重中之重,抓住基层民主协商这个根基和末梢进行审视分析,我们对社会主义协商民主这一制度体系的认识或许会更加清晰。

第二节 基层民主协商的主要形式

习近平总书记曾指出:"在中国社会主义制度下,有事好商量,众人的事情由众人商量,找到全社会意愿和要求的最大公约数,是人民民主的真谛。"实践中,我们深刻体会到,在基层社会治理中开展民主协商,必须把握好"民事民议民决"的精神实质,用群众的话说,就是"老百姓的事由老百姓自己商量着办"。

---

[1] 习近平:《在庆祝中国人民政治协商会议成立65周年大会上的讲话》,新华网2014年9月21日。

所谓民事,就是老百姓自己的事。这种事一般是指与老百姓有关的涉及公共利益的公共事务,而不是涉及老百姓个人利益的个人事务。在基层社会治理中,主要是针对村社的公共设施建设、环境卫生管理、公共秩序维护以及涉及公共安全的矛盾冲突等各项公共事务,由村(居)民尤其是利益相关者作为协商主体,参与到协商事务的讨论、决策、实施以及管理的各个环节。所谓民议,就是让老百姓自己商量。这种商量是指按照一定程序进行意见交流并相互说服,最终达成共识的协商过程。协商的形式既可以是相对正式的,通过会议、座谈、上门走访等,或者通过电话、网络、快递等形式征求意见;也可以是非正式的,通过口头形式议一议,从而达成一致意见。总之,什么样的形式最方便有效,就用什么样的形式展开协商,甚至可以多次协商。所谓民决,就是让老百姓自己决策。这种决策的结果是达成一致意见后形成约束性成果,比如村规民约、会议决议、计划方案等。在基层社会治理中开展协商民主,真正实现了多数人的事由多数人决定,不是像过去那样由基层党组织或基层自治组织说了算,更不是简单的少数服从多数。总而言之,老百姓的事要由老百姓自己说了算,使普通民众通过基层协商民主,能够拥有进行自我管理、自我监督以及民主决策的权利。

在我国推进民主政治实践和化解社会风险的途径中,形成了丰富的协商民主形式。基层层面的民情恳谈会、民主恳谈会、民主理财会、居民论坛会、乡村论证、议政会等;还有一些公共论坛、网络论坛等新兴协商治理形式。协商治理通过在公开透明、自由平等、尊重宽容的氛围中,各方主体充分讨论、权衡利弊、达成共识、化解风险。中国式协商民主是中国民主政治深化发展的体现,亦是规避风险的有益实践。

一、民主商谈会

民主商谈会通常被用来听取群众的意见、解决社区相关问题、赢得群众对地方项目的支持、就某些问题和政策达成共识、阐明立场和原则。它们常常被称为听证会、居民恳谈会和居民论坛会。协商的主题有公共政策、社区战略计划、地方发展的优先顺序、卫生保健、邻里安全、基础设施投资及其他。

协商会议可以分为三个阶段。第一阶段,社区领导安排议程和程序。公开讨论是第二阶段,在这个阶段,参与者表达他们的意见和偏好。在第三阶段,社区领导回答参与者提出的问题,在某些情况下,当场作出决策。显然,城市民主商谈的主要功能是就某些政策咨询居民的意见,并找出解决共同关心问题的方法。乡村的民主商谈会是带有决策功能的。

安排议程的通常是地方党委书记。一旦议程确定,人们通常不可能再增加新的条款。而在近些年,地方人大主任也能确定议程安排,但须得到党委书记的批准。参与者来源多种多样,也有的是选出代表利益集团的。在乡村民主商谈中,如果问题涉及全体村民的福利,每个家庭选派一名代表。在有些情况下,社区里的居民商谈对全体社区居民开放,会吸引很多人参加,在一些乡村和市镇的居民商谈会上,参与是自愿的。会谈的主席通常是党支部书记或社区领导。而有些居民委员会的程序允许居民自己选出自己的主席,来控制议程,参与者被鼓励畅所欲言。

一般来说,民主商谈会试图达成共识而不是通过投票作为解决问题的基础。然而,民主商谈会可能并不能形成一致意见,经过数轮协商后,分歧可能依然存在,如讨论工业园建在哪里、高速公路从哪里通过、新的学校选址选在哪里等。在分歧严重的情况下,地方党委的决策就可能会得到一些人的支持,而遭到另一些人反对。为了分卸责任或者为使有争议问题的政策具有合法性,在民主商谈上,地方党组织可能会决定让地方人大代表就困难的问题进行投票而无须考虑地方党支书的权威,投票的结果形成最终决策。他们认为唯一可靠并且无争议的合法性来源就是民主投票,投票结果可形成解决有争议问题的基础。这种整合协商会议和地方人大职权的做法也是一种制度创新。

二、公民评议会

公民评议会在许多地方,包括在乡村和城市都出现过。这种会议的目的就是给普通的百姓一个评议地方干部业绩的机会。

一般来讲,市民评议会分三个阶段。第一阶段:在会上,主要领导就地方领导的业绩作报告。第二阶段:市民提出问题、评议报告、交换意见并参与对政策和领导业绩的讨论。第三阶段:市民被要求填完评议表,也被称为信任投票。评议结果会影响地方领导和干部的政治前途和奖金水平。

尽管市民评议会给市民评议官员一个机会,但它不能让参与者充分讨论。市民评议最为关键的是在市民评议表相应的方框里选择,这样一种实践只能在秘密的情况下进行,这会妨碍讨论。还有一种特别的评价值得一提。中央编译局的比较政治和经济研究中心联合中央党校和北京大学开展为地方改革颁奖活动,这是国家官员和学者对地方制度创新的评价。它很大程度上是精英做的事情,但它给地方领导提供了一种更大的激励,通过改革来追求职业的发展或荣誉。[①]

三、民主恳谈会

民主恳谈会是由政府部门组织并主持,在一定范围内有广大群众和相关代表人物参加的领导和群众之间相互沟通的活动。每期民主恳谈会召开的日期由政府部门或相关部门确定,一期一个主题,预先张贴海报予以公告,明确一些特定出席人员,并欢迎群众自愿参加。会上,通常先由召集人通报有关公共事项的初步决策方案,然后听取群众意见,再由出席会议的领导当场解释、答复,

---

① 莫吉武、杨长明、蒋余浩:《协商民主与有序参与》,中国社会科学出版社2009年版,第190—191页。

主要目的在于了解民意,慎重决策。这种方式在农村地区比较盛行。主要优点是领导走到群众聚集的地方,省去多数群众的舟车劳顿麻烦和经费不足的限制。

民主恳谈的形式创始于 1999 年 6 月,当时浙江省温岭市松门镇作为农村现代化教育试点,采取一种面对面交流的方式,促进教育者、受教育者,以及其他参与者之间的互动式沟通。松门镇开启的这种"民主论坛"产生了积极的社会效果,激发了普通民众参与基层政治生活的热情和信心。1999 年底,温岭市委推广了松门的做法,各乡镇出现了形式多样的民主沟通、民主对话活动。2000 年 8 月,温岭市将此前已经在各地开展的"民主恳谈"、"村民民主日"、"村民讲台"、"民情直通车"等系列活动形式,统一更名为民主恳谈,并将活动范围由镇村两级向非公有制企业和政府部门延伸。民主恳谈作为一项与处理公共事务密切相关的社会协商制度,在温岭市得到确立。

经过几年的发展,民主恳谈逐渐演变为一种稳定的制度。其主要内容包括:民主沟通会、决策听证会、决策议事会、村民议事会、乡镇人大表决会、党代表建议回复会、重要建议论证会和村民代表监督管理会等。民主恳谈是温岭市村民自治、乡镇基层政权和市政府职能部门重大事项决策的必要程序,是民众参与公共事务的制度平台。民主恳谈不仅是民意表达的场所,更是重大决策的必要程序。在诉诸个人与集体理性的基础上,民主恳谈的参与者能够借助倾听、对话和沟通,在充分讨论的基础上形成基本共识,从而赋予决策以合法性,并最大限度地促进了公共利益。民主恳谈在中国的实践,体现了协商治理的某些特征,对我国的民主政治建设具有普遍的示范和借鉴意义。[①]

鼓励公民积极参与平等对话,并在对话过程中增加相互理解

---

① 陈家刚:《协商治理与当代中国政治》,中国人民大学出版社 2009 年版,第 221 页。

和尊重,最终围绕公共利益达成共识是民主恳谈的核心。作为一种开放的对话平台,其包容性非常广泛。虽然基层政府在民主恳谈活动中发挥着主导的作用,但是,在民主恳谈过程中,政府与普通公民是地位平等的主体,参加民主恳谈的人员具有同等的发言权,均可对议论事项提出建议、意见、要求和主张,这体现出政府与公民的平等对话。因此,民主恳谈活动的本质在于政治过程的各参与方的合作互动,以对话促进利益表达,以共识形成决策。

但是,在我国公共决策中公民参与程度还处于比较初级的阶段。要让我国公共决策中的公民参与活动不断发展,不仅要提高公众对于公民参与必要性的认识,而且还要不断完善各项参与机制。

四、听证会制度

听证会制度最早产生于英美法系,本意是指一种在诉讼中应听取他方当事人意见的制度,法院在调查事实和法律时,要举行听证会,以充分听取当事人的意见,实现公平正义。随后,听证会制度传到大陆法系,不断发展完善。自20世纪90年代起,听证会制度开始在我国产生和发展起来。1993年,深圳市在全国率先建立价格审查制度,这一般被视为我国听证会制度的雏形。1996年,《中华人民共和国行政处罚法》的通过,标志着听证会制度在我国的基本确立。1998年5月1日正式实施的《中华人民共和国价格法》明确要求:"制定关系群众切身利益的公用事业价格、公益性服务、自然垄断经营的商品价格等政府指导价、政府定价,应当建立听证会制度",从而把听证程序引入中国行政决策领域。1999年9月9日,广东省人大常委会举行的《广东省建设工程招标管理条例(草案)》听证会,标志着听证制度在立法领域中的应用。2000年3月15日,九届全国人大第三次会议通过了《立法法》,其中第34条规定,列入议程的法律案,立法机关"应当听取各方面的意见。听取意见可以采取座谈会、论证会、听证会等多种形式"。至此,听证会制度正式进入立法领域,立法听证开始逐渐成为我国民主政治生活尤其是公共决策民主化进程中的普遍事件。近年来,特别是2000年《立法法》颁布实施以来,一些地方人大先后在立法过程中举行了具体操作各异的听证会。据不完全统计,已有上海、广东、四川等20多个省、区、市人大常委会召开了数百次立法听证会,由此制定和修改的法规、规章日渐增多,所调整的社会关系日趋广泛,主要涉及经济管理与市场秩序、城市建设与管理、社会保障以及教育、文化、公民和企业权益保护等领域,均取得了较好的实际效果。

听证会制度是保证社会公众参与公共决策制定的主要形式之一。我国《立法法》第58条规定,行政法规在起草过程中,应当广泛听取有关机关、组织和公民意见,听取意见可以采取听证会、论证会、座谈会等多种形式。该法虽未明确规定听证会是制定行政法规的法定必经程序,但毕竟为听证工作提供了法律依据。由于行政法规与行政管理与人的利益密切相关,因此立法听证活动有利于政府搜集作为政策相关者的公民个人或群体的意见,提高所制定行政法规的适时性、针对性、科学性。政府部门在需要对医疗费用、教育收费、邮电收费、有线电视收费、铁路收费、生活用电及主要游览景点门票价格等作出调整时,必须先把各利益相关者召集在一起举行听证会,最后通过表决作出决断。这一制度填补了相关民生的公共政策和立法的空白,更好地体现了民生民主。

听证会制度作为实现社会治理目标的一项重要程序设计和制度保证,在我国虽然实施仅有不到20年的时间,但已在立法、行政、司法领域广泛应用,所产生的积极影响是极其重大和深远的。具体作用有以下几点:

第一,提升了政策的质量和水平。听证制度在我国的建立,使公共政策朝着人们所期待的方向迈出了一大步,极大地提升了公共政策的质量和水平。具体表现在:(1)确保了公共利益的价值取向。在政策制定中实行听证,有益于形成各种利益力量和利益集团之间的博弈制衡局面,促使政府考虑多方面的利益诉求,从而形成代表公共利益的公共政策。(2)使公共政策更具科学性。听证使政府获得了丰富信息;公民巨大的创造力得到发挥,有助于形成最优的政策方案;听证也使公共政策增强了可行性。(3)强化了公共政策的民意性和回应性。听证使政府更了解社会公众的政策需求,进而最大限度地满足公众的要求。提高了对政策效果预测的科学性和可行性,强化了政策的民意性和回应性。

第二,强化了对政府的监督。公共政策作为调整各种利益冲突、分配社会资源的重要措施,其本质和目标是为了维护公共利益,因此应做到合理公正。通过听证让公众参与其中,使政策制定的过程及相关信息公开,具有高度透明性,将避免政府在制定政策时的专横和执行中的武断。公众获得了制定政策的参与权、知情权、监督权,公共政策在阳光下运作,避免了腐败现象的滋生。

第三,拓宽了政治民主的渠道。公众政治参与是衡量现代社会民主化程度和水平的重要指标。它的具体形式很多,不仅包括直接选举和全民公决,还包括其他形式。其中"听证会制度就是现代民主社会普遍推行的用于保证各方利益主体平等参与公共政策过程,最终实现决策民主化、公开化、科学化乃至法制化的一种重要制度设计"[①]。

五、网络论坛

(一)网络论坛的广泛运用及其对协商治理的积极意义

网络论坛,即通常所说的BBS,是网上供人们交流信息的一个场所。其界面以文字为主,是一个多人参加、多向交流的版面,它把网民组织起来,交流各自的看法,分享有益的经验,为有需要的人提供帮助。由于网络论坛是以文字为主的交互过程,加上其操

[①] 李少惠、左霞:《听证制度在公共决策中的作用》,《生产力研究》2008年第9期。

作简单明了,吸引了大批网民的参与。网络论坛的出现,为人们提供了一个超越地域界线和时间限制的"在线空间",每个人都能在这里自由发表自己的意见。网民的意见发表以帖子的形式出现,每条帖子以标题的形式排列,通过点击标题,其他人就能看到其具体内容,也能够在同一主题的帖子下跟帖,发表自己对同一问题的看法,展开讨论。当有足够多的人被吸引到对某个问题的讨论中来的时候,就形成了网络舆论。近年来,越来越多的公民在网络上通过浏览公共论坛的帖子、发表自己的意见,关注和参与论坛的讨论和调查。随着中文互联网络的迅速发展,网络舆论的影响力发展到了一定阶段,其地位和功能甚至获得了权威层的认可。互联网公共论坛上的发帖、回帖在一定意义上已经不再是网民的自娱自乐,而成为表达民意的一个途径。有学者认为,中国网络舆论发端的标志性事件是1998年5月印尼排华事件后全世界华人(也包括国内)在网上的抗议活动,而真正以国内网站平台来表达民意的标志性事件,则应该是1999年5月9日人民网为抗议北约轰炸我国驻南联盟大使馆而开设抗议论坛一事。从此,互联网公共论坛作为一种承载着公民民主理想的特殊的政治参与方式,在我国迅速发展起来,逐渐成为网络舆论的主要发源地,民主协商的重要场所,从而为公民的政治参与开辟了新渠道。

互联网的普及打破了信息的垄断,信息为公众所共享,扩大了公众对政治信息的知情权,网络化也促进了公众政治参与的发展,在中国,新浪、搜狐、网易、新华和人民等各大门户网站公共论坛的普及,使越来越多的网民借助于它来及时、明确地表达自己的政治意愿,甚至与政府发生互动。我国政府在决策过程中,也开始借助网络了解和收集各种意见,以增加决策过程的透明度,吸引公民的广泛参与。在互联网时代,利用互联网进行网络协商日益成为公民参与社会风险治理,实现自身政治意愿的重要渠道和手段。互联网的自由、开放、互动等特点与协商治理的对话、沟通、谈判等特质具有内在的耦合性,网络论坛的产生和发展,为满足协商治理广泛而多层的发展提供了必要的平台和载体。

(二)提高与完善网络协商治理实践的路径探索

第一,构建网络协商主体的"广泛"培养机制。一方面,提升协商参与者的取样标准。对参与者的挑选工作决定着协商治理的成败,如果这一工作做得不好,协商治理的代表性问题就会受到质疑,其效果自然也要大打折扣。在互联网空间,就某一议题,参与者涉及政府官员、学者专家和持各自立场的网民代表。通过综合门户网站、各类大型论坛等社会网络或专业网络邀请协商参与者,可采取非随机抽样和随机抽样两种方式进行。就随机抽样而言,应根据具体情况在网络参与者中设定若干范畴,如教育程度、年龄层和不同性别,预定初选的人数,再从符合条件者中随机抽选。另一方面,政府对网络环境的有效治理。2016年4月19日,习近平总书记在京主持召开网络安全和信息化工作座谈会并发表重要讲话,提出"通过网络走群众路线"的重要理念。这充分说明党中央对新形势下网信工作提出了更高的要求,对互联网的影响力更加重视。如何营造网络良好生态,发挥网络引导舆论、反映民意的作用是政府需要研究的一项重大课题。面对微博问政等网络参政平台的迅猛发展,政府应在当下策略和长远战略方面努力作为,建立起有助于吸纳压力、化解风险,进而同舟共济的协商治理制度平台。

从应急思维走向顶层设计。在可预见的未来,由于贫富、阶层、城乡、地区等结构性差异不会消失,甚至有可能激化。同时,随着技术的扩张和教育的普及,全民素质会普遍提高,大众化时代必将到来。政府应清醒地看到,传统家长式管教或精英掌控的旧式应急管理和过度维稳的思维已无法科学治理大众时代的多元社会。政府需在公共政策制定和制度设计上作出调整,以适应网络时代的到来。互联网不仅是外在的传播技术,还可以内嵌在国家治理之中。如帮助政府重塑行政流程,强化服务监管,丰富治理手段。同样,政府要实现执政的利益最大化也必须了解和回应民众多元的利益诉求,实现精准的服务管理。目前来看,针对民众意见聚合范围之广、时间之快、内容之丰富的现状,唯有互联网能帮助政府实现关切民意的目标。

从被动应对走向主动吸纳。在过去的典型案例中,网络协商对政府行为的改变产生了直接的促动作用,这主要来自于两个方面:一是打破了政府独家报道和真相解释权,提供了更丰富的事件内容和解读视角;二是将具体事件置于阳光下,由于网民追问,上级政府迫于网络舆论的压力也被迫行使监督权,采取断然行动挽回局面。值得欣慰的是,时至今日,党政机关和官员微博已覆盖从中央到地方多个行政层级以及众多职能部门,进入现场、主动播报政策、直面民意、回应热点,已然成为一种趋势。在官方微博的背后,凸显了我国协商治理政治参与逐渐从单边网民发力、政府被动接招,向政府主动吸纳、官民良性互动的转变。

第二,构建网络协商渠道的"多层"整合机制。克服现实鸿沟和数字鸿沟对网络协商治理的负面效应,必须通过对"多层"协商渠道进行具体的实现机制设计。一方面,将网络协商治理与正式制度衔接起来。显然,这涉及网络协商治理的目标范畴。其目标非常明确,就是为了影响政府即将出台的公共政策。但公共政策并不是由参与协商的公民代表来制定的,而是由政府部门的官员们制定的。因此,如何将公民代表的协商与正式的制度制定和安排衔接起来,是一个亟待解决的问题。就其对政策影响力而言,在中国开展协商治理具有天然的优势,因为中国近现代就有制度化的渠道,如各级人大、政协。而且,按照党的十八届三中全会精神,要建立广泛多层制度化的协商治理,强调协商于决策之前和决策执行过程之中。如果落实,其对政策的影响力是深远的。另一方面,因地制宜开展协商治理。面对不同形式的协商治理,在实际操作中没必要亦步亦趋,完全可以根据实际情况,灵活掌握,保留核心环节操作。这里需要注意的是,在中国几乎所有的协商治理实践都是由政府主导的,在此类协商治理中,党和政府本身对于协商治理的成败而言是非常关键的因素。因此,(1)相关部门的领导和承办人员必须理解协商治理的基本理念和各种参与模式的操作程序,尤其是理解在网络空间协商治理的具体操作;(2)根据议题性质、参与模式和经费使用情况,选择适当的参与模式;(3)根据实际操作需要,甄选具有协商治理操作经验的学术机构或社会团体参与其中;(4)建立外部监督机制,确保协商结果的公正性和执行过程的规范性;(5)公开响应协商的结果,并运用协商结果与立法部门进行沟通,确保公共决策的出台。

第三,构建网络协商过程的"制度化"执行机制。一方面,将公民代表协商和公众参与结合起来。一是实体协商与网络协商论坛相结合。这种形式是一个双向互动的过程。协商的信息不仅会从公民代表流向普通民众,也会从普通民众流向公民代表。通过二者之间的信息互动,普通民众的意见直接进入协商过程。从实践中人们发现,实体协商与网络协商论坛这两种模式所得出的议题设定与最后的共识绝大部分都是相同的。二是公民代表协商和普通公众的听证会相结合。一般来说,网络论坛的参与者多为年轻人,且教育程度较高。但还存在很多人群是不上网的,即便是网民,也有部分人群由于信息鸿沟的存在和技术壁垒的阻碍被排斥在网络协商论坛之外。为了解决这一难题,有些协商治理采取了公民代表协商与普通公众的听证会相结合的形式,通过听证会,普通民众的意见进入了下一阶段面对面的协商过程。另一方面,是议题设定和操作的科学化和民主化。形成议题是任何形式的协商治理首先要做的事情。任何一次协商治理的实践都有某种契机,要么是广大网民关注的敏感事件,要么是政府遇到的有争议的核心问题。为明确具体议题,还需从互联网搜集相关的咨询,这些咨询包括学术界现有的研究成果和网民中具有代表性的意见主张,在此基础上确定议题。

在操作层面,需要做好以下几个方面工作:(1)做好会议前的各项准备工作。在网络空间,会前的各项准备工作主要是准备相关阅读材料,使参与者对讨论议题的性质和争议有所了解。首先,在强大搜索引擎的技术支撑下,在各类大型论坛和门户网站有关议题的背景资料中,搜索、挖掘、归纳出相关阅读材料。其次,会前阅读材料的准备可借鉴专家方案。相关领域专家涉及本议题的博客内容或在各类学术网站如中国知网等检索相关学者专家的学术研究报告,以从专业角度进一步优化会前阅读材料内容的权威性和专业性。最后,针对协商议题在互联网发起问卷调查。(2)保证会议有效进行。一定的时间是保证协商质量的一个基本条件。各种形式的协商治理的正式会议议程一般都是2—3天。先要花一两天时间弄清与议题相关问题的各种事实及其证据,请协商的参与者如网民的意见代表、学者专家、政府机构代表等说明事实的各方面情况。在此基础上,各参会者再花一两天时间讨论,对自己观点进行反思,提出解决问题的各种方法,通过比较诸方法的利弊,最后拿出一个大家都认可且可以约束所有参与者的方案。整个网上协商过程通过小组讨论、专家咨询和会后深度访谈几个环节来完成。

第三节 基层民主协商的实现路径和面临的困难

基层民主协商不是以牺牲某一方利益为代价来维护另一方利益的过程,而是通过商量最终达成共识的过程,它实现的路径是通过"妥协达成共识"。在这个过程中,要努力寻求"最大公约数",但也要宽容"议而不决"。所谓寻求"最大公约数",是指在协商共识形成的过程中,从各方都有想法,到观点不断修正,逐步形成最大公约数,然后再由多数人去做少数人的工作,最后达成广泛共识。这个过程实现了两个转变:一是从观点不一到观点统一的转变,这需要参与协商的各方理性表达自己的诉求,各种观点相互碰撞、相互说服,最终达成思想共识;二是由个人利益到公共利益的转变,这需要各利益相关方进行利益博弈,各方利益相互让步、相互妥协,最终寻找到一个平衡点,即各方利益的最大公约数。所谓宽容"议而不决",具体是在实践中我们会经常发现,一些问题往往并不那么容易达成共识,有的问题需要反复协商多次才能达成共识,有的问题到最后也形成不了共识,只能拖而不决或另想他法。这其中既有部分是因协商参与者素质不高造成的,也有因客观环境和条件等限制因素造成的。但是,从另一个角度来说,"议而不决"避免了多数人对少数人的"暴政",这本身也是社会主义民主的体现。因此,对于"议而不决",我们需要保持一种宽容的态度,宁可暂时搁置待议,也决不忽视。

从实践来看,基础群众参与的广泛性、组织性,是开展基层民主协商的内生动力,也是需要着力破解的难点问题。广泛性不够,作出的决策就难以得到各方认可;组织性不够,就会降低协商效率,甚至导致"议而不决"。而要提高参与的广泛性和组织性,关键在于大力培养公共精神和发展社会组织。首先,培养公共精神。一是大力挖掘和培育意见领袖,鼓励、引导他们主动发声、理性发声,并让他们在群众中间逐渐树立起威信;二是建立公共精神补偿激励机制,比如定期对热心参与协商民主的志愿者给予表彰并授予荣誉称号,提高他们的社会认同度,激励更多人投身到公共事务中来。其次,发展社会组织。一方面要整合现有的一些社会组织力量,如志愿者协会、老年人协会等,通过引导使之为我所用;另一方面需要大力培育、发展新的社会组织,从搭建培育孵化平台、健全激励机制、完善服务管理制度等方面入手,引导社会组织发展壮大。

第四节　保障和完善基层民主协商制度的创新与实践

基层民主协商的制度化、规范化和程序化,离不开宏观层面的理论和制度定位,离不开中观层面的政治组织和政治生态结构的支持,也离不开微观层面的具体实践和操作机制。只有进一步保障和完善具体的实践和操作机制,才能使基层民主协商真正落到实处。

从宏观层面来看,民主天然具有一定的无序性和盲目性,必须通过积极引导使其有序发展。在基层社会治理中开展协商民主,坚持党的领导和依法办事,是推动基层协商民主有序发展的两大保障。在基层协商民主实践当中,基层党组织的影子随处可见,从议题选择,到人员选择,再到协商过程的掌控,基层党组织始终是核心领导力量。正是由于基层党组织把握方向、控制局面的作用得以彰显,保证了协商民主始终与党的方针政策、决策部署相一致,与公共利益相契合,与基层和谐稳定相衔接,并在法治轨道上运行和发展。因此,基层党组织在基层协商民主中的核心领导作用只能强化,不能弱化,尤其应更加突出基层党组织在培育公共精神、发展社会组织中的作用。同时,要坚持"统揽而不包揽"的原则,基层党组织只负责掌控协商进度和方向,不能干预协商过程,真正让群众自己来决策。其次,民主和法治是一枚硬币的两面,从来不可分割。在实践中我们深切体会到,只有始终坚持依法办事,才能更好地实现协商民主。包括协商共识的合法性,公共精神的培育,社会组织的发展等,都需要从法律层面予以保护。只有坚持把法治思维和法治方式贯穿到基层协商民主各个环节,不断强化法治的支撑和保障作用,进一步推动基层协商民主法治化、制度化、规范化,才能使基层协商民主始终在正确的轨道上运行和发展,也才能让群众真正感受到自由、公平、民主。

从微观层面来看,基层民主协商的制度化发展,离不开具体的参与机制、协商机制和反馈机制。

首先,完善基层民主协商的参与机制。近年来,尽管基层民主协商在有序推进,但参与机制有待进一步完善。第一,参与者的选拔机制。如何解决参与的代表性和参与能力的问题,一直是参与机制面临的核心问题。在参与者的选拔上,既要保证参与的代表性,又要避免将一些与协商内容不相关的人选拔到协商会议中来。

这就需要在参与者的选拔过程中进行地域、行业、能力等要素的区分,根据每次协商内容的不同,广泛而科学地选拔参与者,保证协商者的积极性和协商的质量。第二,参与者的培训机制。参与者来自各行各业,并非都具备相关的知识和能力,这就要求组织参与者有必要组织好培训工作,从而保证民主协商的成果。第三,参与者的规范机制。权利总是与责任相伴随,公民履行参与民主协商的权利,也要承担相应的民主协商责任。这就要通过相关的规定,使公民有序参与民主协商,避免非理性地无序参与民主协商。

其次,完善基层民主协商的协商机制。如何协商,是基层协商民主的核心问题。第一,协商议题的设置。由谁来选择和确定协商的议题,直接决定了人们参与协商的内容和范围。协商的内容和范围,决定了基层协商民主的深度和广度。需要通过相应的规定,确定哪些内容无须协商,哪些议题必须要公开协商,从而保证人们对公共事务协商的广泛参与。第二,保证协商的公平性。需要通过有效的议事规则,避免由于知识、能力或者信息不对称导致的参与协商不平等,避免民主协商过程受到权力、利益团体等因素的干扰和误导。第三,确保协商的有效性。通过必要的机制,对协商的意见进行协调和整合,把民主协商的意见全面真实地反馈到相关部门的工作中去。

最后,建立民主协商后的反馈机制。基层民主协商的效果如何,需要通过反馈机制来实现。在现有的制度条件下,民主协商本身还不具有法律效力。事实上,基层民主协商也不可能替代人大代议民主的功能。为了避免协商流于形式,就需要建立必要的反馈机制。各相关部门,需要对民主协商中的意见进行必要的反馈和回应。只有通过这种反馈和回应,取得共识,才能保证民主协商的持续性。在回应的过程中,需要建立必要的保障机制,使这种回应本身成为基层民主协商的重要组成部分。这就要求建立相应的回应渠道、回应规则、回应责任机制,避免那种可有可无的形式回应,使民主协商的结果具有必要的机制保障。

综上所述,基层民主协商作为在实践中发展起来的民主形式,对于中国民主政治建设具有重要的理论和现实意义。当前,还需要从理论和实践层面加以深入探索和研究,从而推动基层民主协商的制度化、程序化和规范化,丰富人民民主的内容和形式,推动中国特色社会主义民主政治建设。

展望未来,到2020年我国将实现全面建成小康社会的战略目标,社会风险治理能力和国家治理现代化水平必将进一步全面提升。这就需要奠定更加成熟、更加定型的协商民主制度体系,需要党、国家与社会的互动协商治理,需要全体国民的共同努力、多方参与、协同共治。以协商民主助推风险治理现代化,在协商中扩大参与,在参与中扩展民主,在民主中提升我国社会风险治理的能力和水平。

参考文献

一、经典著作

1. 《马克思恩格斯全集》(第9卷)，人民出版社1971年版。
2. 《马克思恩格斯全集》(第46卷上册)，人民出版社1979年版。
3. 《马克思恩格斯选集》(第1—4卷)，人民出版社1995年版。
4. 《毛泽东选集》(第1—4卷)，人民出版社1991年版。
5. 《邓小平文选》(第1—3卷)，人民出版社1994年版。
6. 《江泽民文选》(第1—3卷)，人民出版社2006年版。
7. 《胡锦涛文选》(第1—3卷)，人民出版社2016年版。
8. 《习近平谈治国理政》(第一卷)，外文出版社2014年版。
9. 《习近平谈治国理政》(第二卷)，外文出版社2017年版。
10. 中共中央宣传部：《习近平总书记系列重要讲话读本》，学习出版社、人民出版社2016年版。

二、中文专著

1. 周中叶：《代议制度比较研究》，武汉大学出版社1995年版。
2. 陈禹：《信息经济学教程》，清华大学出版社1998年版。
3. 陈家刚选编：《协商民主》，上海三联书店2004年版。
4. 薛晓源、周战超：《全球化与风险社会》，社会科学文献出版社2005年版。

5. 林尚立:《制度创新与国家成长:中国的探索》,天津人民出版社 2005 年版。

6. 杨雪冬:《风险社会与秩序重建》,社会科学文献出版社 2006 年版。

7. 童星、张海波:《中国转型期的社会风险及识别:理论探讨与经验研究》,南京大学出版社 2007 年版。

8. 谈火生:《审议民主》,江苏人民出版社 2007 年版。

9. 刘挺:《经济全球化与社会风险》,社会科学文献出版社 2007 年版。

10. 庄友刚:《跨越风险社会:风险社会的历史唯物主义研究》,人民出版社 2008 年版。

11. 何包钢:《协商民主:理论、方法和实践》,中国社会科学出版社 2008 年版。

12. 何包钢:《民主理论:困境和出路》,法律出版社 2008 年版。

13. 刘岩:《风险社会理论新探》,中国社会科学出版社 2008 年版。

14. 韩冬梅:《西方协商民主理论研究》,中国社会科学出版社 2008 年版。

15. 陈家刚:《协商民主与当代中国政治》,中国人民大学出版社 2009 年版。

16. 莫吉武、杨长明、蒋余浩:《协商民主与有序参与》,中国社会科学出版社 2009 年版。

17. 陈秋玲:《社会风险预警研究》,经济管理出版社 2010 年版。

18. 潘斌:《社会风险论》,中国社会科学出版社 2011 年版。

19. 陈家刚:《协商民主与政治发展》,社会科学文献出版社 2011 年版。

20. 王洪树:《协商合作视野下的民主政治研究》,中国社会科学出版社 2011 年版。

21. 唐明良:《环评行政程序的法理与技术:风险社会中决策理性的形成过程》,社会科学文献出版社 2012 年版。

22. 童星:《创新社会管理》,中国社会科学出版社 2012 年版。

23. 林尚立:《建构民主:中国的理论、战略与议程》,复旦大学出版社 2012 年版。

24. 姚尚建:《风险化解中的治理优化》,中央编译出版社 2013 年版。

25. 崔德华:《风险社会理论与我国社会主义和谐社会构建研究》,山东大学出版社 2013 年版。

26. 袁方:《社会风险与社会风险管理》,经济科学出版社 2013 年版。

27. 李强彬:《协商民主与公共政策前决策过程优化:中国的视角》,四川大学出版社 2013 年版。

28. 陈家刚:《协商民主与国家治理:中国深化改革的新路向新解读》,中央编译出版社 2014 年版。

29. 林尚立:《协商民主:中国的创造与实践》,重庆出版社 2014 年版。

30. 谈火生、霍伟岸、何包钢:《协商民主的技术》,社会科学文献出版社 2014 年版。

31. 刘新立:《风险管理》(第 2 版),北京大学出版社 2014 年版。

32. 李君如:《协商民主在中国》,人民出版社 2014 年版。

33. 陶建钟:《社会秩序的生成与建构:风险社会视野下的一种政治学考察》,浙江工商大学出版社 2014 年版。

34. 阎孟伟:《协商民主:当代民主政治发展的新路向》,人民出版社 2014 年版。

35. 牛立文:《协商民主理论与实践研究》,中共党史出版社 2014 年版。

36. 袁泽民:《协商的建构研究》,中国社会出版社 2014 年版。

37. 于小英:《协商民主与国家治理研究》,中央编译出版社 2015 年版。

38. 李谧:《风险社会的伦理责任》,中国社会科学出版社 2015 年版。

39. 张治库:《风险社会与人的发展》,人民出版社 2015 年版。

40. 唐钧:《政府风险管理:风险社会中的应急管理升级与社会治理转型》,中国人民大学出版社 2015 年版。

41. 陈家刚:《协商与协商民主》,中央文献出版社 2015 年版。

42. 王洪树:《社会协商对话》,中央文献出版社 2015 年版。

43. 马奔:《协商民主的方法》,中央文献出版社 2015 年版。

44. 隋斌斌:《国家机关与协商民主》,中央文献出版社 2015 年版。

45. 童星、张海波:《风险灾害危机研究》,社会科学文献出版社 2015 年版。

46. 郑楚宣、伍俊斌:《协商民主与当代中国民主政治建设》,人民出版社 2015 年版。

47. 林尚立、赵宇峰:《中国协商民主的逻辑》(修订版),上海人民出版社 2016 年版。

48. 陈抗、刘臣:《中国协商民主和公众参与的实践探索》,中国人民大学出版社 2016 年版。

49. 张洁:《社会风险治理中的政府传播研究:变迁,差异与革新》,中山大学出版社 2016 年版。

50. 陈建奇:《改革中国:风险、挑战与对策》,东方出版中心 2017 年版。

51. 贾英健:《风险生存论》,人民出版社 2017 年版。

52. 刘路:《风险社会的政府话语:问题与对策》,中国国际广播出版社 2017 年版。

53. 孙壮珍:《风险治理与和谐社会构建:风险感知视角下科

技决策面临的挑战及优化研究》,中国社会科学出版社2017年版。

54. 杨海:《风险社会:批判与超越》,科学出版社2017年版。

55. 吴兴智:《从参与到协商:我国地方治理转型的经验与路径研究》,中国社会科学出版社2017年版。

56. 刘彦昌:《治理现代化视角下的协商民主》,浙江大学出版社2017年版。

57. 朱圣明:《民主恳谈:中国基层协商民主的温岭实践》,复旦大学出版社2017年版。

58. 韩福国:《我们如何具体操作协商民主:复式协商民主决策程序手册》,复旦大学出版社2017年版。

三、西文译著

1. [苏]伊利亚·普利高津:《确定性的终结:时间、混沌与新自然法则》,湛敏译,上海科技教育出版社1998年版。

2. [英]安东尼·吉登斯:《现代性的后果》,田禾译,译林出版社2000年版。

3. [英]安东尼·吉登斯:《失控的世界》,周红云译,江西人民出版社2001年版。

4. [德]乌尔里希·贝克、[英]安东尼·吉登斯、[英]斯科特·拉什:《自反性现代化:现代社会秩序中的政治、传统与美学》,商务印书馆2001年版。

5. [德]乌尔里希·贝克:《风险社会》,何博闻译,译林出版社2004年版。

6. [德]乌尔里希·贝克:《世界风险社会》,吴英姿、孙淑敏译,南京大学出版社2004年版。

7. [英]芭芭拉·亚当、[德]乌尔里希·贝克、[英]约斯特·房·龙:《风险社会及其超越:社会理论的关键议题》,赵延东、马樱等译,北京出版社2005年版。

8. [英]齐格蒙特·鲍曼:《寻找政治》,洪涛等译,上海人民出版社2006年版。

9. [美]詹姆斯·博曼、[美]威廉·雷吉:《协商民主:论理性与政治》,陈家刚等译,中央编译出版社 2006 年版。

10. [澳]约翰·S.德雷泽克:《协商民主及其超越:自由与批判的视角》,丁开杰等译,中央编译出版社 2006 年版。

11. [美]詹姆斯·菲什金、[英]彼得·拉斯莱特:《协商民主论争》,张晓敏译,中央编译出版社 2009 年版。

12. [英]大卫·丹尼:《风险与社会》,北京出版社 2009 年版。

13. [美]弗兰克·H.奈特:《风险、不确定性与利润》(珍藏本),商务印书馆 2009 年版。

14. [英]尼克·皮金、[美]罗杰·E·卡斯帕森、[美]保罗·斯洛维奇:《风险的社会放大》,谭宏凯译,中国劳动社会保障出版社 2010 年版。

15. [美]珍妮·X·卡斯帕森、[美]罗杰·E·卡斯帕森:《公众、风险沟通及风险的社会放大》,童蕴芝译,中国劳动社会保障出版社 2010 年版。

16. [美]珍妮·X·卡斯帕森,[美]罗杰·E·卡斯帕森:《风险分析、合作以及风险全球化》,李楠、何欢译,中国劳动社会保障出版社 2010 年版。

17. [英]迪伦·埃文斯:《风险思维:如何应对不确定的未来》,中信出版社 2013 年版。

四、学术期刊类

1. 斯科特·拉什、王武龙:《风险社会与风险文化》,《马克思主义与现实》2002 年第 4 期。

2. 乌尔里希·贝克、王武龙:《从工业社会到风险社会(上篇)——关于人类生存、社会结构和生态启蒙等问题的思考》,《马克思主义与现实》2003 年第 3 期。

3. 贝克、邓正来、沈国麟:《风险社会与中国——与德国社会学家乌尔里希·贝克的对话》,《社会学研究》2010 年第 5 期。

4. 楚德江:《风险社会的治理困境与政府选择》,《华中科技大学学报》(社会科学版)2010年第4期。

5. 冯志宏:《风险社会视域中的信任危机》,《学术交流》2010年第5期。

6. 张晨、何华玲:《"双重风险社会"中公共治理的困境与重塑》,《长白学刊》2010年第2期。

7. 蒋晓丽、胡登全:《风险社会与媒介表征》,《四川大学学报》(哲学社会科学版)2010年第2期。

8. 童星:《公共政策的社会稳定风险评估》,《学习与实践》2010年第9期。

9. 张海波、童星:《公共危机治理与问责制》,《政治学研究》2010年第2期。

10. 何俊志:《权力、观念与治理技术的接合:温岭"民主恳谈会"模式的生长机制》,《南京社会科学》2010年第9期。

11. 金太军:《政府公共危机管理失灵:内在机理与消解路径——基于风险社会视域》,《学术月刊》2011年第9期。

12. 全燕、申凡:《媒介化生存下"风险社会"的重构与反思》,《国际新闻界》2011年第8期。

13. 潘斌:《风险社会与风险治理的哲学反思》,《华中科技大学学报》(社会科学版)2011年第4期。

14. 李诚:《我国转型期社会风险及其治理的理论思考——基于风险社会理论的分析》,《学术界》2011年第3期。

15. 陈华:《协商治理视野下的政府信任关系研究》,《学术论坛》2011年第3期。

16. 何红彬、张俊国:《"无直接利益冲突"矛盾防范与化解机制探索——基于协商民主与协商治理视角的分析》,《行政论坛》2011年第1期。

17. 张敏:《协商治理及其当前实践:内容、形式与未来展望》,《南京社会科学》2012年第2期。

18. 郁乐:《风险社会视野中的环境问题及其多重效应》,《哲学动态》2012年第12期。

19. 肖瑛:《风险社会与中国》,《探索与争鸣》2012年第4期。

20. 左亚文:《当今中国社会风险的哲学透视》,《理论探讨》2012年第3期。

21. 何包钢:《协商民主和协商治理:建构一个理性且成熟的公民社会》,《开放时代》2012年第4期。

22. 张敏:《协商治理:一个成长中的新公共治理范式》,《江海学刊》2012年第5期。

23. 刘兆鑫:《协商治理:服务型政府建设的路径依赖》,《行政论坛》2012年第1期。

24. 刘兆鑫:《利益—风险:面向风险社会的公共政策分析》,《中国行政管理》2012年第8期。

25. 靳文辉:《弹性政府:风险社会治理中的政府模式》,《中国行政管理》2012年第6期。

26. 张海波:《柔性社会管理:可能与可为》,《中国行政管理》2012年第6期。

27. 郎友兴:《公民文化与民主治理机制的巩固和可持续性——以温岭民主恳谈会为例》,《中共浙江省委党校学报》2012年第2期。

28. 柯红波:《风险社会视域中当代中国政治信任构建的环境分析》,《行政论坛》2013年第3期。

29. 张昱、杨彩云:《泛污名化:风险社会信任危机的一种表征》,《河北学刊》2013年第2期。

30. 徐艳玲、赵萍:《西方风险社会理论语境下中国社会管理创新的困境与出路》,《当代世界与社会主义》2013年第1期。

31. 成协中:《风险社会中的决策科学与民主——以重大决策社会稳定风险评估为例的分析》,《法学论坛》2013年第1期。

32. 胡象明:《协商治理:中国公共管理体制改革的目标模式》,《学术界》2013年第9期。

33. 王浦劬:《中国协商治理的基本特点》,《求是》2013年第10期。

34. 马海波:《恳谈协商与群众工作方法创新:党群关系视野中的温岭民主恳谈会》,《社会主义研究》2013年第1期。

35. 王洪树:《协商民主:近代西方的思想探索与实践发展》,《马克思主义与现实》2014年第4期。

36. 吴翠丽:《城市化进程中邻避风险事件的治理困境与协商化解》,《城市问题》2014年第2期。

37. 王京京:《国外社会风险理论研究的进展及启示》,《国外理论动态》2014年第9期。

38. 张广利、许丽娜:《当代西方风险社会理论的三个研究维度探析》,《华东理工大学学报》(社会科学版)2014年第2期。

39. 林尚立:《协商民主是我国民主政治的特有形式和独特优势》,《求是》2014年第6期。

40. 陶建钟:《风险社会的秩序困境及其制度逻辑》,《江海学刊》2014年第2期。

41. 张成福:《风险社会中的政府风险管理》,《中国行政管理》2015年第4期。

42. 王佃利、王庆歌:《风险社会中邻避困境的化解:以共识会议实现公民有效参与》,《理论探讨》2015年第5期。

43. 李辉、蔡林慧:《论基层治理的制度变迁与基层协商治理》,《社会主义研究》2015年第4期。

44. 颜佳华、吕炜:《协商治理、协作治理、协同治理与合作治理概念及其关系辨析》,《湘潭大学学报》(哲学社会科学版)2015年第2期。

45. 王洪树:《现代西方协商民主的社会实践和理论探索》,《探索》2015年第4期。

46. 钟金意、钱再见:《公共权力运行公开化语境下协商治理研究》,《上海行政学院学报》2015年第6期。

47. 王岩、胡媛媛:《论协商民主的内在价值意蕴》,《哲学研究》2015年第9期。

48. 陈亮、王彩波:《协商治理的运行逻辑与优化路径:一个基于"话语、公共主题与协商过程"的分析框架》,《理论与改革》2015年第4期。

49. 林尚立:《协商民主对中国国家建设的价值》,《红旗文稿》2015年第9期。

50. 王岩、魏崇辉:《协商治理的中国逻辑》,《中国社会科学》2016年第7期。

51. 李建:《十八大以来中共对协商治理资源的开发》,《云南社会科学》2016年第1期。

52. 季丽新:《中国特色农村民主协商治理机制创新的典型案例分析》,《中国行政管理》2016年第11期。

53. 李姚姚:《基层协商治理的生成逻辑与演进机制》,《社会主义研究》2016年第3期。

54. 池忠军:《中国特色的公共事务治理之道:协商治理》,《思想战线》2016年第3期。

55. 陶建钟:《风险社会与中国社会转型:变量与结构的一种叙事》,《武汉大学学报》(哲学社会科学版)2016年第6期。

56. 杨雪冬:《风险社会、治理有效性与整体治理观》,《行政论坛》2016年第3期。

57. 张振波、金太军:《风险社会视域中的国家治理模式转型》,《江海学刊》2017年第2期。

五、英文文献

1. Robert C Tucker, *The Marxian Revolutionary Idea*, New York:Norton, 1969.

2. DouglasM, WildavskyA, *Risk and Culture*, Berkeley, CA:University of California Press, 1982.

3. DouglasM, Wildavsky A, *Risk and Culture:An Essay on*

the Selection of Technological and Environmental Dangers, CA: University of California Press, 1983.

4. ShortJF, "The SocialFabric at Risk: Toward the Social Transformation of Risk Analysis, " *American Sociological Review*, vol. 49, no. 6, 1984.

5. NiklasLumann, *Risk: A Sociological Theory*, Berlin: de Gruyter, 1993.

6. Luhmann N, *Communication and Social Order: Risk: ASociological Theory*, Transaction Publishers, 1993.

7. Baruch, Fischhoff, "Risk Perception and Communication Unplugged: Twenty Years of Process, "*Risk Analysis*, vol. 15, no. 2, 1995.

8. UlrichBeck, *The Reinvention of Politics: Rethinking Modernity in the Global Social Order*, Cambridge: Polity Press, 1997.

9. UlrichBeck, *World Risk Society*, Cambridge: PolityPress, 1999.

10. JorgeM. Valadez, *Deliberative Democracy, Political Legitimacy, and Self DemocracyinMulticultural Societies*, USA Westiview Press, 2001.

11. Amy Guman, Dennis Thompson, *Why Deliberative Democracy*, Princeton University Press, 2004.

12. Baogang He, Mark E. Warren, "AuthoritarianDeliberation: The Deliberative Turn in Chinese Political Development, " *Perspectiveson Politics*, vol. 9, no. 2, 2011.

后　记

本书是江苏省高校哲学社会科学研究重点项目(2014ZDIXM022)的结题成果,同时也是课题组成员通力合作集体完成的结果。在与专家、同仁以及课题组成员多次讨论交流的基础上,我最后确定了写作提纲和主要内容,并开始了长达近3年的写作,期间因为出国访学和各种杂事的牵绊而时有中断,加上社会现实发展很快,原有的资料和案例需要及时更新,致使现在才最终完稿。在此,非常感谢南京大学出版社的耐心等待,尤其是黄继东主任的大力支持以及责任编辑的辛苦努力,使本书得以顺利出版!

在写作过程中,得到了单位领导和同事的关心和帮助、专家学者的指教和鼓励,向他们表示衷心的感谢!还要特别感谢我的研究生的大力支持,刘欣欣、王颖、霍然等对某些章节的顺利完成付出了辛苦劳动,崔雪艳、陆红梅帮助收集了相关资料,银鑫和杨岩帮助完善了参考文献,向她们一并致谢!最后特别感谢家人对我工作的支持!

在本书写作过程中,参考、吸收了国内外学术界的相关研究成果,并尽量在文中做了引用注释工作,特向各位学界同仁表示感谢。

由于我的水平有限,书中还会存在很多不足,真诚地欢迎各位专家学者和读者批评指正。

吴翠丽
2017 年 11 月 26 日于南京大学仙林校区

图书在版编目(CIP)数据

风险社会与协商治理 / 吴翠丽著. —— 南京：南京大学出版社，2017.12
 ISBN 978-7-305-19767-3

Ⅰ. ①风… Ⅱ. ①吴… Ⅲ. ①社会管理－理论研究 Ⅳ. ①C912.3

中国版本图书馆 CIP 数据核字(2017)第 317766 号

出版发行	南京大学出版社
社　　址	南京市汉口路 22 号　　邮　编　210093
出 版 人	金鑫荣
书　　名	风险社会与协商治理
著　　者	吴翠丽
责任编辑	李建国　黄继东　　编辑热线　025-83592193
照　　排	南京南琳图文制作有限公司
印　　刷	宜兴市盛世文化印刷有限公司
开　　本	880×1230　1/32　印张 8.5　字数 220 千
版　　次	2017 年 12 月第 1 版　2017 年 12 月第 1 次印刷
ISBN	978-7-305-19767-3
定　　价	40.00 元

网址：http://www.njupco.com
官方微博：http://weibo.com/njupco
官方微信号：njupress
销售咨询热线：(025) 83594756

* 版权所有，侵权必究
* 凡购买南大版图书，如有印装质量问题，请与所购图书销售部门联系调换